中共中央党校（国家行政学院）
离退休人员科研成果资助出版项目

丹青难写是精神

——我的学术和思想历程

汪玉凯　著

人民东方出版传媒
People's Oriental Publishing & Media
東方出版社
The Oriental Press

图书在版编目（CIP）数据

丹青难写是精神：我的学术和思想历程 / 汪玉凯 著.
北京：东方出版社，2024.10.— ISBN 978-7-5207-4069-2

Ⅰ.K825.46

中国国家版本馆CIP数据核字第2024FM5346号

丹青难写是精神——我的学术和思想历程

DANQING NANXIE SHI JINGSHEN——WO DE XUESHU HE SIXIANG LICHENG

作　　者：汪玉凯
责任编辑：李小娜　侯　魁
出　　版：东方出版社
发　　行：人民东方出版传媒有限公司
地　　址：北京市东城区朝阳门内大街166号
邮　　编：100010
印　　刷：北京美图印务有限公司
版　　次：2024年10月第1版
印　　次：2024年10月第1次印刷
开　　本：710mm×1000mm　1/16
印　　张：30.5
字　　数：378千字
书　　号：ISBN 978-7-5207-4069-2
定　　价：98.00元
发行电话：（010）85924640

目录

追求真知之路

从中共党史到政治学

担任陕西省政协七届委员会委员，为陕西经济发展建言，受到省委领导重视

进入国家行政学院

围绕行政管理的学术研究，为我的教学提供了重要支撑

见证中国电子政务的发展

难忘的国际学术交流与合作

我与北京大学

我与中国行政体制改革研究会

我与中国经济体制改革杂志社

我与中国（海南）改革发展研究院

我与深圳创新发展研究院

我与媒体

自　序

杜甫在《曲江二首》诗中说，“人生七十古来稀”。现代人由于各方面条件的改善，70 岁已经根本算不上稀少了，全国的预期人均寿命已达到 77.9 岁，北京、上海双双超过 81 岁。虽然如此，但人到了这个年龄，还是有很多感悟的，毕竟一个人从年轻到老，都要经历一个漫长的奋斗过程，不管你做哪一行，都是如此。作为一个学者，自然也有自己的酸甜苦辣，喜怒哀乐，所思所想，在人生的晚年，希望对自己走过的学术之路，有一个整体的回顾和反思，也很符合常理。

1998 年，当我进入国家行政学院 2 年之后，应朋友之约，曾以“丹青难写是精神”的标题，写过一篇 1 万多字学术经历的文章，后被收入《中国新一代思想家自白》一书。在此之后，我在国家行政学院从事教学研究工作 24 年，这应该是我学术生涯中最为重要的时期。在这个平台上，我有机会接触了更多的人和事，也有更多的机会参与到改革开放的伟大事业中来。尽管自己只是沧海一粟，微不足道，但能有这样一种经历，对个人而言，无疑是难能可贵的。换句话说，大概只有目前 70 多岁的这一代人，才能真正完整地经历中国从“文化大革命”到改革开放 40 多年来的沧桑巨变，见证中国这个古老的东方大国所发生的一切。基于此，我曾不止一次地产生某种冲动，想把自己这些年来的学术生涯，作一番梳理，一方面写自己的人生经历，学术研究的发展脉络，更重要的是通过对自己学术生涯的叙述，在某个时段、对某些特定人和事的关注，以及围绕这些所思所想留下来的文字、研究心得、发表的种种言论，描绘或记录下中国这段极不寻常的历史。

作为一个长期从事干部教育的学者、特别是在国家行政学院这个高层次平台从事党政领导干部培训教育的老师，我自认为并不是一个书呆子，我的职业决定我不能简单地埋头于书斋之中，而是要投身于改革开放的现实，了解中国民间、特别是底层群众的生存状态，他们的喜怒哀乐，他们的种种诉求；了解中国官场的实际，了解中国政府治理的逻辑、方式、手段，以及与之相适应的政府治理体系的架构、机理、面临的问题等。只有这样，才能与我自身所处这个体系中扮演的角色相适应，否则，就可能是一事无成。这大概就是我恪守的人生基本信条，也想通过撰写此书，抒发自己对社会的感悟和体验，以及通过改革大业，构建一个“公平正义、廉洁有为”现代政府的追求。我深信，我的种种思索和探求，既要从现实出发，又要有一定的前瞻性，做到与时俱进。基于这样的认知，这些年来，我把为民众发声、为政府建言作为己任，并把这种精气神融到自己的学术研究之中。现在回首，虽然有很多不尽如人意的地方，甚至作用非常有限，但毕竟自己是努力了。其实，人生有遗憾是注定的，没有遗憾是不可思议的，特别在一个变革性的体制面前，更是如此。

在知识界广为关注的“中国知网”上，在我的名下，可以搜索到已发表的论文数量是467篇，其中，在学术期刊发表的是396篇。这对于一个学者来说，数量已经不少了。当然，我早年发表的一些论文，还有遗漏，许多在报纸发表的文章也没有收入，但这些都不重要。在我看来，重要的是这些东西有多少价值，发挥了多少作用，特别是有多少能够经得起时间的检验。因此，我的另一底线，就是不管写文章、做研究、接受采访，还是为国家建言，要尽量说真话，避免假大空，不刻意逢迎，特别是不违心地说假话，尽量保持着一个学者应有的良知。

本书的基本逻辑是，以自己的人生经历和学术发展为主线，以对社会发展变迁的感悟和思想演变为拓展，重点描述自己的学术经历、不同阶段研究的关注点以及取得的一些研究成果，以此来展示国家这几十年来走过的不平凡的历程，所取得的巨大成就。当然，由于自己的学识有限，有些叙事未必恰当，有些也可能由于时间久远，事实也未必准确，希望书中涉及的人和事的当事者，能够多多包涵，任何批评指正都是对作者最大的关爱。

在写作本书的时候，用什么样的书名也颇费周折，我曾经想用学术自传的书名，但觉得不太合适，最后决定还是用我 1998 年写那篇文章时用的标题——“丹青难写是精神”，只是加了个副标题——“我的学术与思想历程”。这样一个书名既是对我 1998 年那篇文章的续写，也确实表明我对改革家王安石《读史》这首诗中“糟粕所传非粹美，丹青难写是精神”的钟爱。

在本书出版之际，我要衷心地感谢所有对我有过帮助的人，在我不同阶段接触的人物中，曾得到过许多人的教诲和帮助，没有他们的提携和帮助，我是不可能走到今天的。这里我要特别提到两个人，一位是北京大学著名政治学家赵宝煦先生，可以说，在我进入政治学领域后，得到他的诸多教诲和关爱，他也给我提供了许多重要的学习机会，令我终身受益，终生难忘；另一位是国家行政学院原常务副院长魏礼群先生，作为正部级官员，他不管是担任学院的主要领导时还是退休后在中国行政体制改革研究会主政时，都对我有过多方面的指导和帮助，我在研究会承担的一些重要研究课题形成的研究成果，都凝聚着他的心血，使我受益良多。两位先生的共同特点是，他们不仅仅注重学问，有高度的历史责任感和使命感，还都具有高尚的人格魅力，能给人一种积极向上的力量。当然，我也要感谢我的家人，感谢父母的养育之恩，尽管他们都是文盲，但他们那种中国普通人恪守的做人准则，对我无疑有着巨大的影响。我也要感谢我的爱人、女儿、女婿、外孙女及其他家人，没有他们的默默付出和全力支持，我同样是走不到今天的。

汪玉凯谨识

2022 年 7 月　北京海淀国家行政学院

贫寒的家境与早年经历

（一）父亲曾经为刘志丹带过路

1945 年农历十二月二十五日，我出生在陕北偏僻贫穷的汪谢家沟村。这个村子地处陕西省横山县（后撤县设区，现为陕西省榆林市横山区）和米脂县交界地带，历史上归属时有变动，有时归米脂管辖，有时归横山管辖。不过离我家 30 多里地的乡政府所在地武镇，则基本归横山管辖。在武镇乡曾出过两位赫赫有名的人物：一位是明末农民起义领袖李自成，他就是在武镇出生的，后来才到了米脂，一直造反打到北京，过了把短暂的帝王瘾；另一位是曾任国家副主席的中共高官高岗，1954 年因“高饶事件”自杀，震惊中外。前些年，在北京的一个论坛上，我结识了高岗的幼子高燕生，后来我曾到他位于北京火车站西南角的家，看望已 97 岁高龄的高岗夫人李立群，她头脑清楚，只是耳背要大声说话才能听得见，走路也需要人搀扶。他家客厅挂满了当年高岗和国家领导人一起合照的各种照片。2020 年李立群去世时接近 100 岁。高燕生因受到父亲的牵连，一直没有进入体制内。

横山县武镇乡汪谢家沟村家院——出生地

我出生的年代，正是兵荒马乱的战争时期，农民的生存状态更加不堪。在汪谢家沟村，我的家还不是最贫穷的。虽然我的父母都是目不识丁的文盲，但我父亲汪海发打年轻时起就靠做小买卖为生，走南闯北，使极度贫穷的家境慢慢好转起来。据母亲讲，我父亲是由米脂县郭兴庄乡李新庄村过继到汪谢家沟村给我爷爷汪自成做儿子的，爷爷的父亲是一个盲人，靠说书为生。为了平安，爷爷的父亲对尚是孩童的爷爷说，你领着我出门，在路上如果看见尾巴长长的、耳朵抓抓的动物时，就告诉我，我好祷告让它不要伤害我们父子。一次年幼的爷爷拖着他父亲外出时，在路上真的遇上了这样的动物，爷爷告诉他后，爷爷的父亲立马跪在地上开始祈祷。过了一会儿，他问爷爷说，动物走了没有？爷爷说走了，进了石头缝里去了。这时爷爷的父亲大声喝道，傻儿子，这不是狼，这是松鼠！

以小商小贩为生的父亲，一辈子十分艰辛。一般的活动范围是，在米脂镇川买进一些针头线脑、小杂货，徒步背到延安的保安（志丹）县农村，走乡串户叫卖，换来猪鬃、羊羔皮等，再背回米脂镇川卖掉，往返一次常常需要数月。父亲曾对我们讲过一个故事。他说，有一次他在保安返回武镇时，有一位男子，希望父亲能带他从小路返回，并称，他也想做这样的买卖。一路上此人话语不多，头上披着一条白羊肚子毛巾。经过六七天的长途跋涉，最后终于到了武镇。出来迎接此人的，是一个脸长满麻子的高大男人，两人见面时，握手的动作很特殊，待一切搞定后，迎接这位男子的高大男人神秘兮兮地对父亲说，他就是高岗，一路随你上来的就是刘志丹。此时，我父亲才恍然大悟，原来这两个男人，竟然是名声显赫、陕北无人不晓的刘志丹和高岗！刚才他们的异常手势，不过是接头时的暗号而已。随着时间的推移，父亲的活动范围也不断扩大，他过黄河、走宁夏、赴包头，这样才一点一点把爷爷欠下的许多债务全部还清，还置了地，买了骡子，箍起了石窑洞，并坚持供子女们上学读书，在村里传为佳话。

在我的记忆里，家里的 7 个子女，除了大姐和二姐早年嫁人外，另外 5 人都先后上学读书。新中国成立后，我们村也开办了一所小学，比起城里来，条件很差，如没有桌椅，没有纸，孩子们就坐在炕上，搬一个小书桌，做一个小沙盘，用木头棍在沙盘上写字，直到我上一年级时，还是这样的陈设，后来才逐步有所改善。大哥汪玉华、二哥汪玉文，三姐汪玉芳就是在这样的条件下读书识字的。新中国成立初期，国家的一项政策对我的家产生了重大影响。由于国家搞公私合营，小商小贩不能自由经营了，一辈子走南闯北的父亲面临失业的窘境。头脑灵活的父亲，借助朋友的帮助，于 1957 年在志丹县副食品公司所属的饲养场谋得一份养猪的职业，并在 1959 年先后把母亲、弟弟以及我和姐姐接到志丹县城安家落户。当时由于大哥二哥都已成家，所以他们只好留守老家。

我在村里读完小学四年级后，就转到付家坪小学读高小。那里的条件要比我们村的小学好了许多，学生也很多。付家坪距离汪谢家沟村有五六里山路，我们上学每天都是早出晚归。那时，天不亮母亲就起来给我和姐姐做饭，还要带上中午的干粮——窝窝头。当然家境好一点的孩子中午可以在学校食堂里搭伙，但多数外村小孩都是带干粮上学的。最难过的，还是下午放学后在返家的路上，常常是饥肠辘辘，饥饿难耐，但孩子们嬉笑打闹，虽苦犹乐。

（二）从乡村到县城：我变成了“城里人”

1959 年 5 月，在读小学六年级的时候，13 岁的我独自一人离开老家到志丹的新家与父母等家人会合。那是我平生第一次独自远行，也是第一次坐车。记得二哥把我送到镇川坐上了汽车后，我一路忐忑不安，非常紧张。到了延安后，就在延安汽车站候车室躺了一晚，那时也没钱住旅馆，即使有钱也不知道怎么去找。在位于东关的汽车站，当我看到对面山上的宝塔山时，心情无比激动，还把铺盖卷中的课本特意拿出来，用书本里宝塔山的图像和实际看到的宝塔山进行比对。第二天，到了志丹的新家后我才发现，这里虽然是县城，但我家住的窑洞，实际上和老家乡下住的窑洞没什么区别，甚至比老家的窑洞还差。在老家，我们还有 5 孔窑洞，而这里的窑洞在县城高高的半山腰，一个小小的土窑洞炕上要挤全家 5 口人。家里没有电灯，更没有自来水，还是和老家农村一样点煤油灯，要到半里多路的山下的街上从井里取水，然后再艰难地挑上来。到了志丹县后，我就担负起了下山挑水的任务。由于志丹缺煤，煤的价格昂贵，许多县城居民都是烧柴火做饭，我家当然也不例外。因此，利用周末去山沟里砍柴，也是我们姐弟必须干的活。到了假期，父亲还要给我找些零活，如为建筑队提泥包，往延安徒步送猪等，以补贴家用。虽然我的志丹新家和乡下没什么大的差别，但是我们毕竟变成了城里人了，有户口本，每人每月有 20 多斤的粮食供应，还搭配少量的白面，这对我来说等于一步登天，起码不用再饿肚子了！

中学时代

离毕业还不到两个月，我转学到志丹县城关小学。那时的志丹县城虽然很小，但对我一个从穷乡僻壤出来的农村小孩而言，无疑有一种刘姥姥进了大观园的感觉，一切都十分新鲜。县城有一个发电厂，每到晚上就听到发电厂机器的轰鸣声，机关单位、学校都有电灯、电话；狭窄的街道边有百货公司、澡堂子、理发馆、文化馆、剧团，还有刘志丹烈士陵园等。每天街道电线杆子上的高音喇叭，都在不断地播放中央人民广播电台的节目，好不热闹！临近考中学的时候，县城突然传来要开办师范学校的消息，而且说考上师范学校后，国家还管学生吃饭。当时父亲每月只有 30 元工资，又刚刚在志丹安家，手头吃紧，还要供姐姐、弟弟和我上学，父亲征求我的意见，问我想不想考师范学校，我明白父亲的意思，想到家里经济现状，果断地告诉父亲说，我愿意报考师范，将来就当一个小学老师吧。经过报名考试，我于 1959 年 9 月顺利进入志丹师范读书。

（三）“三年困难”时期的县城印象

在志丹师范读书期间，除了学习文化知识外，令我感受最深刻的是，20 世纪 60 年代国家困难时期我所接触到的志丹县城的景象。那时，全国的很多人跑到志丹这个偏僻落后小县城找饭吃，更准确地说是抢饭吃。记得有一次，我家里突然来了几个自称是安徽人的中年汉子，祈求给他们一点吃的，当见到我家窑洞的地上放了一堆生土豆时，拿起来就啃，看来他们是真的饿坏了，饥不择食呀。那时我们家虽然生活也很艰难，但是我父亲在饲养场喂养牲口，经常赶着毛驴拉车给街面上的食品公司送肉，因此，能在厂里买到一些羊骨头、猪下水什么的，再加上我父亲带领我们上山开荒，种点土豆等农作物，因此还没有太感到特别饥饿，比起老家乡下，不知要好多少倍。不过在这个困难时期，我家也遇上一件令全家担忧、后来又化险为夷的事情。当时，国家政策要把一些城市居民下放到农村，让他们到农村自谋生计，减轻城里负担，我们家竟然也在下放的名单之列。这时父母亲都十分着急，父亲向单位领导如实反映了我家的实际困难，由于父亲在饲养场表现甚好，从来不休节假日，还年年被评为先进，因此获得单位的照顾，最后总算被单位保了下来，没有被下放。那几年，住在老家的大哥二哥两家人，生活就非常艰难。大哥二哥每年冬天都要来志丹，一方面看望我们，帮家里砍柴火，另一方面也能短暂地吃上几顿饱饭。一次，大哥和我睡在一起，他让我摸他的肚皮，我一摸，几乎就像一张纸一样，他们受的苦可想而知。每次返回老家前，母亲都要千方百计弄点东西，让他们背回去，接济乡下的孩子们。那个时候国家究竟为什么会变成这样，我并不知晓，我只深深地感受到，普通老百姓生活十分艰难。

其实，“三年困难时期”影响的不仅是普通民众的生存，也深刻地影响到公职人员的命运。记得有一次，我抱着一摞几何作业往老师办公室送，到了门口我报告了几声，没有听到老师应答，就随手推门进去，这时令人尴尬的场面发生了：几何老师正在舔已经喝完粥的碗，连脸上都沾上了饭粒，见我进来，不好意思地苦笑了一下。那个瞬间，令我终生难忘。那个时候的我，听一些大人说，很多公职人员难耐饥饿，干脆离职不干了，也有传闻说兰州等地都有人被活活饿死，云云。

在读书期间，连让我自己都说不清的是，我不知为何对音乐产生了极大兴趣。这或许是因为我的两任班主任都是音乐老师，与他们对我产生了潜移默化的影响有关，或许是与我进入县城后第一次见到风琴、手风琴、小提琴等新颖乐器有关。那几年我在学习之余，拼命地寻找有关音乐方面的书籍，学习演奏乐器，有时甚至到了入迷的状态。由于音乐老师刘志宪看到我对音乐的热爱，有意给我提供一些机会，他的办公室有一台风琴，我经常去他那里练习，并接受他的指导。短短几年下来，我还真的大有长进，成为学校文艺演出的乐队骨干。多年后，刘志宪老师得了不治之症，他一定要到西安来看病，他说，西安有他 4 个学生，省政府的贾治邦（后来的陕西省省长）、宋海源（后来的省计生委主任），西安第四人民医院的王巧凤，还有省委党校的汪玉凯。当年我们4人在志丹中学时，都曾是一个班的同学。在西安期间，我们帮助他在医院做了检查治疗。最后由我把刘老师送到机场乘机返回延安，刘老师在机场上飞机前还不停地呕吐，没想到回到志丹后不久，就离开了人世，他是真正的英年早逝。每每想起他对我的悉心指导，就深感惋惜和怀念。

（四）50年后再相聚，情真意切

1962年师范毕业后，学校给一些年龄比较小、在农村单独任教可能存在困难的同学一个考高中的机会，这样我在当年顺利考入志丹中学学习高中的课程。在志丹中学读书期间，在县城居住的很多同学都相互认识，经常一起徒步上学。在这些同学中，不乏县委、县政府等领导干部的子弟，大家彼此之间相处非常融洽，这份友情几十年如一日，一直保持至今。2019年7月，我受陕西志丹县委邀请，为全县领导干部作一场报告，正好遇到我三姐汪玉芳所在的志丹中学同学聚会。这是离别50多年后的一次聚会。虽然我和他们不是一个班的，但有不少人都是相互认识的。我们班的一些同学，听说我回来讲学，也参与其中。尽管大家都已是古稀之年的老人了，但相见如故，回想起当年的中学时代，仍然激动不已。记得当年在学校时，非常调皮的周万龙，后来发展得非常给力，担任了延安市市长，后担任了省里的正厅级领导干部。在担任延安市市长期间，他大刀阔斧地改革，在城市改造、社会治理方面名声大振，被同学们传为佳话。而王明，就是当年志丹县委书记的千金，但即使那个时候，也很难从她身上感受到有什么优越感，那个时候的社会风气，还真是有些令人怀念。

2019 年 7 月在志丹同学聚会上的合影
左起：王明、周万龙、汪玉凯、王枢、李菊兰、朱梅

2019 年 7 月与中学同学相聚在志丹陵

1964 年被分配到吴旗县人民银行工作
前排右起：井润田、马占川、范存怀；
后排右起：汪玉凯、白志明、侯鹏翔

1964 年因为两个原因，使我没能读完高中：一个是在学校音乐老师的鼓励下，我试着赴西安报考西安音乐学院，没想到因为路途原因，耽搁了学校的期末考试；另一个是我的父亲于那年生了一场大病，住院治疗，家里受到冲击。在此过程中，正好遇上延安银行系统面向社会招考干部，我就报名应试，最终顺利考取了延安银行干部学校，赴延安学习金融专业方面的知识，结业后分配到吴旗县（现改名吴起县）人民银行工作，从此开启我人生新的历程。

吴旗县紧邻志丹县，是中国工农红军长征胜利的落脚点和会师地，条件比志丹县还要差。在吴旗支行的前两年，我先是被分配到五谷城营业所当了一年的出纳，第二年被调往楼坊坪公社负责筹建楼坊坪营业所，任会计。1966 年年初，也就是“文化大革命”开始前夕，我被调回县支行信贷科，从事信贷工作。那个时候的政治气氛越来越紧张，我的政治敏锐性也似乎有了明显的提升，等到“文化大革命”正式开始后，我也被历史的洪流卷入跌宕起伏的人生旋涡之中。

特殊年代的经历

（一）人生的第一个跟头

“文化大革命”开始不久，形势急转直下，很快在全国掀起巨大的波澜。令我完全没想到的是，我在“文化大革命”初期竟然被打成了“现行反革命”。事情的起因是这样的：1966 年“七一”前夕，为了庆祝党的生日，县支行团支部出了一期宣传墙报，我作为支行团支部书记，和宣传委员雷甲伏一起主导了这次墙报的策划和制作。墙报制作好后，我们用硬纸片将墙报牢牢钉在银行临街的墙壁上。硬纸片是年初行里排演歌剧《三月三》时制作的国民党帽徽、领章。为了防止万一，我们用红纸将硬纸片包好，反扣在墙壁上，用铁钉子钉死。随后，我随同银行的同事们一起赴延安参观李素文的事迹展览去了。在此期间，大风将墙报刮破，好心但一字不识的行里炊事员看到后，将散落在地上的硬纸片去掉红纸，重新固定好墙报，其中一个国民党的“青天白日”帽徽，正好钉在墙报的中央。于是，一场震惊县城的“现行反革命案件”被公安局迅速立案。待我们从延安返回后，公安局不问青红皂白地将我们叫去审问，并定性为“现行反革命案件”。随即就是铺天盖地的大字报、大批判。一夜之间，我们两个年轻人似乎变成了历史的“罪人”——银行里的“反革命黑线”。查阅银行的党组织记录，我俩都是积极要求进步、政治上可靠的党组织发展对象。但在那样的年代，是有口难辩的。我俩吓得门不敢出，饭吃不下，整天躲在房间里以泪洗面。当时的我，真有点五雷轰顶的感觉，内心十分委屈。因为从进入吴旗县人民银行工作起，不满20岁的我真可谓热血沸腾，充满了强烈的上进心，业务上精益求精，思想上追求进步，也受到了组织的信任。经过两年基层营业所的历练，被选调回支行任职，为什么一个小小的工作疏忽，会遭受到如此打击呢？后来我才慢慢领悟到，这也许不简单的是一个个人的问题，当时我不过是扮演了一场政治运动中的牺牲品而已。过了不久，戏剧性的事情发生了，我们度日如年的日子也终于熬到了头。因为组织上突然宣布为我们平反，原因是将我们打成“反革命”没有充分根据，是执行了“资产阶级反动路线”，挑起“群众斗群众”，等等。刚刚参加工作不久，就栽这样一个跟头，这令我有些胆战心惊，但从内心深处看，我没有因为个人在“文革”初期受到的无端冲击，对这场运动本身产生任何怀疑，更没有对“无产阶级革命路线”动摇，而是义无反顾地继续投身到这场前所未有的政治洪流之中。

在“文化大革命”期间，除了银行的正常业务外，我主要参与两方面活动：一是参与银行里的战斗队——四八战团；另一方面是参与本派系统的文艺宣传队，宣传“文化大革命”。当时的银行和其他单位一样基本分成两大派，并和县里的两大派融为一体。我属于比较保守的那一派。后来我想，当时银行里的分派，与行里的人员构成有密切的关系。“文化大革命”初期，吴旗县人民银行的工作人员大体可以分为三类：一类是资深年长的老人，他们多数是家庭成分不好，从上海、南京、西安等大城市被发配到边远县城里来的；一类是本地成长起来的人员；还有一类就是像我这样的年轻人，多数是财贸学校或银行干部培训班毕业分配来的人员。在保守派的人员中，那些家庭成分不好的资深银行从业人员，大都属于这一派。因此，我当时的内心是很矛盾的：一方面我笃信毛主席发动"文化大革命"的正确性；另一方面，面对在我身边的这些所谓的"牛鬼蛇神"，却一个个都是谨小慎微、兢兢业业的业务骨干。也许正是这些朴素的思想认知，成为我后来开始怀疑"文化大革命"的思想基础和条件。除了参与银行里的"文化大革命"运动之外，在县城两派愈演愈烈的对立中，文艺宣传队成为最受欢迎的一种宣传形式。由于我会拉手风琴和小提琴，在派系组建宣传队的过程中被选中。我和县邮政局的薛秋生一起，负责带领这支小型文艺宣传队，队员主要是来自吴旗县中学的学生。大家自愿地走在一起，利用业余时间编排文艺节目，并在县城、乡下演出。那个时候虽然条件有限，也非常辛苦，但是大伙参与的热情依然很高。不过，当"文化大革命"发展到"武斗"阶段后，一切都发生了逆转。吴旗县的两大造反派在武斗中死了好几个人，此时社会秩序大乱，银行基本关门停业，文艺宣传队也自行解散，许多人员都各奔东西，躲避这场灾难。在此情形下，我同银行几位同事于 1968 年夏，取道甘肃庆阳，奔赴西安。后来我又辗转到了兰州、银川，最后回到老家汪谢家沟村躲避风头。直到局势好转，我才重返吴旗银行工作岗位。对于当时的混乱局面，我的内心深处已经感到了某些疑虑，但仍然认为混乱是暂时的，在毛主席的领导下，一定会恢复秩序的。很快，在 1969 年夏天，党的第九次代表大会就召开了，作为社会底层普通的一员，由于对“文化大革命”的大势并没有清晰的认知和判断，总以为经过这次会议，国家会很快好起来的。

（二）身边的“人和事”，使我陷入沉思

也就在这一年，我个人的人生经历发生了重大变化。1969 年 9 月，地处陕西铜川市的国家建委五局七公司三处来吴旗县招收工人。“国家建委”是国家基本建设委员会的简称，是国务院的一个部门，下面管若干建筑工程局。第五工程局驻地西安，主要领导陕西境内的三线建设，下辖 10 多个建筑公司，分散在陕西各地。这些建筑公司，多数是由外省市调转过来的。地处咸阳市的第七建筑工程公司，就是从黑龙江支援三线建设转战来陕的。为了鼓励更多的年轻人支援三线建设，县里规定，在职的机关、事业单位年轻人，也可以带工龄、带工资报名前往。我当时也刚二十来岁，有一颗不安分的心驱使我想到更大的环境中去闯荡，于是不顾父亲的坚决反对，毅然决然报名前往，来到陕西的煤都铜川市。当时，七公司第三工程处主要承建陕西铝厂国家重点建设项目，三处就坐落在离建筑工地不远的一条沟里。对我而言，这无疑是一次重大的职业转折。在人民银行工作的 5 年，我从事过出纳、会计、信贷等多种业务，积累了一定的金融知识和工作经验。然而，到了一个建筑公司后，过去的这些都已画上了句号，必须面对一个新的行业。起先我被安排在一个加工厂当工人，由于我有机关工作的经历，又有一些音乐特长，很快我就被组织抽调到三处政工组做宣传干事。1 年之后，又被调至位于

咸阳市的七公司政工组宣传组，继续从事宣传教育工作。

从事宣传工作的几年，是我的思想认知开始转变的重要时段。原因是多方面的。从理论上看，当时虽然仍然是“文化大革命”进行中，但社会的秩序基本恢复，中央推出一场接一场的政治运动，其中特别强调干部要读马列主义的著作，加强学习。我作为宣传组干事，要到工地上为干部职工宣讲，因此我自己必须率先阅读、学习。由于工作迫使，那几年我看了一些书，包括马列主义的经典著作和中外历史、文化以及政治方面的著述。通过阅读，我的理论思维能力和判断能力都得到了很大的提高。

（三）70 年代初期的震撼

1973 年，国家建委五局七公司奉命调回东北，参与黑龙江大庆油田会战。当时，给七公司的一些职工以自由选择的机会。政策规定，凡是原陕西籍的职工或者一些大学毕业分配到七公司的大学生，如果不愿意赴大庆，可以选择留在陕西，合并到五局第一建筑工程公司。作为陕西籍职工的我，自然选择了后者，并于 1973 年元月来到位于西安市的第一建筑工程公司政工组宣传科上班。一公司宣传科，虽然只有几个人，但实力不凡。科长陈守治，是从原建工部外事局下放下来的干部，精通俄语，曾长期为苏联专家提供翻译服务，是一个高级知识分子。另外几位业务骨干，有的毕业于北京大学哲学系，有的毕业于华东师范大学政教系，还有的在省级大报当过记者。在这样一个实力雄厚的小团队工作，对我既是压力，也是动力，使我有更多机会向他们学习，在和他们的交往和聊天中，开阔了视野。由于我已经在宣传系统工作数年，对写公司里的相关报告、材料之类，也有一些积累，因此，经常担任一些重要报告或材料的写作。正因为如此，当大学开始招收工农兵学员时，我主动报名，希望有机会去读书、深造，但由于分配到建筑部门的名额，多数是建工类专业方面的，再加上领导认为我能写文章，不批准我的请求，最终我上工农兵大学的愿望没能如愿，倍感遗憾。

1978 年陕西省第一建筑工程公司宣传组
前排左起：王杰、陈守治、杨若楠；后排左起：徐长书、汪玉凯、窦道义

从国家建委五局七公司到一公司这几年，我还多次参与了当时公司组织的文艺宣传队，赴一些重点建设工程项目现场为职工演出，还参加过五局组织的全局文艺会演。当时的五局及其各公司之所以要组织文艺宣传队，一方面在于建筑施工队伍人数众多，长期在一些远离大城市的三线建设施工现场，职工生活比较单调，组织文艺宣传队下去演出可以

丰富他们的生活；另一方面，有关部门很注重文艺宣传，以此来调动职工的积极性。当时排演的节目，大多以歌舞、说唱、独唱、样板戏中的片段、小品以及器乐合奏等为主，短小精悍，深受职工欢迎。有些三线项目都在秦岭的深山老林中，宣传队也不辞辛苦，深入到施工一线演出。在宣传队，我也是负责人之一，兼管乐队，以拉手风琴为主，有时也要拉小提琴和二胡。文艺宣传队不是固定的，而是按照需要临时组建，任务完成后队员们便返回工作岗位，需要时再集合、排练。当时在“文化大革命”期间，内蒙古的乌兰牧骑在全国有很大影响，我们当时的文艺宣传队，有点学乌兰牧骑的味道。对我个人而言，也是一种锻炼，并结识了一些终生难忘的朋友。

1974 年西安

后排右起：吴文钰、王庆林、汪玉凯

（四）历史转折关头的觉醒

从1973年到1976年粉碎“四人帮”的这几年间，虽然我的工作没有什么大的变化，但随着政治形势的发展，以及一个个重大事件的出现，宣传工作显得十分繁忙，如“批修整风”、“批林批孔”、邓小平复出全面整顿、周恩来去世、“四五天安门事件”、邓小平再次被打倒、“批邓反击右倾翻案风”、毛主席去世，直到粉碎“四人帮”，中国的许多重大事件似乎都集中在这几年爆发。对于这些政治运动以及政治事件背后的逻辑，以及这些事件将对未来的中国社会产生什么样的影响，几乎无从知晓。只是按照上级的要求，像一部固定的机器一样，不停地运转。比如，“9·13事件”后，批判林彪反党集团的政治斗争，如何又演变为一场空前的“批林批孔”运动，从而导致全国大批儒家历史文化遗产被严重破坏；还比如，当邓小平复出后在全国开展的全面整顿，对恢复当时的社会秩序、生产秩序都产生了积极影响，也使很多人似乎看到了一线希望，特别像我所在的建筑施工企业，通过贯彻上级的全面整顿精神，成效就十分明显，但后来又被全盘否定，将之定性为“资本主义复辟”，邓小平也在天安门“四五事件”中再度被打倒，开始全国性批判。所有这些，作为宣传部门都要紧跟上级的步调，贯彻实施，以完成上级规定的宣传任务。那个时候的宣传系统流行一句话，叫作“小报看大报，大报抄梁效”。大家每天都盯着“两报一刊”的文章，特别是关注梁效等发表了什么样的新观点。直到数年后，我才知道，原来“梁效”其实不是一个人，而是“四人帮”控制的北大、清华两校大批判组的谐音。

1975 年，与患癌症晚期的父亲最后一张合影

在此期间，就我个人的心理认知方面，有几件事情对我影响是极为深刻的。首先是 1976 年 1 月周恩来总理去世。我第一次听到周恩来去世的消息是在志丹县城。那段时间我正回到志丹县城陪伴母亲。自从父亲 1975 年去世后，母亲先是在横山老家大哥二哥家住了一段时间，后来又转回志丹，那里有姐姐可以照顾。就在我回家探望母亲期间，1 月 9 日一早，中央人民广播电台的《新闻联播》节目中播报了周恩来去世的消息。当时我还没有起床，听到哀乐后，立刻意识到一定有重要国家领导人去世了，听到是周恩来去世，顿时感到万分悲伤，眼泪夺眶而出，甚至感觉有点慌乱不已，无所适从。毕竟生活在那时候的国人，对周恩来总理的感情还是很深的。于是，我当即决定返回西安。回到西安后，从电视上观看了全国悼念周恩来总理的全过程。在此期间，有些异样的现象令我感到费解。比如，邓小平致辞的语调，非常沉重；江青在周恩来灵堂前的不敬之举，引起了人们内心的极大愤慨；北京数十万群众在长安街送别周恩来的壮观景象，似乎也向外界传递着什么。在我看来，有些现象似乎已超出了一个祭奠正常去世领导人的状态。3 个月后，在北京清明节前夕出现的“四五”运动，在一定意义上解释了我当初的一些朦胧感觉。因为，在周恩来去世的时候，社会上对江青、张春桥等人的种种行为已有许多传闻，尽管普通人并不知道内情，但对善恶是非的感觉还是非常清晰的。“天安

1976年与母亲在西安合影

门事件”中邓小平再一次被打倒，以及“四五天安门事件”的最终结局，像一团巨大的乌云笼罩在中国的上空。我当时的心境，与在我身边的大多数人的感觉是相同的。只是大家不敢轻易吐露而已。

还有1976年9月9日毛主席去世。毛主席去世那天，我同样在一个非常特殊的环境中。那天，陕西省建委（此时机构调整，五局第一建筑工程公司下放陕西省建委管理）组织召开批判“邓小平资产阶级反动路线”大会，各公司的主要领导人都要登台发言。省建一公司党委书记张炳庚的发言稿是由我起草的，所以他参会前告知我，要我随他一起参会。到会场后，前面有几位其他公司的领导人登台发言，还没有轮到我们公司的领导发言时，突然主持会议的同志告诉所有在场人员说，批判会停止，大家原地不动，有重要消息发布。那个时候人们的政治敏锐性都很高，睁大眼睛盯着主席台，看会发布什么样的消息。隔了一会儿，会议主持人出来沉痛地宣布：“毛主席逝世”。这时一个使现在的人无法想象的场景出现了：一个上千人的大礼堂，许多人都趴在椅子上号啕大哭，我当然也顿时泪流满面，心里想，今后的中国没有了毛主席的领导，将会怎样？回到公司后，召开公司领导班子会议，座谈大家对毛主席去世的感想，并要我去做记录。我看到，公司的所有领导几乎完全是一个模式：每人在说话前都泪流满面，然后颤颤巍巍地说，“我们从来都没有想过，中国离开毛主席会怎么办”。现在回想起来，毛主席为建立新中国立下汗马功劳，对这样一位国家最高领导人来说，民众的这些情感是真实的，发自内心的，在某种意义上说，这也是理解当时中国社会的一把钥匙。

令我完全没想到的是，在毛主席去世还不到一个月的短短时间内，“四人帮”被粉碎了，国家政局瞬间发生了历史性变化。当时，各单位都要组织声势浩大的游行活动，庆祝这一重大胜利。我们公司也组织了数百人的游行队伍，在西安市北大街游行庆祝，公司领导人悉数参与，并走在游行队伍的最前端，而我们宣传科，也是这次游行活动的组织者之一。此时此刻，人心大变，社会气氛大变，人们似乎都在期盼着一个新时代的到来！粉碎“四人帮”引起的社会震荡是空前的，当时的我，也已经深刻地意识到中国社会大变局有可能会到来，但这种变局究竟是什么，如何演变，我脑子似乎又一片空白。

追求真知之路

（一）沐浴新时代的春风

粉碎“四人帮”后中国的政治形势发生了重大变化，华国锋成为最高领导人，甚至被作为英明领袖歌颂。与中国政治出现的这一动向不同，社会思想领域，随着“四人帮”垮台以及全国范围的大批判运动的深入，“四人帮”祸国殃民的种种罪行被揭露，使普通民众对过去这些年上层出现的各种乱象，有了一定的了解。特别是在思想界，由对“文化大革命”的反思，到怀疑“两个凡是”，一场巨大的思想风暴正在酝酿。对于我所从事的宣传教育工作而言，无疑是首当其冲的。当时一公司宣传科的每一位工作人员，其实都在高度关注着国内外时局的变化，有的人，特别像我这样的稍微年轻一点的，甚至开始自己新的职业生涯的规划。

在对外开放、学习英语热潮的感召下，我决心要抓住这个时代契机，充实自己，奋发读书，弥补没有受过专业训练、知识缺失的短板。对我而言，当时的第一件事，就是要积极争取重新上学的机会，特别是国家恢复高考之后，更是让我看到了这方面的希望。经过反复考量之后，鉴于我年龄已经偏大，有一些宣传理论工作的积累，最后我选择了以同等学力直接报考中国人民大学中共党史专业研究生的目标和方向。为了实现这个目标，我首先加大了自学英语的力度，投入更多时间提升英语水平。想到当年在西安钟楼新华书店购买英语书籍那个热烈场面，至今难忘。每天早上骑车上班，在车上也在背英语单词。由于我在中学阶段学的是俄语，英语学习完全要从头开始。当时我的心里很清楚，要重新规划未来的发展道路，学习英语是必需的。其次，我在省图书馆办理了一个借书证，不断地从那里寻找自己要读的图书和资料。一个有利的因素是，“文化大革命”中很多被禁的书籍也逐步开放了，陕西省图书馆有大量的藏书，对我来说，有足够的挑选余地。现在回想起来，我当时之所以要如此坚定地读书充实自己，很大程度上与我在实践中遇到了太多的疑虑，自己无法解释，无法回答有关，而这个原因，在我看来，就是自己掌握的知识太少，缺乏深刻的理论支撑。因此，刨根问底、想弄清真相，就成为我心灵深处的重要选择，这也是我想学习中共党史的重要原因。

在此期间，我一边要完成公司宣传科交给的各种任务，写各种材料；另一方面又要有计划地阅读学习，再加上女儿刚刚出生，家里需要帮助，真可谓焦头烂额，但依然矢志不渝。好在，为公司写材料，可以不去单位，只要按时交稿即可，这样我在完成工作任务之余，就可以把更多的时间用来学习相关专业知识方面。经过近两年的精心准备，我于 1979 年 5 月报考了中国人民大学中共党史系中共党史专业硕士研究生，考试科目包括英语、中共党史专业课以及国际共产主义运动史专业基础课等。考场设在西北工业大学。在我考完党史研究生后，又发现中共陕西省委党校马列主义理论专业班面向全省招考 100 名学员，我随即也报了名，并于同年 7 月在陕西省委党校参加了入学考试。我当时的想法是，只要能有深造学习的机会，就要抓住不放，不管哪边考取，都可以。后来，中国人民大学研究生招生办给我来电话，询问了我工作情况，也通报了我的成绩，称我的专业课和专业基础课成绩都比较高，只是英语考了不到30分，未能达到录取分数线的要求。虽然我考取人大研究生失利了，但我并不后悔，我依然认为我的选择是正确的，也是对我几年学习成效的一个检阅。而陕西省委党校的考试科目，没有外语，因此，我顺利被录取。1979年9月，我终于踏上重塑自身知识结构的人生之路，进入陕西省委党校马列主义理论班学习。入校后才知晓，原来计划只招收100名学员，但是全省报名人数800多人，而且相当多的报名者都是"老五届"大学生或者工农兵大学生，许多人因专业不对口或其他原因，都想通过这个学习机会，一方面充实自己，另一方面也可以改变自己的人生发展道路。鉴于考生的成绩比较理想，故省委党校最后决定追加100人，总共录取了200名学员。

中共陕西省委党校的前身是中共西北局党校，延安时期曾归属于中共中央党校五部。20世纪60年代，中共西北局撤销之后，中共西北局党校与中共陕西省委党校合并。省委党校图书馆藏书比较多，"文化大革命"前师资力量也比较雄厚，是一所有一定名望的地方党校。此次招收的200名学员，除了补充党校自身的师资力量之外，更多的是为省级党政机关以及全省各地市等培养理论人才。一开始理论班没有细分专业，统称马列主义理论专业。入校后，由于学员较多，再加上有约1/3的大学生，因此，许多学员希望学校能够在上完基础课程之后，分设一些专业，让有一定基础的学员能够在专业领域有更好的发展。当时省委党校校长是德高望重的资深革命家、教育家刘端棻。他早年毕业于南京中央大学教育系，延安时期曾任延安大学总教务长，新中国成立后出任西北人民革命大学总教务长、西北大学校长等职。为了办好这个班，他亲自接见学员，听取大家的诉求。当时学员们共推出 3 位学员代表与校方交涉，包括王全兴、赵庙祥和我。刘端棻校长在听取了同学们的意见后，最终，采纳了学员们的建议，设置了马克思主义哲学、政治经济学、科学社会主义、中共党史和党的建设 5 个专业。大约 100 名学员选择进入相关专业班学习，其余学员仍然按照原来的培养目标培养。由于我 5 月刚参加过人民大学党史专业研究生考试，在这方面已经有了一定的知识积累，因此，就选择了中共党史专业。我们这个专业共 14 人，其中一半都是原来“老五届”大学生或者工农兵大学生，毕业学校包括中国人民大学、西北大学、陕西师范大学等。

（二）重新踏入校园，在知识的海洋中遨游

1979 年进入党校上学的时候，正是党的十一届三中全会胜利召开，中国已经步入了改革开放新时代的起步阶段，而实践是检验真理唯一标准的大讨论，促成了一场巨大的思想解放洪流。随之而来的则是拨乱反正、大规模平反冤假错案。所有这些，都极大地激发了社会的活力，整个社会呈现出一片生机勃发的局面。在这样一个非常时期，能够走进校园，在知识的海洋中遨游，亲历中国社会的巨变，对每一个学员来说，都是一生中难得的机会。在我的记忆中，这些来自四面八方、不同工作岗位的学员，都有着强烈的求知欲望，同学们的思想也十分活跃，探求真理的精神空前被激活，学习热情十分高涨。

为了满足同学们的学习要求，学校除了本校的师资全员出动、全力以赴外，在基础课程学习阶段，还专门聘请了西北大学、陕西师范大学的一些资深老师，系统讲授世界历史、中国近现代史、国际共产主义运动史、法学、逻辑学、美学、外语等课程。而那几年给我印象最深的，还是学校定期开办的一些专题讲座，邀请有关党政领导、著名专家学者来校讲学，开阔学员的视野，帮助大家了解国家重大政策方针的最新发展等。邀请的党政领导包括当时的省委、省政府领导如吕剑人、陈元方和张勃兴等外，还有中宣部理论局局长李洪林等；专家学者包括北京大学的季羡林，中国社科院的任继愈、王树人，复旦大学蔡尚思等学界大家。

陕西省委党校党史教研室，对党史专业班非常重视，在近3年的学习中，付出了极大的心血。原因很简单，当时党校的教学和科研，也才刚刚恢复，老师们在“文化大革命”十年中同样被荒废，他们要一边学习，一边为学员们备课，他们戏称是“现学现卖”。那个时候，省委党校购买了一批港台和国外出版物，不少都涉及中共党史，如《张国焘回

1981年中共党史专业班在延安实习期间，枣园留影

忆录》、司马路的《中共党史》、王明的《中共五十年》等，这些书都开阔了同学们的视野。另外，对那些党校老师没有什么研究的专题，如军事斗争方面，就聘请西安解放军政治学院老师或者其他专家来讲授。为了增强同学们的实际感受，党史教研室还特意组织大家进行实地考察学习。1981 年夏天，大家来到延安革命圣地，系统了解党中央在延安 13 年的历史，边参观，边学习，边研讨。总之，最大限度地满足同学们的要求，也是党史教研室的愿望。由于党史教研室在专业教学方面的精心组织，使大家普遍感到颇有斩获，在专业领域，有了很大的长进。

（三）对新中国成立以来一些问题的思考

那个时候的我，除了和同学们一起系统学习中共党史以及相关的专业基础课程之外，我开始利用省委党校图书馆丰富的图书和报刊资源，重点关注中共历史上“左倾”错误的成因、危害等方面的思考，特别是“文化大革命”十年内乱对国家造成的巨大灾难，更是我考虑的重点。除了坚持阅读学术期刊等外，对于中央党校由胡耀邦倡导创办、曾经率先内部刊登《实践是检验真理唯一标准》的《理论动态》，中国社会科学院创办的《未定稿》等内部刊物，也极为关注，以此不断丰富和了解思想理论界的热点和重点。在读书期间，我写的第一篇学术论文——《反对陈独秀错误路线斗争的历史教训》，寄给由中央党史研究室创办的《党史研究》后，不久就收到了拟采用的信函，后来该文刊登在 1981 年《党史研究》第 1 期上。这对我来说无疑是极大的鼓舞，也是对我过去数

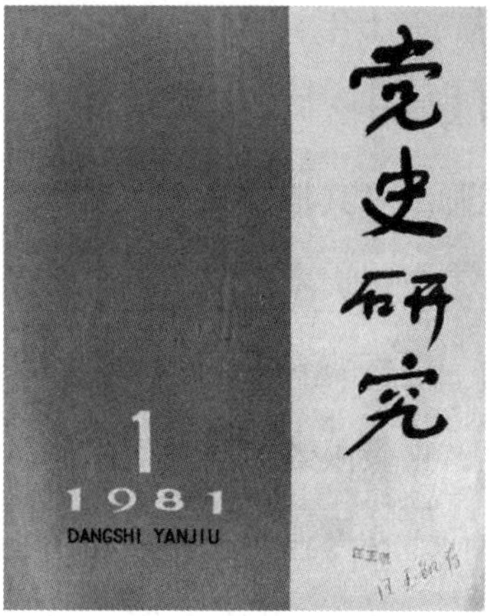

第一篇学术论文发表于《党史研究》1981 年第 1 期

年来潜心学习和研究中共党史的一次检验。该文公开发表后，受到了党史教研室老师们的肯定，在省委党校理论班的同学中也产生了一定的影响。

从 1980 年到 1984 年，围绕对“左倾”错误的思考和研究，我还发表了多篇论文，主要包括《延安整风对“左”倾教条主义的清算简论》《“左倾”错误不能彻底清算的关键在哪里？》《生产责任制的历史命运及其给我国农村社会主义建设的深刻启示》《关于先进的社会制度与落后的生产力之间矛盾的几个问题》《试论过渡时期的特殊过渡阶段》等。这些文章大多发表在陕西省委党校主办的《理论教研》上。这些文章的发表，代表着我当时对“左倾”错误的理论认知。

1981 年年底，陕西省委党校一期理论班的学员正式毕业，省政府专门发文，承认了该班毕业学员的大学文凭。大约有 10 多位学员留校任教，其余都分配到省直部门或全省各地，充实思想理论战线的力量。我当时被留在省委党校党史教研室任教。在留校任教的 10 多名同学中，多数都是“老五届”大学生或工农兵学员，毕业的院校包括中国人民大学、北京农业大学、陕西师范大学、西安外国语学院等 。实践证明，陕西省委党校首开先河，创办的理论专业班还是很成功的，后来成为党校一个比较稳定的班次。从这些毕业学员后来的发展看，也是可圈可点的。政治经济学专业毕业的刘新文后来担任了陕西省政协副主席，该班的王改民担任了省委秘书长；党建专业毕业的王启文担任了西安市委常委、宣传部部长，后来出任西安市人大常委会副主任；党史专业毕业的卢胜利、汪开国、胡煜，后来分别担任了陕西省委党史研究室副巡视员、深圳市委党校常务副校长、陕西省社联党组副书记，而曾经与王岐山在西北大学历史系同班毕业的钟庆祥以及曹培宏，分别担任了汉中城固党校校长和榆林市委党校副校长。而理论班毕业的同学中，还出了像孙皓晖这样的作家，他从省委党校毕业后，到西北大学任教，写出了《大秦帝国》这一数百万字的著作，在社会上产生广泛影响。还有的学员，担任了陕西省社会科学院副院长等领导职务。至于在市县担任市县长或者党校校长、在省直各系统担任厅处级领导干部的人就更多。值得一提的是，当时考入省委党校理论班的学员中，有不少是北京知青，包括曾在志丹县担任过县委副书记的年轻女干部李华，后来他们大都回到北京发展。徐纪新后来担任中宣部《党建》杂志总编辑，还有在工信部的王中桂、铁道部的秦德润、审计署的刘京城、北京市的李仲元等同学，都是在司局级领导干部岗位上退休的。随着时间的推移，目前陕西省委党校首期理论班毕业的同学们，都已退休，有的人甚至已经离开这个世界，但迄今为止，还没有发现一位同学，因为贪腐、滥用权力等被入刑。时间能证明一切！不过，省委党校毕业的学员中，也出现了几例非正常死亡的事件，比如毕业后担任陕西宁陕县县长的李彦海，因为儿子教育方面的问题，一气之下投河自尽了；我们党史专业班的张兆文同学，也是因为评定职称等因素跳楼自杀了。这使我感到无比震惊。特别是张兆文兄，早年毕业于西北大学中文系，进入省委党校党史专业班后，我们相处甚好，他为人随和，温文尔雅，毕业后到汉中师范学院发展，我们之间也一直保持着联系，他从来没有给我吐露过内心中的郁闷，没想到竟以这样一

2016 年 3 月 3 日，北京的同学聚会
左起：李小康、李仲元、汪玉凯、徐纪新、王中桂、秦德润

种方式结束了自己宝贵的生命，令人扼腕叹息。

在我留校任教的时候，省委党校校长已由阮迪民接任。他也是一位资深革命家，战争年代曾长期在党的报社担任领导工作。新中国成立后，曾出任过甘肃省委常委、宣传部部长等要职。他非常注重人才培养，采取多种方式，引进专家学者和青年才俊，并注重老师的培养和提高。1982 年 8 月，我刚留校任教不久，就被选送到中共中央党校理论部中共党史专业师资班学习深造。

（四）中共中央党校深造，让我大开眼界

中共中央党校是我仰慕的学府，也是国家培养中高级领导干部和理论人才的基地，这里集中着许多国内一流的专家学者，如杨献珍、韩树

英、吴江、江流、宋振庭、吴振坤、周逸等，有的堪称是学术权威。记得杨献珍给学员作报告时，我看到他的背驼得很厉害，以至于上下车都很困难，但在作报告时，娓娓道来，对马列著作倒背如流，给人留下深刻印象。而教育长宋振庭，则利用周末的晚上，经常为学员们讲“经史子集”，坐在礼堂主席台上，手揣在袖子里，不拿片纸，一讲就是两个小时，令大家折服。

1982 年中共中央党校学习期间与北京市委党校张文才合影。张长期担任周总理卫队主任

当时担任中共中央党校校长的是王震，常务副校长是蒋南翔。在粉碎“四人帮”后，胡耀邦曾主政中共中央党校，在推进真理标准讨论、思想解放运动中，扮演了关键角色，中共中央党校主办的《理论动态》发表过一系列有重大影响的文章。能到这样一所学校学习深造，对一个有着强烈求知欲的我来说，那是再幸运不过了。记得，入学报到那天，中共中央党校的轿车把我们从北京站拉到学校，我到了房间后，发现我的行李已经摆放在里面了，这让我对中共中央党校周到的服务和管理产生一种油然而生的敬意。中共中央党校坐落在颐和园万寿山的后面，校园很大，环境十分优雅。党史专业班的同学们就住在大礼堂边上的 9 号楼。

在中共中央党校，当时还有一些重量级的领导和知名人士生活居住

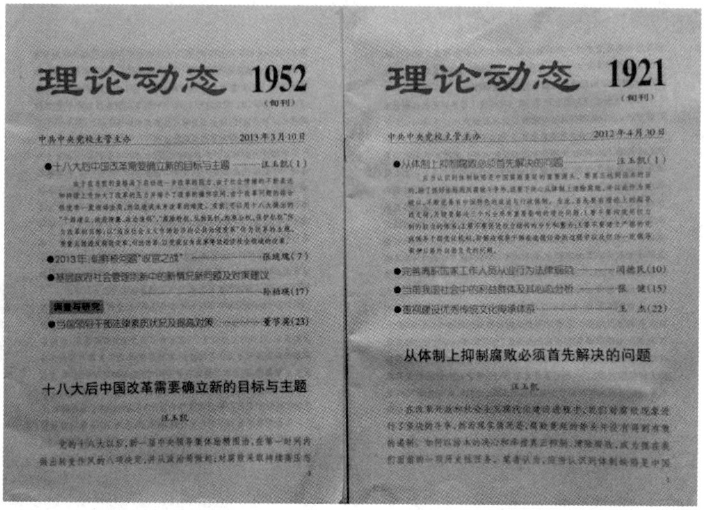

党的十八大后在中共中央党校《理论动态》发表的文章

在这个校园里，他们与中共中央党校是什么关系我不得而知，但经常见到他们的身影，如成仿吾、范若愚、冯文斌等。当时，我每天早晨都要在校园锻炼，一边跑步，一边听收音机，而冯文斌也几乎天天早晨围着校园走，我与他常常擦肩而过。对于这些名人们在“文化大革命”中的遭遇，我多有所闻，当近距离观察他们时，发现他们一个个严肃、沉稳、不苟言笑，其曲折的人生经历、复杂的内心世界，全部写在脸上。

作为党史专业师资班的主导者、组织者，中共中央党校党史教研部也是实力不凡，马齐彬、王渔、金春明、盖军、陈登才、陈雪薇等众多专家学者，都是在党史学科或某个专题研究领域，颇具影响力。在粉碎“四人帮”后的党史拨乱反正中，中共中央党校党史教研部和新成立的中央党史研究室，发挥了重要作用。特别是1981年中央通过《关于建国以来党的若干历史问题的决议》后，在全国掀起一股正本清源、学习新历史决议的热潮。在这样的背景下，中共中央党校举办的这期党史专业师

1982年中共中央党校学习期间

资班，就显得恰逢其时，也十分重要。参加这期党史专业师资班的学员，大都来自全国各地的省级党校，也有一部分中央部委的相关人员。3个多月的课程，主要以专题研究为主，老师讲授与集中研讨相结合，学员需要阅读规定的一些马列毛等原著，以及大量的参考资料。整个教学组织十分严密，讨论也很深入，大家普遍感到收获很大，不虚此行。

当时，中共中央党校设置的培训班次，除了哲学、经济、科学社会主义、党史和党建5个专业师资班外，还有许多其他方面的主体班次，如省部级领导干部培训班、司局级领导培训班以及宣传文化领导干部培训班等。为了开阔学员们的视野，及时传递中央的政策精神，党校经常举办一些高端的专题报告会。再加上当时正值党的十二次代表大会召开之际，所以，很多报告会的内容，都是与学习贯彻党的十二大精神有关的。在我们的学习计划里，也把学习党的十二大政治报告作为重要内容。我个人还围绕学习十二大精神，在中共中央党校内部办的刊物上发表过一篇学习体会文章。那时，来中共中央党校作报告的政要和专家很多，给我留下比较深刻印象的有：钱学森有关科技前沿方面的报告，张友渔有关法制建设的报告，于光远、刘国光有关经济学和经济发展趋势方面的报告，陈荒煤有关当代文化艺术和电影方面的报告，以及钱其琛的国际形势与我国外交政策方面的报告等。令我记忆深刻的，还是报告会场的气氛。报告会比较活跃，允许大家通过递纸条的方式提问，然后由报告人解答，这种方式深受大家的欢迎。记得在张友渔作报告时，针对“文化大革命”中国家法制被严重破坏的现象，有多人递纸条希望张老能够回答一下在中国到底是“法大”还是“党大”的问题。尽管80多岁高龄的张友渔老先生用了很大工夫去解释，也引起会场的一片唏嘘，但在那样的场合下谈论如此敏感的话题，足以说明当时的思想理论界，还是非常活跃和开放的。

中共中央党校在“文化大革命”中是重灾区，由于康生长期插手中共中央党校的事务，也积累了许多恩怨。记得，在学习期间，在中共中央党校的刊物上，接连刊登出数篇有关杨献珍和吴江相互对峙的文章，火药味甚浓。吴江当时任中共中央党校校委委员、副教育长，后来被调往中央社会主义学院任副院长。对于杨吴之间的个人恩怨，我了解甚少，但我从他们文章的字里行间明显地感受到，十年“文化大革命”造成的种种颠倒黑白的乱象，才是真正的罪魁祸首。

中共中央党校的学习生活，还有一件令我终生难忘的事情，就是参观游览了中南海。据说，中南海向社会开放是时任总书记胡耀邦批准的。对绝大多数中国人来说，中南海是一个非常神秘的地方，这不仅在于这里是国家的权力中心，是党和国家最高领导层的办公所在地，还在于从新中国成立以来，这里发生了太多太多的重大事件，比如说1976年抓捕江青、张春桥、王洪文、姚文元“四人帮”时，就是在怀仁堂进行的。中共中央党校组织的这次活动，是学员集体参观，阵势很大，仅大轿车就有10多辆。参观那天，经过严格的安检进入中南海后，大家纷纷到各景点参观浏览，其中，毛主席的住所丰泽园、游泳池，以及周恩来等其他领导人的办公所在地，还有怀仁堂、紫光阁、瀛台等都是最吸引人的地方。记得在丰泽园里，毛主席的办公设施、卧室、乒乓球室等，完全按照他生前的原样摆放，床头堆着大摞大摞的书籍，尽显主人的生活风范和工作习惯。令我没想到的是，30多年后的2014年，我为湖南省政府作课题研究时，曾专门到韶山参观，在那里又看到了毛主席在丰泽园完全一样的陈设展览，后来才知道，韶山的这些陈设，是从中南海丰泽园整体搬来的。在中南海我一边游览，一边联想着这里曾经的主人们，以及这里发生过的种种事件，不禁有些浮想联翩，感慨万千！20世纪90年代我调入国家行政学院工作后，曾多次进入中南海，或开会，或讲学，南院、北院都去过，但再也没有机会去参观了，也没有当年的那种神秘感了。

1983年元月，中共中央党校结业时，所有学员和校领导等合影留念，我蹲在蒋南翔前面，在我身后坐着一长排领导和知名人物，我意识到这张照片的重要价值，加洗了一张珍藏至今。

就在中央党校结业返校不久，我撰写的一篇1万多字的长篇论文——《〈向导〉在宣传马克思主义中的历史功绩》入选全国党校系统纪念马克思逝世100周年学术大会，此文后被收入由中共中央党校出版社于1983年出版的《马克思主义在中国的胜利》一书。

1983年、1984年中共中央党校出版社出版的两本书收录了两篇论文

1983年12月26日，是毛泽东诞辰90周年纪念。中共中央党校在湖南长沙举办了一场规模宏大的全国性学术研讨会。与会者多达数百人。中共中央党校校长王震、革命家王首道、常务副校长蒋南翔等亲自到会，并发表讲话，湖南省委的主要领导全程陪同。我撰写的《关于毛泽东同志探索农村包围城市道路的思想发展》一文被大会选入。后被收入由马齐彬、周逸主编的《毛泽东党建思想与党史研究》一书，由中共中央党校出版社于1984年公开出版。该文2万多字，对毛泽东农村包围城市道路思想的形成发展进行了比较系统的分析和研究，受到了学界的重视。当时和我的文章一起入选的，还有省委党校党史教研室的另外两位老同志，我们一起乘坐飞机赴长沙参会。那是我有生以来第一次乘坐飞机。会议期间，湖南省委特意组织与会代表赴韶山参观学习，同时也参观了滴水洞。那时，滴水洞还没有对外开放，因为毛泽东发动“文化大革命”前，曾经在这里短暂居住，并给江青写了一封信，因此，滴水洞的知名度很高，也很神秘。到了韶山参观后才得知，滴水洞实际距离韶山并不远，大约有几公里，由于道路崎岖，又建在深山里，故增加了许多神秘感。洞内有毛主席和江青的卧室、会客厅，也有警卫人员住的地方，一应俱全，只是江青就根本没有去，毛主席在那里也只居住了几天。30多年后，当我再一次参观滴水洞的时候，那里被浓厚的商业气息所包围，当年的神秘感也几乎荡然无存。

在省委党校党史教研室任教的几年间，除了参与教研室的教学之外，在研究方面主要从两个层面展开：一是开展了一些专题研究，继续在学术刊物上发表论文，如1983年在《党史研究》杂志第3期上发表了《陕甘宁边区实行减租减息政策的历史考察》。另外，对陕甘宁边区党校的历史进行比较系统的研究，为学校后来编写校史提供参考。二是1986年，受陕西省委委派，我协助中顾委委员、原江西省委书记白栋材起草有关延安中央党校五部的整风回忆录。

陕西省委党校任教期间

事情的起因是这样的。为了加强对延安整风历史资料的搜集和整理，全国人大常委会委员长彭真和中共元老黄火青提议，让当年参与延安中央党校整风的一些老同志把自己当年参加整风的实际情况写出来，留下来为日后研究提供第一手资料。白栋材当年在延安整风时担任延安中央党校五部主任，所以彭真和黄火青都希望他能够把这段历史完整地记录下来。大约是1986年五六月份，白栋材带领秘书黄鹤、女儿从南昌来到西安。后来，白栋材告诉我，此行是他离开陕西 30 年后，第一次回陕西老家。当时陕西省委书记是白纪年，也是陕北人，他们之间应该是很熟悉的。陕西省委对白栋材的陕西之行十分重视，并作了周密的安排。最后，省委决定由陕西省委党校副校长李宗阳和我协助白栋材整理相关资料。李宗阳副校长是陕西省哲学学会会长，年龄也比较大，他主要是把关，具体整理资料的任务就落在我头上了。为了完成好此项任务，省委组织了几场小型座谈会，前后有 13 位老同志出席，如杨文海、闫启明等，他们有的直接参与了五部的整风运动，有的是对当年延安中央党校五部的整风有一定了解。记得，时任中顾委委员、曾任陕西省委常委、秘书长的常黎夫，还专门把我和李宗阳校长叫到他的办公室，再三嘱咐一定要办好此事。当时，白栋材一行被安排住进西安丈八沟国宾馆，我也被安排在白栋材房间的隔壁。座谈会后，白栋材详细给我讲了他在领导延安中央党校五部整风的具体细节，我认真记录。那些天，白栋材除了讲述延安中央党校五部的整风情况外，也给我讲述他传奇般的人生经历。他说，党中央在陕北的时候，他 27 岁就担任了“三北”地委书记。“文化大革命”开始时，他担任南昌市委书记，受到迫害。为了保护他，周恩来总理专门派飞机把他接到北京，安排住进一个很隐蔽的地下室，这样才让他免遭厄运。在他给我介绍完情况后，省委安排当时的延安地委书记白恩培，陪同白栋材一行赴陕北考察。白恩培和白栋材都是陕西清涧县一个家族的，这个家族出了许多高官，如中组部副部长白治明、山东省委书记白如冰。而当时白恩培正值仕途的上升期，不久，就由延安地委书记调至内蒙古任自治区党委常委、组织部长。在此之前，我和白恩培也有过一些交往。记得那是在我参加一次陕西省委在丈八沟召开的全省中青年干部工作会议上，我和白恩培分在一个小组里，他是小组组长，主持组织讨论。当时，他好像还不是延安地委一把手，但属于省委的后备干部。他对人很随和，有陕北人特有的那种憨厚的气质，那个时候我还抽烟，记得白恩培返回延安后，还曾给我寄来过延安牌香烟。但自从他调离陕西后，我们再也没有见过面。他在云南任省委书记时，我经常去昆明讲学或开会，也从云南官场的侧面，了解当地对白恩培的反映。我的感觉是，官员们对他的口碑好像越来越差，主要是对他爱人在电力系统利用职权敛财有不少反映，这些也被后来的事实所证实。白恩培先后担任了青海和云南两地的省委书记，由于贪腐，被判终身监禁。因此，我从白恩培这位老乡的人生大起大落、大喜大悲中，似乎也领悟到了许多：一个人即使性格、人品都没有什么大的缺失，若一旦被权力侵蚀，抵制不了诱惑，再好的人都可能走向反面。这也再一次证明，加强对公权力监督的极端重要性。

白栋材赴陕北考察期间，我开始整理相关资料，经过一个多月的写作，比较圆满地完成了此项任务。1988 年，《延安中央党校的整风学习》第一集，由中央党校出版社出版，彭真为本书作了序。收入文集的作者包括彭真、黄火青、王从吾、宋时轮、张平华、刘白羽、白栋材等 30 多人。在白栋材文章的后记中还专门提到了李宗阳和我的名字。后记中写道："在撰写过程中，得到了陕西省委、省顾委的支持，陕西省委党校的李宗阳、汪玉凯同志参与了文稿的起草、整理、审改工作。"通过

彭真、黄火青等领导人撰写回忆五部延安整风第一集

与白栋材书记的短暂交往，我对老一辈革命家们有了一些近距离地感受。白栋材是一位有独立思考、敢于作为的领导人。在他担任江西省委书记期间，有几句名言，在国内流传。比如针对当时领导干部的新老交替，社会上流传一句话叫“扶上马，送一程”，而白栋材则提出“扶上马，放缰绳”，新意顿显；又比如，在机构改革中，为了因地制宜，当时社会上广为流传的一句话是“不能一刀切”，但白栋材提出“不能一刀切，但要切一刀”，其改革的含义一目了然。

从中共党史到政治学

1985年，根据形势发展的需要，陕西省委党校新组建了政治学教研室，第二年我被任命为教研室副主任，我的学术生涯也随之发生了重大变化。在此之前，我在党史教研室任教时，曾为省委党校开办的中共党史、科学社会主义、党的建设3个专业理论研究班，开设了《中国近代政治思想史》课程。从学理上说，这门课程实际是党史、党建以及科学社会主义专业与政治学等专业相交叉的一门课程。比如从中共党史的角度看，中国共产党的创立，就是在近代政治思想发展演变的进程中，接受马克思主义思想的指导而建立起来的；从政治学的角度看，中外政治思想史都是政治学专业的重要的专业基础课。在为上述3个专业研究班系统讲授的基础上，我在当时的党史教研室主任、也是我上学时期的老师张馨教授指导下，完成了《中国近代政治思想史》一书的写作，并于1988年5月由陕西人民出版社出版。在一定意义上，我开设的这门课程以及出版的这本著作，是我进入政治学学科领域的一个入场券。为了备好这门新课，早在1985年，我曾赴山东烟台参加了由山东师范大学主办的暑期中外政治思想史讲习班，在讲习班上结识了不少这方面的专家。记得那次外出，我有两项任务，先是去烟台参加讲习班，结业后又取道海上乘轮船到大连，再转天津，参加8月在中共中央党校举办的“纪念抗战胜利40周年学术讨论会”。在此之前，我撰写的《孙中山的革命程序论及其对抗战期间国共关系的影响》论文，入选参会。也就是在这次会议上，我第一次见到了仰慕已久的中国人民大学中共党史系的著名专家胡华教授，我进入党史领域，最初就是从读他和何干之的著作开始的。会上聆听了包括胡华教授在内的许多党史界知名专家学者的演讲，令我受益匪浅。

进入政治学领域后，我惊奇地发现，这个领域是如此宽广，理论是如此博大精深，人类的政治智慧及由此构筑的政治文明，像一颗颗璀璨的明珠，镶满了历史演进的巨大长廊：从亚里士多德、孔子、孟子、荀子、庄子，到孟德斯鸠、卢梭、马基雅维利以及康有为、梁启超、孙中山，著作汗牛充栋，思想不断翻新。利用省委党校丰富的藏书，我在进入新的学科领域后，一方面抓紧时间阅读相关的著作，作好基础上的理论准备；另一方面积极关注改革开放的进程，关注国家的重大政策方针的发展变化，并投身到这场令人激动的社会大变革潮流之中。从1986年至1989年的3年多的时间里，我参与了多项有关政治学的教学和研究项目，并在学术上取得了一些进展。

（一）出席新中国成立以来首届全国政治学理论研讨会

1986年，由吉林大学主办的新中国成立以来第一次全国政治学理论研讨会筹备组，面向全国发布了征集会议论文的通告，并采取以文会友的方式，选择参会者。我认为这是一个非常好的学习机会，因此经过认真准备，撰写出《我国政治体制改革的宏观思考》一文寄给筹备组。后来我的文章真的被入选了。同年 7 月，研讨会在长春的南湖宾馆举行。到了会议住地看了名单后，我才发现，这是一个高规格的学术会议。在那几年，随着政治学、法学、社会学、行政管理学等学科专业恢复重建，北京大学、复旦大学、中国人民大学、吉林大学、中山大学、苏州大学、南开大学等全国许多大学都相继建立了政治学系或行政管理系，开始招收本科生和研究生。再加上当时国家特别关注政治体制改革，因此，政治学的热度是很高的。出席那次会议的知名专家有北京大学的赵宝煦教授、李景鹏教授，复旦大学的王邦佐教授，吉林大学的王惠岩教授，中山大学的夏书章教授，中国人民大学的黄达强教授，苏州大学的丘晓教授以及天津师范大学的徐大同教授等。本来会议还有复旦大学的年轻学者王沪宁参会，他在 29 岁时被破格提升为副教授，在全国引起很大反响。后因故未能赴会，复旦的一位青年教师孙嘉明代替王沪宁在大会宣读了他的论文。我当时和南开大学任教的青年教师蔡拓住在一个房间，我们都被推选在大会上作交流和发言。我的发言，主要不是讨论政治学基本理论，而是围绕中国政治体制的改革实际展开，因此引起了与会者的共鸣。就在我发言过后，著名政治学家、北京大学的赵宝煦教授找到我，说他目前已拿到一个国家社科基金重大课题，是有关中国政治体制改革方面的，问我是否愿意参与，我当即答应，并感谢赵宝煦教授的信任。这对我来说，完全是意外之喜，能在国内政治学界的著名学者主持的课题中参与研究，这对我来说是多么的难得和重要。就这样，长春南湖宾馆的政治学理论研讨会不仅给了我一次难得的学习机会，也成为日后我进入这个领域的核心学术圈的一个重要契机。

（二）协助赵宝煦教授，组织开展“中国政治体制改革研究”重大课题研究

赵宝煦教授是我国一位资深的政治学家，他出生于1922年，早年毕业于北京大学，后留校任教。他曾任北京大学国际政治系主任、亚非研究所所长、北京大学校务委员会委员、校学术委员会委员。也曾担任国务院学位委员会政治学评议组副组长，国家社会科学基金委员会政治学基金组组长，还曾担任国际政治学会执行委员。1986年赵宝煦主持国家社科重大项目“中国政治体制改革研究”课题时，已经64岁，2005年受聘为北京大学资深教授。“中国政治体制改革研究”课题组阵容庞大，集中了国内颇具影响力的高校和专家学者，包括北京大学的赵宝煦、李景鹏，中国人民大学的黄达强，复旦大学的王邦佐、王沪宁，中山大学的夏书章，武汉大学的刘德厚，南京大学的包玉娥，苏州大学的丘晓，天津师范大学的徐大同，郑州大学的曹文光以及陕西省委党校的我，有

著名政治学家赵宝煦教授

来自10个单位的12名专家学者参与。赵宝煦教授邀请我担任课题组的秘书长，负责与各个高校的组织联络。

课题研究方法也非常特殊。主要不是一般的理论研究，而是注重实际调查，这样分散在全国各地的高校，可以组织老师学生在本地，围绕地方人民代表大会建设以及党政分开等重要专题，展开深入调研。当时，赵宝煦教授的工作十分繁忙，许多时日都在国外，要么讲学，要么参加学术会议，有时与我联系，也常常是通过越洋电话进行的。1987年6月，在苏州大学召开了一次全国性的政治思想史学术研讨会，许多课题组成员到会参加研讨，课题组也借此机会在苏州大学会议后，又到常熟进行了交流研讨。苏州大学以丘晓教授为首的团队，为此次会议作了充分的准备。复旦大学的王邦佐教授和王沪宁教授来去匆匆，记得王沪宁好像还抽空为苏州大学的学生们作了一场学术报告。研讨会后，由赵

1987年苏州大学学术会议期间，赵宝煦教授与课题组合影

宝煦教授带队，课题组对苏州、无锡和常州进行了为期 1 周的调研和考察。当时吉林大学的王惠岩教授也参与了考察活动。记得，课题组在苏州考察期间，市里安排大家乘坐的那辆丰田面包车，据说正是胡耀邦前两年来苏州考察时乘坐的车辆，引起大家的极大兴趣。大家纷纷询问胡耀邦总书记考察时的一些具体情况，陪同考察的苏州同志，一一作了介绍，那时，正是思想解放、社会十分活跃的时期，江苏的经济发达，改革开放气息甚浓，如常州的机构改革，当时在全国就很有名，他们总结经验教训时形象地说，“下动上不动，越动越被动”，意思是政治体制改革必须上下联动，才能取得突破。不过那次考察给我留下印象最深刻的，还是江阴市华西村的改革实践。当时的华西村，几乎家家户户都盖起了别墅，有的还预留有车库，村子里有花园，令人十分震撼。村支书吴仁宝用浓重的江阴话给大家介绍情况，只是他的话太难懂，如果没有翻译，我几乎听不懂几句。

我参会时还带了 3 位课题组成员，一位是解放军西安政治学院的焦士英，另两位是省委党校政治学教研室的年轻教师纪煜和康芳明，他们都参与了课题的调研活动。参会之前，我们在陕西的咸阳、宝鸡等地选择了几个调研点，围绕地方人民代表大会建设、党政分开等主题，以及基层对未来改革的希望和探索等，进行深入调研，掌握许多真实的情况，并撰写成多篇调研报告，在常熟研讨会上一一作了交流。

课题组的第二次研讨活动，是 1989 年元月在天津师范大学举行的。当时，国内的政治经济形势发生了很大变化，主要是在价格改革中，出现了明显的通货膨胀。再加上 1986 年年底全国一些地方出现了学潮，胡耀邦也于 1987 年元月的党内民主生活会上被迫辞职，在各地产生了一定

1989年元月在天津师范大学研讨会期间
左一：赵宝煦；右一：汪玉凯

影响。在此背景下，本次研讨会，主要还是针对各地的调研进行研讨，同时也约请了一些政府部门的领导参与。当时赵老师与我们聊天的时候，介绍了北京的一些情况，大家也都为时局的变化捏一把汗。没想到随着1989年4月胡耀邦的去世，竟然在国内掀起了一场巨大的政治风波。

研讨会后，各地相继将修改定稿后的调研报告寄来，我开始编辑书稿，陕西人民出版社有意愿出版研究课题的成果，最后，我编辑完成后，由赵宝煦审定形成最终定稿，并撰写了序言，以《民主政治与地方人大》和《政权结构与党的职能》成为两本书的书名，于1990年正式出版。其中《民主政治与地方人大》一书在1991年获得北京市哲学社会科学优秀成果二等奖。收入《民主政治与地方人大》一书中的调研报告，包括吉林大学课题组王惠岩、北京大学课题组俞可平、南京大学课题组张永桃和包玉娥、天津师范大学课题组徐大同、郑州大学课题组曹文光等知名专家学者领衔的研究成果共18篇。在《政权结构与党的职能》一书中，收入了包括复旦大学联合调查组、中国人民大学课题组的杨光斌、武汉大学课题组的李和中、中山大学课题组的梁裕楷和陈瑞莲、北京大学课题组的吴知论和凌岩，以及南京大学课题组等共 17 篇调查报告。在这两本书中，共收入由我组织或者撰写的 4 篇调研报告：其中在《民主政治与地方人大》一书中收入了我撰写的《制约地方人大作用发挥的主要障碍及其改革的对策》，另外两篇是由政治学教研室的两位年轻老师撰写的《关于地方人大代表素质的调查与研究》《关于县乡直接选举的几个问题》。在《政权结构与党的职能》一书中，收入我撰写的《县级党政分开需要认真研究和解决的几个问题——关于陕西县级党政分开政治心理的问卷调查分析》。

在百度百科上对赵宝煦的介绍中，有关他对国情的研究方面，有这样一段话："在国情研究方面，白手起家，1988 年在北大创办了跨学科综合性学术研究及咨询机构——北京大学中国国情研究中心，亲自担任中心主任。针对学界长期存在的教条主义盛行的严峻局面，明确提出搞实证研究，反对坐而论道。研究中心出版了'国情与现代化'和'国情与世界'两套丛书，为国家的战略决策提供政策咨询。曾承担'国家七五'重点科研项目'中国政治体制改革研究'，联合全国 10 所高校的政治学教师历时 3 年在全国进行 3 次大规模调查，出版了 3 本调查报告《民主政治与地方人大》《政权结构与党的职能》《行政机构改革透析》。"可见，这个调查研究报告，在他的学术生涯中所占的重要位置。而介绍里说到的《行政机构改革透析》一书，同样是赵宝煦教授主持的另一项国家社科基金课题研究项目，那时，我已经调往陕西行政学院任教，但我同样完整地参加了该课题的调查与研究。1993 年在郑州大学举办了课题成果研讨会，最后形成这一成果，并于 1994 年公开出版。

赵宝煦主编出版的课题成果

和赵宝煦老师的相处中，我个人感受到的不仅仅是他的学问，还在于他高尚的人格魅力。他既是知名学者、一位颇有影响力的书法家，也是为人师表的长者。记得我们在无锡调研时，他领着我在太湖的森林里游览，他告诉我，这里有他的书法作品。当走到一个亭子边时，他告诉我，这个亭子上的那块匾是他题写的。在与赵老师平时的交往中，他总是十分谦和，平易近人，对人表示出极大的尊重，包括对我这样的晚辈，也是如此。我曾经去过他在北大燕园的家，书房堆满了书，谈吐温文尔雅，思想深邃，但没有任何大学问家的架子。在百度百科对他的介绍中，专门讲到他的人品和人格。文中写道："赵宝煦教授从不以营造个人象牙塔为荣，始终把自己的研究同国家利益联系在一起，运用政治学原理和研究方法研究我国发展急需的政治、社会发展模式和发展方向等问题。无论是著述还是演讲，文以载道的强烈使命感溢于言表，满腔赤子之情化作大量艰苦具体的实际工作而富有成效，显示了一代爱国知识分子和杰出学者的高尚情操。在多年的教学工作中，他特别强调教书育人，为培养青年后学竭尽全力。平生淡泊名利，实事求是，保持着一代知识分子刚正不阿的气节和可贵学风。”这段话应该是很真实地描写出赵宝煦教授的人格魅力，也是我与他接触中的亲身感受。赵宝煦教授2012年去世后，北京大学为赵宝煦教授塑造了一尊铜像，摆放在政府管理学院大楼一进门的大厅。每次我到政府管理学院讲学或开会，看到赵老师的塑像，想起他生前的音容笑貌，不禁感慨万端！

（三）为省委党校研究生班开设政治学原理课程，主编出版《现代政治学》和《现代行政与管理》两本教材

1986年，陕西省委党校为了给西北五省党校培养理论研究人才和师资，决定开办西北五省区理论研究生班，政治学与行政管理属于必须开设的新课程，由新成立的政治学教研室承担此项任务，具体由我负责相关教学工作的组织和协调。为了提高授课的质量，我通过学校，邀请北京大学政治学系的李景鹏教授来校为首期研究生班的学员系统讲授政治学原理课程。李景鹏教授是全国著名的政治学教授，著述颇丰。在吉林长春召开的新中国成立以来首届政治学理论研讨会上，我们就已相识。在他为研究生班授课期间，我自始至终参与，并且一节课没落地听完他的全部专题讲座，还做了详细的笔记，这等于我得到了一次系统地学习政治学课程的机会。记得就在李景鹏教授在省委党校讲学期间，1986年年底上海等地发生了学潮，李老师以高度的政治敏锐性，时刻关心事态的发展。当时，我与他几乎每天都有一些私下交流，也有一些担忧。我

们的共同看法是，中国的民主政治只能在平和理性的基础上发展，防止给社会造成更多的震荡。

为了提升有关政治学和行政管理的教学能力，我当时联合了一些高校的政治学和行政管理领域的教师，共同主编出版了两本教材，一本是《现代政治学》，一本是《现代行政与管理》。由我主编的《现代政治学》是一本为高等院校编写的教材，参与编写的包括西北大学、兰州大学、西安交通大学、陕西师范大学、东北师范大学、四川师范大学、上海大学、福建师范大学、河北师范大学、山东省社会科学院、陕西省委党校等18所高校及研究机构的中青年学者。赵宝煦教授为本书写了序，他在序言中评价此书有三大特点：一是总体面貌比较新；二是现实感较强；三是适应性较强。本书对政治学基本架构作了新的探讨和尝试，除了绪论政治与政治学以及结尾政治发展两部分外，共分为上下两篇18章。上篇包括政治系统、政治权力、政治国家、政府与政府体制、政党与政党制度、利益集团、政治领袖、人民、民主政治；下篇包括政治文化、政治心理、政治思想、政治社会化、政治行为、政治舆论、政治决策、行政管理、国际政治。本书由陕西人民出版社于1989年出版后，在社会上引起一定反响，长期被一些高校作为政治学专业的教材，也有的作为考取政治学研究生的参考书。

另一本由我主编的教材是《现代行政与管理》。当时，除了政治学、法学、社会学等作为全国要重点恢复的学科外，行政管理学在夏书章等老一辈学者的倡导下，已经掀起了一定的热潮，社会上对行政管理课程的需求也空前高涨。我当时已在省委党校的有关班次，开设和讲授了该课程。在此基础上，约请陕西师范大学的王星昌、西北大学的刘文瑞、西安交大的吕晓宁，共同编著的《现代行政与管理》一书，于 1988 年 6 月由陕西人民出版社出版，并被列为陕西省委党校的教材。

1990 年前后出版的 4 本著作

（四）筹备建立陕西省政治学会，出任首任秘书长，积极参与中国政治学会组织的学术活动

陕西省委党校政治学教研室设立后，我与中国政治学会的联系逐步多了起来，再加上陕西省委党校的教育长郭仪离开领导岗位后，参与政治学教研室的一些教学科研工作，为创立陕西省政治学会提供了条件。全国政治学会希望陕西能够尽早成立省级政治学会。经过陕西省委党校领导的批准，郭仪与我开始筹备发起陕西省政治学会的相关工作。经过 1 年多的筹备，陕西省政治学会于 1987 年 4 月 24 日，在西安宣告成立。来自陕西师范大学、西安交通大学、西北政法学院、西北大学、陕西省委党校、解放军西安政治学院等 10 余所院校和单位的近百名政治学理论工作者，参加了会议。会议收到了中共中央委员、陕西省顾问委员会主任章泽同志的贺词及中国政治学会、陕西省社会科学界联合会、陕西师

范大学等单位的贺电、贺信。省体改办主任逯建民等到会讲话。郭仪当选为首任会长，我当选为秘书长，中共中央委员、省顾问委员会主任章泽担任顾问。

省政治学会成立后，一方面组织省内政治学界的专家学者开展学术交流，另一方面加强了与中国政治学会的联系，并积极参与相关的学术活动。早在省政治学会筹备期间，由我牵头，协助中国政治学会在西安成功组织了一次研讨会。中国政治学会负责此项活动的是中共政治学会副秘书长张志荣。1990 年，陕西省政治学会协助中国政治学会在西安成功举办了第三次会员代表大会。由于这次会议是在 1989 年政治风波之后举行的换届会议，加上 1989 年中国社会科学院政治学所所长严家其等在政治风波中参与较深，政治学所被认定为重灾区，有些人员后来也被处理，由吴大英出任政治学所所长，因此，本次换届会议受到各方面高度重视，参会的人员也比较多。省委宣传部和社科联的领导也很重视，并到会祝贺。我作为陕西政治学会的秘书长，直接参与了有关会务方面的组织等事宜。记得那次会议是在西安东郊的半坡宾馆举行的。有许多全国知名专家学者赴会，如中国社会科学院副院长李慎之、政治学所所长吴大英、中国人民大学许崇德教授、中山大学夏书章教授、上海复旦大学王邦佐教授、吉林大学王惠岩教授、武汉大学刘德厚教授、中央编译局俞可平教授等。赵宝煦教授虽然没有赴会，但仍然被推举为副会长。吴大英被推举为常务副会长，张志荣当选为新一届理事会秘书长。会后按照张志荣秘书长的提名任命，组成了新一届理事会的工作班子，并任命一批副秘书长，其中包括政治学所杨海蛟、上海复旦大学王沪宁、山西省政治学会秘书长雷忠勤、黑龙江省政治学会秘书长李元书和我等。

中国政治学会换届以后，在吴大英的领导下，先后组织了一系列学术活动。如 1991 年的无锡年会和 1995 年的武汉年会，我和陕西的多位论文入选者都曾与会，在这两次大会上我都发表了演讲。不过，那几年真正对我收获更大的，还是中国政治学会组织的小范围的专题研讨会，参会对象主要是省级政治学会的秘书长及其相关人员。这种会议形式，一方面是为推动政治学的健康发展，围绕一些重点问题进行小范围的深入研讨；另一方面也为下一年的全国性学术年会作一些准备。这样的会议我参与过多次，不过印象比较深刻的，有两次：一次是 1993 年的杭州会议，一次是 1995 年的哈尔滨会议。出席杭州会议的有政治学研究所所长、中国政治学会常务副会长吴大英，秘书长张志荣以及副秘书长杨海蛟、雷忠勤、李元书和我，还有其他一些人员。上海复旦大学的王沪宁副秘书长没有参会，但委派孙关宏教授出席。会后，我随孙关宏教授来到复旦，参观了复

1993 年在杭州出席中国政治学会会议期间与中国社会科学院政治学研究所所长吴大英等留影
左起：汪玉凯、陈国权、吴大英、张志荣

1995 年哈尔滨会议期间
前排左二起：刘德厚、张志荣、李元书、李和中；后排右起，李涛、汪玉凯、雷忠勤

旦大学国政系，王沪宁教授在他的办公室与我进行了短暂的交流。而 1995 年夏天的哈尔滨会议之后，黑龙江省政治学会的李元书教授，组织大家赴中国最北端的漠河调研考察。记得，那时的火车速度很慢，路上就走了大约两天。在途经大兴安岭时，看到不少大片大片过火的痕迹，因为就在那年，大兴安岭发生了严重的火灾。当时与我们同行的，除了张志荣秘书长等中国政治学会的领导外，还有武汉大学的刘德厚教授、李和中教授等。漠河的地理位置十分特殊，是我国陆地的最北端，那里有著名的北极星，据说冬天的夜晚很长，而夏天的白天则很长，我们在那里的时候，晚上 10 点钟还像白昼一样，而凌晨 3 点多天竟然亮了。在黑龙江边眺望对面，连俄罗斯的哨所都能看得一清二楚。就在那次漠河之行，武汉大学的刘德

厚教授动员我到武汉大学政治学系任教，我当时还真是动心了，觉得能到武汉大学政治学系任教，对我来说无疑是一个很好的机会。后来在刘老师的关照下，武汉大学的商调函都发来了，只是由于我个人的选择发生了一些新的变化，最终没能去武汉大学工作。

1995 年夏在漠河北极村
右一汪玉凯、右二李涛

参与中国政治学会学术活动最重要的成果，就是由我组织撰写的《政治主体论》一书。该书是由中国社科院政治学所所长吴大英与中国政治学会副秘书长杨海蛟共同主持的“中国特色社会主义政治”课题研究的一部分。整个课题研究分为 5 部分，即政治主体研究、政治关系研究、政治意识研究、政治行为研究以及政治制度研究。经过近两年的研究，最终形成 5 本专著，即《政治主体论》《政治关系论》《政治意识论》《政治行为论》《政治制度论》，并由浙江人民出版社于 1995 年出版发行。我主持的《政治主体论》这本学术专著，在国内第一次对政治主体这个问题进行比较系统地研究。全书除了导论外，共 9 章，包括人民、阶级、阶层、民族、政治家、干部、政治团体、政党以及国家。我撰写了该书的近一半内容。本书出版后，直至今天，仍然被许多高校列为政治学研究生考试或者学习期间的阅读参考书。

（五）把政治学的研究，融于思想解放的大潮中

20 世纪 80 年代，是中国走向改革开放新的发展道路、思想领域极为活跃的时代。在此背景下，陕西省委宣传部大约在 1985 年前后，成立一个侧重研究政治体制改革的理论研究小组，由分管理论工作的副部长李秀潭直接领导。研究小组的成员主要来自西安的一些高校、省委党校、省社会科学院以及政府有关部门的人员，我也被吸收为小组成员。在其后的若干年间，研究小组开展过一系列研讨活动，组织编写过一些理论读物，如《十一届三中全会以来现实思想理论百题》《借鉴与思考——政治体制改革的研究》《国家公务员知识手册》《邓小平理论与中国现代化》等。这些著作我都参加了编写，也都公开出版了，在当时推动改革、特别是政治体制改革方面起到了一定的作用。党的十三大政治报告提出社会主义初级阶段理论后，围绕初级阶段的理论研究很快成为社会热点，为了顺应教学的需求，我组织省委党校的专家学者共同撰写了《社会主义初级阶段与改革》一书。该书由西安交通大学出版社于 1988 年正式出版，全国政协副主席马文瑞写了书名，省委宣传部副部长李秀潭写了序言。

与此同时，活跃在西安各高校的青年社会科学工作者，经过陕西省社联批准，创立了陕西省青年社会科学工作者协会。该协会没有明显的

Social Sciences Weekly

社會科學報

1992年 2月27日 ·第296期·本期4版·代号：CN31——0034·上海出版·国内外发行

政治稳定的多角透视

陕西省行政学院 江玉敏

政治稳定是一国走向现代化过程中必须认真对待和解决的重大课题，政治稳定的内涵，应包括政治体制运作的秩序性和政治体制运作的连续性。现代化所要求的政治稳定，必须是政治发展中的稳定，注重政治体系自身的调节、完善，适应社会经济、文化变革的要求

头绪纷繁看世界 议论纷纷说变局

北京部分国际问题专家回顾一九九一年国际时局，对当前世界新格局和世界面临的主要矛盾作出不同的分析

《领导创造论》阐发权力新概念 个人影响＝软权力

1992 年 2 月 27 日发表在《社会科学报》上的政治学文章

学科限制，只要从事社会科学教学研究，年龄在 45 岁以下的大学老师、研究人员都可参与。青协的首任理事长是西北大学的余华青教授，副理事长包括陕西社科院张宝通、陕西财经学院刘安等，我被推选为常务理事。1986 年 6 月，山东省社科院的包心鉴研究员，在济南组织了一场青年社会科学者论坛，邀请一些省市青协的代表赴会，陕西省青协派我赴

济南参会。在会议期间，结识了来自中国社科院政治学所的王志刚、浙江省委党校的张静蓉、湖北省社科院的张厚玖等，大家在游览泰山期间，一起商议举办一次全国性的社科工作者改革论坛，联络更多的省青协参与发起，并提议会议地点放在西安举行，时间大体在10月初。回到西安后，我将此次参会的情况向理事会报告，经过省社联和省委宣传部的批准，会议开始筹备，我是主要参与筹备者之一。经过多方联系，最后参与发起的省、市青协共有14家：北京、陕西、湖北、山东、浙江、广西、甘肃、湖南、广东、安徽、吉林、辽宁、四川、武汉。会议主题最后确定为“经济政治社会全方位改革的思考”，此通告发出后，得到全国各地青年社会科学工作者的极大拥护，报名非常踊跃，最后共有80多名青年社会科学工作者参会。

经过省委宣传部和省社联批准，会议还邀请了国家体改委的郭大力、中国社科院政治学所的王志刚和陈兆纲、民政部干部学院的黎明以及南

1986年在全国中青年学者学术讨论期间
左一郭大力（国家体改委），左三汪玉凯，左四赵飞，左五翟志宏，左六刘安（陕西财经学院）

京大学的郭罗基等参会，而上海的邓志伟、中国社科院的苏绍智本来都答应参会，后来因故未能成行。那次会议的气氛非常热烈，一些媒体进行了广泛的报道，在全国产生了一定影响。记得在那次会上，北京来的朋友，要求我们必须严把论文的政治关口，如果有太激进的文章必须撤下，不能在会议上散发。因此，尽管会议的变革气息十分浓厚，但整体上把握得仍然比较得当。与会青年学者一致认为，中国的社会主义改革，必须是全方位的主体改革，具体的改革步骤可以有先有后，并在不同时期有所侧重，但中国改革事业的成功，只能是社会主义经济体制、政治体制和思想文化体制全面的自我完善和调整，这无疑是一场深刻的革命。这样的认识，即使拿到30多年后的今天，似乎仍然具有鲜明的针对性和超前性。

1985年在陕西师范大学演讲

在政治学的研究方面，我在这个阶段的另一件值得一提的事是，参与由西北大学校长、著名历史学家张岂之主编的“当代史学丛书”的撰写。张岂之先生是我国著名的历史学家、思想史家、教育家，时任西北大学校长，对中国思想史有很深入的研究。早在20世纪50—60年代，他就协助侯外庐先生整理《中国思想通史》1—2卷，后来又同侯外庐、邱汉生共同主编了《宋明理学史》，成为史学界著名的侯外庐学派的领军人物。在20世纪80年代的改革开放大潮中，他强调要在马克思主义指导下，以系列读物的形式，从社会经济、政治、风俗、艺术诸方面研究史学中亟待探讨的问题，以此为建设中国特色社会主义服务。基于这样的思路，组成了一个由张岂之先生为主编的编委会，进行系统谋划。我有幸也被吸收为编委会成员。这套丛书虽然每本书的篇幅不大，多数都在15万字左右，但易读，便于普及。后来丛书共出版了7本，包括：《崛起与衰落》（王大华著）、《理想与现实的碰撞》（黄新亚著）、《华夏文化的丰碑》（葛承雍著）、《历史学的视野》（彭卫、孟庆顺著）、《继承与变革》（刘文瑞著）、《双重智力统一论》（董英哲著），以及《社会变革与科学进步——近代中国科学与政治发展的历史考察》（汪玉凯著）。我的这本专著，是在撰写《中国近代政治思想史》的基础上，从一个侧面探讨近代中国科学进步与政治发展之间的复杂关系，以及对社会变革的影响。全书除了引论和后记外，共分为4部分：两种生产方式的碰撞、外壳与内核的冲突、新思潮的魅力和新的历史选择。本书于1989年正式出版。到了2014年，以该书的核心思想为基础，我在《中央党校学报》上发表了一篇近2万字的长篇学术论文：《论五四科学思潮》。

1989 年，陕西人民出版社出版的第一本个人学术专著

1987 年，就在中国的改革开放事业正在迅猛地向前发展的时候，我有机会来到深圳进行学习考察。本次学习考察活动是由陕西省社联组织的，省委党校共有 4 人参加，其中李宗阳和宋景先都是党校现任的副校长，张馨是党史教研室主任，另一位是我。在赴深圳之前，党校一行 4 人先考察了广东省委党校。广东当时是中国改革开放的前沿阵地，对内地有很大影响。特别是深圳作为中国改革开放的窗口、试验地，更是如日中天。“效率就是生命，时间就是金钱”，是当时最流行的一句话。而深圳“三天一层楼”的深圳速度，更是令人向往。到了深圳后，陕西社联一行在省社联党组副书记冯家臻的带领下，参观学习了很多地方，每到一处，大家都被深圳浓烈的改革气氛所吸引。此次深圳之行，对我后来坚守改革开放的信念产生了重要影响。有趣的是，在返回途中，我在广州白云机场托运的行李意外丢失，没想到两天后，我的行李又失而复得。

（六）破格晋升为副教授

1982 年留校任教后，我在短暂的不到 3 年的党史教学研究之后，就转入到政治学领域，加上我在党史研究领域的成果，那几年我的多项研究成果在陕西省社会科学优秀学术成果评奖中，获得了奖项。1982 年，我发表在《党史研究》上的《反对陈独秀错误路线斗争的历史教训》一文，获得陕西省社会科学学术研究成果优秀成果奖；1985 年，我收入《毛泽东思想与党建研究》一书的《关于毛泽东同志探索农村包围城市革命道路的思想发展》一文，获得陕西省社会科学优秀成果二等奖；1985 年我参与撰写的《三中全会以来现实思想理论百题》一书，获得陕西省社会科学优秀成果二等奖；1988 年，我作为陕西省委宣传部政治体制改革研究小组成员，参与撰写的《从陕西不发达地区看政治体制改革的战略思路》一文，获陕西省“改革：中国的希望”理论有奖征文二等奖；1990 年，我主编的《社会主义初级阶段与改革》一书，获得陕西省第三次社会科学优秀成果三等奖。鉴于我在教学研究方面取得了一些成绩，因此，在 1988 年被破格晋升为副教授。陕西省的这次破格晋升高级技术职称，不是由各个单位自行决定的，而是在全省统一进行的。也就是说，破格晋升的指标，由省里统一掌握，不占本单位的指标。各个单位可以根据破格晋升的要求，推荐破格者，报到省里后，省里组织一个破格晋升的专家评审委员会，统一评审，最终，谁通过评审，就给其所在单位追加一个指标，即“戴帽”下达。由于西安市的高校和科研机构众多，因此竞争是很激烈的。我当时担任省委党校学术委员会委员、政治学教研室副主任，发表论文有 20 多篇，出版著作数部，在学校选拔中，通过层层答辩后胜出，报到省里参与全省竞争，最终获得了晋升。陕西省委党校在本次破格晋升中，最终有两人获得晋升，除了我以外，还有一位是原来北京农业大学毕业的老五届大学生、省委党校理论班政治经济学专业毕业留校任教的孙浩，后来他也离开了省委党校，调到由马洪创办的深圳综合研究院发展。现在回想起来，那次破格晋升，实际上不是一个简单的技术职称的评审，而是对我那些年教学和科研成果的一次全面检验，也是对我那些年奋发读书，不断进取的认可，我的内心里充满了一些小小的成就感。

（七）进入陕西行政学院

1989 年春夏之交，中国发生了震惊中外的政治风波，这场风波对当时热度很高的政治体制改革，产生了重大影响。随着政治局势的变化，政治学的研究也进入低谷。就在这个时候，陕西省在原来陕西省财贸干部学院的基础上，成立了陕西省行政学院，两个牌子，一套人马。成立行政学院是党的十三大政治报告中提出来的，其目的是适应国家公务员制度的建立，加强对公务人员的培训。由于我参加赵宝煦教授的课题研究，因此，对北京这方面的信息还是有一定了解的。国家层面，当时抽调中国人民大学行政管理系的黄达强教授，参与筹备国家行政学院事宜。黄教授也曾参与赵宝煦教授主持的国家重大课题研究，我也相识，我咨询过他对未来国家行政学院师资的考虑，他说现在还早，将来选拔教师，可能会在全国公开选拔。基于当时政治形势的发展，我意识到，与政治学相比，行政管理这一学科未来可能会有比较大的发展空间，只要国家还会继续实行国家公务员制度，这个方向就不会改变。基于此，在陕西省行政学院成立之后，在当时院长秋儒邦的动员下，调来行政学院任教。在调动之前，我还专门咨询过赵宝煦教授，他认为，在国家行政学院没有选调师资以前，先到陕西行政学院，对未来来国家行政学院工作，会比较有利，因此，他也支持我调到行政学院任教。

1990年下半年，我调入陕西行政学院后，教学与科研重点向行政管理学方面转移，不过对于政治学的研究，我并没有放弃，而是研究的角度有所调整，重点放在从中国革命和建设中的政治实践方面深入。1991年，在庆祝中国共产党成立70周年前夕，中央宣传部发出通知，要召开全国性的学术讨论会，隆重纪念这一节日。我结合我的党史学科背景和这些年来对政治学的研究，选择了一个党史与政治学相结合的选题，撰写出《关于以毛泽东为代表的共产党人探索国家形式与政权构成的历史分析》长篇论文，在陕西省的众多参选论文中脱颖而出，被推荐至中央。当时，中央组建了由中央宣传部、中央党史研究室、中央党校、中国中共党史学会四大机构组成的筹备组，专门负责筹备此次大会，最终我的论文获选参会。1991年6月我赴京参会前，收到两份邀请：一是中央办公厅发来的有关参加1991年7月1日上午在人民大会堂举行的庆祝中国共产党成立70周年大会；另一个是出席6月27日至7月1日庆祝中国共产党成立70周年学术讨论会。

7月1日上午的纪念大会非常隆重，进入会场有严格的安检程序。这是我第一次进入到人民大会堂参会，感到非常兴奋。那天，北京人民大会堂座无虚席，江泽民总书记作大会报告时，我旁边的朋友带着望远镜，我通过望远镜，看到在江泽民讲话的话筒旁还有一个立着的类似话筒的东西，我问旁边的朋友这是什么，他说，这是一个喷氧气的装置，主要给领导讲话时喷氧。我从望远镜的主席台上还看到当时红极一时的歌星董文华，她当时看上去非常年轻。20多年后，在北京举办的影视明星博士课程班上，我为这个班授课中遇到了董文华，在课间休息时，她与我交谈，我还说到当年我在人民大会堂看见她的情景。她非常客气，谈了一些她在总政歌舞团与彭丽媛一起共事的往事，还与我合影留念，并赠送了我一套她的完整的光盘。

2011年在博士课程班讲学时与歌唱家董文华、电影演员王姬合影

下午的学术讨论会闭幕大会在人民大会堂的小礼堂举行。会前，杨尚昆、乔石、宋平、李瑞环、薄一波、萧克、胡乔木、邓力群、胡绳、王忍之等在人民大会堂接见了与会代表，并与大家合影留念，300多名党史界的专家学者及各省市的相关领导参会，可谓盛况空前。不过邓力群在闭幕式的讲话中所阐述的一些观点，引起了参会者的一片唏嘘。他在讲话中说，“现在我们是坚持一个中心两个基本点”，即以经济建设为中心，坚持改革开放，坚持四项基本原则。但在他看来，只坚持这一个中心是不够的，还需要再加上一个“以反和平演变为中心”。他说，如果我们只坚持经济建设这一个中心，不坚持反和平演变另一个中心的话，未来的中国就可能是今天的苏联。因为，当时正是苏联解体之后不久，社会上出现了一些对改革开放以及以经济建设为中心的质疑声音，因此，

邓力群的这个讲话，就显得非常不寻常。会后，很多人私底下都在议论，担心改革开放的路线能否坚持下去。半年后，当邓小平于1992年元月到南方视察时的讲话，慢慢流传出来的时候，人们才大体了解了当时的一些情况。在我看来，邓小平在南方谈话中的某些观点，不仅切中了时弊，而且再一次在关键时刻，把中国的改革开放推向一个新的阶段。比如“基本路线动摇不得，一百年不能够动摇”；“计划和市场都是发展经济的手段，不决定一个国家的政治制度，资本主义可以有计划，社会主义也可以有市场”；“要防止左，但当前的主要危险是右”；“不改革就死路一条”等。这说明，在对待改革开放等重大问题上，其实包括党内的纷争也是一直存在的，只是在不同的阶段，表现形式不同而已，但对党和国家的命运、人民的福祉的影响，则是巨大的。

在行政学院任教期间，我先后发表了多篇比较重要的论文，我入选建党70周年学术讨论会的论文以《中国共产党对国家政权及其形式的探索》发表在1991年第4期《中共党史研究》上，本期是庆祝中国共产党成立70周年专辑，前两篇分别是胡乔木和胡绳的文章，此文获得中宣部颁发的优秀论文奖；1992年在《光明日报》发表《论行政革新》，获得陕西省委宣传部优秀论文一等奖，以及中国行政管理学会首届全国行政管理优秀科研成果三等奖；1993年在《光明日报》发表《新时期伟大治国方针》，主要讨论邓小平两手抓的治国策略；1996年在《政治学研究》第2期上发表《简政放权与加强中央政府权威》。1991年我被陕西行政学院评为优秀教师。

由于那些年来，我在教学与科研方面取得的一些成绩，1993年我被陕西省委、省政府命名为陕西省有突出贡献的专家，并晋升一级工资；

证　书

汪玉凯同志：

为了表彰您为发展我国高等教育事业做出的突出贡献，特决定从一九九三年十月起发给政府特殊津贴并颁发证书。

国务院

1993 年获国务院政府特殊津贴专家称号

汪玉凯同志为我省有突出贡献的专家，特颁此证。

1993 年被陕西省委、省政府命名为有突出贡献的专家

硕士学位证书

汪玉凯系陕西横山人，一九四六年一月　日生。在我校已通过硕士学位的课程考试和论文答辩，成绩合格。根据《中华人民共和国学位条例》的规定，授予法学硕士学位。

陕西师范大学校长

学位评定委员会主席

1996 年获陕西师范大学法学硕士学位

同年，经过层层选拔，被评为享受国务院政府特殊津贴专家，终身享受政府津贴，开始每月是100元，10多年后，国家上调为600元；也是在1993年，陕西省政协换届过程中，我有幸入选陕西省政协第七届委员会委员，归属社会科学界别；1994年晋升为教授，随后，我被任命为陕西省行政学院科研部主任。在此过程中，我通过陕西师范大学硕士研究生课程考试和论文答辩，获得法学硕士学位，导师是陕西师范大学政教系房成祥教授。

担任陕西省政协七届委员会委员，为陕西经济发展建言，受到省委领导重视

在省政协大会发言，建言陕西经济，引起较大反响

1995年2月，在陕西省政协七届委员会第三次会议上，我在大会上作了题为《陕西为何科技领先，经济落后》的大会发言，在会场引起了较大反响，也引起省委领导的重视。在我发言后，在现场听取政协委员大会发言的省委副书记刘荣惠，当即在芷园宾馆会见了我，并与我就这个话题，进行了深入交流，还询问了我的工作情况。最后，他要求我写一份比较详细的个人简历，送给他。会议期间，我在大会上的发言被《陕西日报》《陕西工人报》等多家媒体广泛传播。

我的发言之所以引起较大反响，主要在于我比较系统地分析了陕西经济发展相对缓慢、落后，与其闻名全国的科技大省、教育大省所形成的反差。对于这种反差，其实早有人作过分析。比如1994年12月6日，《光明日报》发表了凌翔的《陕西科技领先缘何经济滞后》一文，已经在三秦大地引起了强烈的反响。不过凌翔在分析原因时，认为陕西出现这种现象的原因，主要是两个：一是陕西部分干部观念上的差距，以及自身素质较差，是“剪刀差”现象形成的“核”；二是人才资源和科技资

源尚未很好开发，是陕西“剪刀差”形成的“结”。我在递交的文章和发言中，在充分肯定凌翔文章的基础上，提出了一些自己的看法。我以为，还有两个原因更值得关注：首先，一些干部、特别是少数领导干部，思想深处残存着某些封建主义意识，缺乏现代领导者的开阔眼界和战略眼光，没能在日趋激烈的人才竞争和赢得人心方面有更多的作为。没有真正调动知识分子的积极性，优秀人才难以脱颖而出，甚至大量外流。其次，党政机关少数领导干部缺乏较高的驾驭全局的能力和较高的决策水平，没有高度重视决策的科学化和民主化建设，在科技带动经济的突破点、结合点和强化主导产业等重大问题的选择上，缺少明确的目标和主攻方向，使许多发展机遇擦肩而过。为此，我提出三点建议：一是建立省委、省政府决策咨询与评议委员会，围绕省委、省政府的重大决策，从多学科角度分析论证，为领导机关独立地提出评议意见，供领导决策参考。二是尽快实行某些副厅级领导干部的公开选拔工作，以此促进和扩大选拔优秀人才的渠道和范围，增加选人用人的透明度和竞争性。三是建立省科技成果转化协调组织，为科技成果的转化排忧解难。从后来的实践看，我的上述建议，多数都被上级所采纳。现在回想起来，当时我之所以能够提出一个比较切合实际的政策建议，与我参加政协经济与科技委员会的调查研究有很大关系。我们在调查陕西的科技实力时发现，陕西大概集中了500多个研究机构，仅西安市就集中了近50所高校，但这些研究机构和高校，大都隶属于中央各个部委，他们的研究活动几乎与陕西没有什么关系，地方政府也没有主动与他们进行合作。调查中还听说，当年有的领导人认为，这些在陕西的科研机构和高校，不给陕西作贡献，还要吃陕西的粮食。可见少数领导人的认知观念是多么的陈旧和不合时宜。

当我把我的个人简历报送给刘荣惠书记后，我从侧面了解到，我可能作为重点选拔的对象。当时，陕西省委书记安启元刚刚来陕上任不久，正要选拔一批年轻干部。省政协副主席张鹤龄也告诉我说，有可能让我去省委研究室任副主任或任省委副秘书长等。后来由于刘荣惠副书记不再分管干部工作，我的事情也被搁浅。就在这个过程中，我的人生经历正在酝酿着一种新的机遇。

1994 年，陕西行政学院派我赴北京参加一个全国性的短期培训。培训地址在北京车公庄大街距离白石桥很近的全国企业家联合会所在地。刚好，国家行政学院也在这个楼里临时办公。作为地方行政学院的老师，我非常关注国家行政学院的动向，并在培训期间与相关人员有些接触。当时有一个选拔教师的小组，由后来的教育长方克定负责，成员包括付松华、竹立家等。方克定详细了解了我的情况，这样我就等于在国家行政学院挂了个号，当时中国人民大学的黄达强教授已经离开了筹备组，回到中国人民大学任教去了。随后，国家行政学院在北京中央社会主义学院举办了一期暑期行政管理师资培训班，邀请美国马科斯韦尔学院的著名公共管理学者英格拉姆教授来中国讲学，我被学院派来参加培训。在这个培训班上，有后来调入国家行政学院的刘熙瑞教授和刘峰教授，以及北京大学的毛寿龙等。刘熙瑞当时是郑州大学的老师，刘峰是江苏省委党校的老师。担任培训班全程翻译的是北京大学留英回国的周志忍博士。而童海燕女士，是本次活动过程中的中美协调人。通过这次培训，更加坚定了我来国家行政学院工作的信心。1995 年，我参加完中国政治学会在哈尔滨召开的暑期工作会议后，路经北京，再一次来到国家行政学院。这时国家行政学院已经搬至距离正在建设中的国家行政学院校址很近的地方。在这里，遇到了两位对我后来能够进入国家行政学院工作的关键性人物：一位是院党委委员、桂世雍院长委托其分管人事的周侠平主任，一位是人事局廖自力局长，两位领导都与我进行了详细交谈。1996 年 6 月，廖自力局长带人亲自到陕西行政学院对我进行了考察。1996 年 9 月，我正式调入国家行政学院工作。

在调入国家行政学院以前，我还有两个选项，一个就是我前面提到的武汉大学，后来我主动放弃了。因为那个时候我更倾向于到北京工作。一方面是武汉的气候太热，我是北方人，可能更适合在北方生活；另一方面，我长期从事干部教育，赴国家行政学院任教，更有利于发挥我个人的优势。至于继续留在陕西发展，我基本也予以放弃。主要是考虑我没有从政的经验，年龄已经偏大，已经没有什么竞争优势。记得在 1990 年，当时陕西省委党校要选派一些年轻处级领导干部到基层锻炼，担任县委副书记等职务，我当时也在名单之列，但后来还是婉言拒绝了，主要还是考虑我未来的发展方向。在调往北京前，我也曾征询过省委副书记刘荣惠的意见，他认为能去国家行政学院工作，也是一个非常好的机会。后来的事实证明，我当时的选择是比较明智的，也是很正确的。听说刘荣惠书记后来调回他的原籍任职，担任河北省政协副主席，1999 年在岗位上不幸离世，享年只有 61 岁。

进入国家行政学院

（一）国家行政学院落成典礼与国际行政科学大会

1996 年 9 月，我拿着调令到国家行政学院报到，就在此时，我赶上了入院后的两件大事：一件是国家行政学院落成并举办盛大的正式开学典礼；二是出席在北京举行的第三届国际行政科学大会。

国家行政学院的创建，是根据国家公务员制度建设的需要，由第七届全国人民代表大会第一次会议决定建立的。

早在 1988 年 7 月，李鹏总理就曾主持召开国务院总理办公会议，研究筹建国家行政学院事宜。会议决定，委托中国人民大学负责筹建工作，由时任中国人民大学校长袁宝华任组长，建成后与中国人民大学脱钩，由国务院领导。其后，国家行政学院就在北京举办第一期培训班，中共中央政治局委员宋平代表中共中央参加开学典礼并讲话。后来由于发生了政治风波，国家行政学院筹建工作一度进展缓慢，而且筹建工作也转由国家人事部主导。1994 年 9 月 21 日，国家行政学院在中南海正式成立，江泽民、李鹏、乔石、刘华清等领导分别题词祝贺，李鹏总理在成立大会上发表了重要讲话，李岚清、李贵鲜、罗干等党和国家领导人出席。国家行政学院成立后，陆续举办了多期高中级国家公务员培训班。1996 年 9 月 11 日，国务院批转了《国家行政学院办学工作的若干意见》，明确了国家行政学院的性质、地位、办学方针、培训对象、培训目标、主体班次、队伍建设、教材建设、科研工作、交流合作、教学保障和后勤服务等一系列重要问题。

1996 年 10 月 28 日，位于西北三环边上的国家行政学院校舍正式落成，在京举办了隆重的落成典礼，李鹏总理为学院落成剪彩，并讲授第一课。我作为刚刚来院工作的新人，有幸见证和参与了这一盛会。在落成典礼之前，国家有关部门对行政学院的安保工作作了全面的检查和核验。开会那一天，除了国家领导人外，各部部长几乎都出席了落成仪式，并听取了李鹏总理讲授的第一课。那天学院一片喜庆的气氛，上上下下都呈现出热闹的景象。庆典和李鹏总理的授课是在新落成的大礼堂举行的，整个会场座无虚席，所有参会的部长们都坐在礼堂最前边的位置，

1996 年进入国家行政学院
左起：汪玉凯、徐理明

学校教职工则坐在后面。当我看到这样宏大的场面时，感到异常激动，庆幸自己有机会来到这个顶级的国家培训平台上。能为国效力，我倍感自豪，并对这所新型的最高学府，充满了期待。

按照国家给行政学院的定位，国家行政学院主要任务是培训高、中级国家公务员。具体承担的事项包括：省部级、司局级公务员的培训；部分优秀中青年后备干部的培训；香港、澳门特别行政区公务员的培训；外国政府高中级公务员来华培训；国有重要骨干企业领导人员的培训和各部门、各地方委托培训。后来又增加了公共管理硕士、博士研究生的教育以及博士后的教育等。另外，国家行政学院还承担着党和政府工作中的重大问题科学研究的职责，向党中央、国务院和有关部门提出政策咨询意见和建议等。到 2018 年国家行政学院与中共中央党校合并前，先后出任国家行政学院院长的国家领导人有李贵鲜、王忠禹、华建敏、马凯、杨晶等，主持工作的常务副院长或党委书记有桂世镛、张志坚、陈

1996 年 10 月出席第三届国际行政科学大会

福今、姜异康、魏礼群、李建华、陈宝生、马建堂等。

第二件事是参加第三届国际行政科学大会。1996 年 10 月 8 日至 11 日，第三届国际行政科学大会在北京亚运村国际会议中心举行。国际行政科学学会是根据 1930 年在西班牙马德里举行的国家行政学大会的决定而成立的行政学研究组织。学会及其执行机构常设于比利时的布鲁塞尔，有 30 多个国家参加。宗旨是推进行政学的发展，促进公共机构效率的提高、行政管理方法和技术的改进及国际行政管理的进步。其主要职责包括：调查各国行政计划实施情况及其效果，收集专家意见和评议；研究公务员的训练和培养、工作方法的改进、事务处理的机械化及行政科学理论的应用；从事调查研究，进而拟定计划，以谋求行政法则及方法的改进；开展国际性行政管理研究，促进各方面交换有关资料。国际行政科学学会每 3 年举行一次会议，并编辑出版《国际行政科学杂志》。1989 年 7 月接受中国为国家会员。1996 年在北京举办的大会，是国际行政学界的一次盛会，全球有 600 多名中外学者和政府官员参会。这次大会的主要内容是：围绕世纪之交政府行政管理面临的矛盾和对策，公共行政学面临的突破和发展等共同关心的问题进行深入的交流和切磋。本次大会是由国际行政科学学会和中国政府联合举办的，国家副主席荣毅仁出席大会并作了大会发言，国际行政科学学会的主席以及国际知名专家学者也在大会上发表了精彩的演讲。我撰写的《简政放权与加强中央政府的权威——关于中国中央与地方权力关系的思考》一文，入选本次大会。我在文章中指出，简政放权是中国改革开放以来中央采取的一项重大举措，但在实施这一政策时却出现了“双刃剑”效应：一方面中央给地方下放权力，调动了地方的积极性，增强了社会的活力；另一方面在地方利益的驱动下，经济生活也出现了某些混乱，使中央政府的权威下降，宏观调控能力减弱。文章在分析了上述现象后，对解决中央与地方的权力关系，确立相对集中与适度分权的新体制以及加强中央政府的权威等，提出三方面对策：一是从立法上解决中央与地方权力关系的法律保障问题；二是正确处理行政性分权与经济性分权的关系问题；三是正确处理全局利益的统一性与局部利益的灵活性问题。

1996年10月在第三届国际行政科学大会上演讲

在大会议程中，我被安排在分论坛上发表演讲，交流论文。不过在进行过程中，发生了一个小小的插曲。当时排在我后面发言的是台湾学者，主办会议的领导担心台湾学者发言会提出一些不利于祖国统一的观点，因此，在他们提出以赶飞机为由，要提前发言的情况下，人事部外事司的王晓初司长亲自找到我说，如果台湾学者要找你商议在你前面发言时，要我委婉拒绝。当台湾学者找我商议此事时，我只能按照会议主办方的意见处理。由于台湾学者要赶飞机，最终未能在会上发表演讲。

而我的演讲交流，引起了与会朋友的极大兴趣，在规定的时间内发完言后，在提问环节，有不少中外专家就中共中央与地方的权力关系问题，提出了问题，并进行了热烈的讨论。

1996 年 10 月在第三届国际行政科学大会期间，与著名行政学家夏书章在香山宴会上合影
左起：何颖、夏书章、汪玉凯

其实，为了筹备第三届国际行政科学大会，中国政府是非常重视的，当时主导这次重大活动的，是国家人事部、中国行政管理学会以及国家行政学院等机构。那时，中国刚刚被吸收为国际行政科学学会会员，又是第一次在中国举办如此大的国际行政科学会议，为了办好这次大会，国内先行部署，征集论文，并于 1995 年 11 月 30 日至 12 月 1 日在北京香山饭店举行了国际行政科学学会第三次国际大会中方论文研讨会。这次会议是由人事部、中国行政管理学会、国家行政学院、中央机构编制

委员会办公室、外交部和财政部共同组成的组委会和论文评审委员会组织，交流研讨准备向 1996 年国际大会推荐的论文，争取有更多的论文入选大会发言，并将参加本次大会的论文汇编成册，在国际大会期间交流。会议由国际行政科学学会副主席、中方论文评审委员会主任、中方组委会顾问蒋冠庄主持，人事部副部长、中方组委会主席张志坚，中国行政管理学会代会长、组委会副主席张文寿以及国家行政学院副院长、中方组委会副主席张修学等领导发表讲话。我的论文也入选本次会议，并在大会上作了交流。通过国际行政学会第三次国际大会的两次会议，使我对行政管理学科在全球的最新发展态势有了清晰的了解和洞察，对我进入国家行政学院作好教学科研工作，有极大的帮助。

（二）开辟新的领域

我调入国家行政学院的时候，虽是学院刚刚落成并正式办学，但由于有多年的筹备和成立后的运作，再加上学院基建施工项目的全面铺开，当时的学院已经初具规模，有 200 多人，只是行政人员较多，教师还比较少，各方面工作正开始步入正轨。当时学院的院长是国务委员李贵鲜，主持日常工作的常务副院长是桂世庸。他是一位著名的经济学家，曾长期在国家计委担任领导职务。到行政学院任职后，桂世庸院长对调入学院的教师有严格的要求，并要一个个亲自审定。我最后能调入学院，也是由他最终圈定的。我调来的时候，国家行政学院共设立了 5 个教研部，包括行政管理、经济学、领导科学、中国特色社会主义以及法学等。而我进入的行政管理教研部，是当时教授最多、阵容最强大的一个教研部，这大概与行政学院本身的属性有很大关系。当时担任教研部主任的是从中国人民大学调来的张德信教授，徐理明教授是最早从中国政法大学来院的教师之一，也是国内知名的行政管理专家，再加上同样从中国人民大学调来的王伟教授、郑州大学调来的刘熙瑞教授、吉林大学调来的薄贵利教授，以及中国人民大学毕业来院的竹立家、董明、刘旭涛等年轻博士，确实实力不凡。当时，正值西方的新公共管理运动在全球广泛传播的时候，国家行政学院在此时落成正式办学，在社会上很快就产生了广泛影响。再加上国家行政学院非常重视国际交往，学院的外事部门正与欧美许多国家的行政院校、学术机构建立稳定的交流合作关系，内容大都与公共管理有关。在此背景下，行政管理教研部的实力、一举一动，

1998 年国家行政学院行政管理教研部
前排左起：汪玉凯、刘熙瑞、张德信、王伟、薄贵利
后排左起：竹立家、宋世明、董明、柴红霞、刘旭涛

甚至会直接影响到国家行政学院的声望。这也许是学院为什么首先要特别重视行政管理教研部建设的重要原因了。

我进入教研部的时候，在行政管理学科的诸多领域，教研部的老师们大都有了明确的分工和主攻方向了，如公共行政、公务员制度、西方新公共管理运动、市政管理、中外公共行政比较等，因此，教研部领导让我把侧重点放在有关非营利组织的教学和研究方面，在国内当时更多的称社会中介组织。因为国家要发展市场经济，建立市场经济体制，就离不开社会中介组织的培育和壮大。从某种意义上说，开设这门课程，加强对这个新领域的研究，首先是社会上有这方面的需求所致。但当我进入这个领域后，才发现这是国外一个非常重要的研究领域，也是一个非常热门的领域，著述甚丰，而且由于各国的历史文化、经济社会发展等诸多差异，对这类组织的称谓也五花八门，如非营利组织、非政府组织、第三部门、社团组织、慈善组织、志愿组织、免税组织、社会经济等。

在欧洲一些国家将这类机构统称为公民社会。这种表述，显然与中国的表述有很大差别，因为在中国很少有人把“公民社会”当作一类组织来看待的。直到多年后，我们的官方文件中，才逐步将这类组织统称为“社会组织”。当然，如果从社会结构角度划分，可以把整个社会分为公共部门、市场、社会非营利组织三大系统。公共部门很好理解，就是一个社会中所有靠财政供养和支撑的机构和人员，在中国就是党政机构和事业单位；市场即由各种市场主体、特别是由企业组成的市场体系；而非营利组织，则是除了公共部门和市场之外的社会中介地带，也就是指那些各种各样不以营利为目的的组织。联合国制定的国际标准产业分类体系，在世界上得到了较为广泛的运用。按照这套分类标准，将各种组织的“主要经济活动”共分为 17 大类、60 小类。非营利组织就是其中的一大类，并将其又具体分为 3 小类、15 分项。3 小类包括教育、医疗和社会工作、其他社区社会和个人服务。可见，这个领域的影响之大。

从我进入这个新的研究领域后，我除了在国家行政学院的主体班次为司局级领导干部任职班、进修班等，系统讲授非营利组织的课程外，主要做了两件事情：一是参与课题研究；二是撰写这方面的教材和专著。

在最初进入到这个领域的那些年，我主要从事过两项比较大的研究课题：一项是受民政部民间组织局的委托，我在 1999 年主持了课题“民间组织分类研究”；一项是参与张德信教授主持的国家公务员统编教材《公共行政》中有关非营利组织的撰写。民政部民间组织局之所以急于开展这方面的研究，一个大背景是，在市场经济快速发展的情况下，国家的政策鼓励民间组织的发展，社会中间地带的崛起，如民办非企业单位的出现等，再加上国际社会中有关非营利组织理论在中国的传播，都需要加强对中国民间组织的理论研究，而民间组织的分类，则是为展开这一研究打基础。在该课题研究中，我结合中国的国情，借鉴国际社会、特别是联合国有关非营利组织的分类，我将中国民间组织大体分为三大类：即社团组织、群众组织以及民办非企业组织。而这一分类的依据，是基于中国的民间组织，主要是指那些独立于政府与企业之外的各类不以营利为目的的社会组织。这些民间组织在形式上类似于西方国家的“第三部门”，所不同的是，西方的“第三部门”或非营利组织主要是由民间开办的，而我国有相当一部分非营利组织带有明显的官办色彩。在这三大类民间组织中，每一种又可以分为若干小类，如社团组织就可以分为各种协会、学会、联合会、研究会、基金会、联谊会、商会等。当时，支撑这一分类的有两部法律，一是社团管理条例，一是民办非企业单位条例。该课题研究，在民政部民间组织局的主持下，曾召开过多次内部研讨会，广泛吸收专家们的意见，为民政部后来实施的民间组织分类管理提供一定的理论支撑。

在张德信主持、中组部统筹的《公共行政》国家统编教材中，我撰写的非营利组织管理部分，主要包括七方面内容：非营利组织理论、非营利组织发展对公共治理的影响、社团组织、行业自律组织、民办非企业单位、非营利组织的管理和中国非营利组织发展趋势。

经过数年的教学研究和积累，在人事部副部长徐颂陶的支持下，我应中共中央党校出版社的约请，主持编写了一套全国党校系统公共管理（MPA）系列教材，并于2003年出版发行。在这套教材里，包括了我独立撰写的《公共管理与非政府公共组织》一书。该书可以说是我进入国家行政学院7年来，在这个新的研究领域取得成果的集中体现。之所以要组织编写这套教材，主要是与当时全国性的应用硕士学位教育热有关。大约在20世纪末，随着全球化浪潮的深入，工商管理硕士、公共管理硕士以及法律硕士等应用型学位教育受到社会的极大青睐。工商管理硕士（MBA）主要是培养商界精英，公共管理硕士（MPA）主要培养公共部门的高级别管理人员，而法律硕士主要是培养法律方面高端应用型人才。在此过程中，国家行政学院扮演了重要角色。当时，在教育部的主导下，成立了一个全国公共管理硕士学位培养教育专业指导委员会，最初的办公室就放在国家行政学院，主要是国家行政学院与国外的交往频繁，这方面的资源比较多。在此背景下，全国的公共管理硕士教育发展很快，没过几年，全国有几十所高校先后都获得了培养的资格。

全国党校系统公共管理（MPA）培训教材，就是在这样的背景下组织编写的。为了作好该套教材的编写工作，成立了以人事部副部长徐颂陶为总主编的编委会，成员除了我还包括：国家行政学院的刘熙瑞、吴江、龚维斌、许正中，北京大学的周志忍、陈庆云，中国人民大学的张成福，武汉大学的李和中，中国政法大学的郎佩娟等。徐颂陶还专门为系列教材写了序言。我担任该套系列教材的执行主编。经过近两年的工作，最后，该系列教材共出版了 6 本：除了我撰写的《公共管理与非政府公共组织》之外，还包括：《比较公务员制度》（吴江主编）、《公共管理中的决策与执行》（刘熙瑞主编）、《公共部门人力资源管理》（李和中主编）、《公共财政》（许正中主编）、《公共管理与非政府公共组织》（汪玉凯主编）。这套教材，对全国干部教育产生了一定影响，其中由我主编的《公共管理与非政府公共组织》多次印刷，应读者要求，再版中作了进一步的修订。

对于干部培训教材的建设，也是国家行政学院的一项重要工程。2011 年，国家行政学院在多年教学科研的基础上，针对主体班次，逐步形成了一批比较稳定的课程，并将这些课程陆续编写成教科书，正式出版使用。这些教材主要包括通用教材、学位教育教材、专题教材、案例教材、电子影像教材以及港澳和涉外培训教材等六大类。学院专门成立了教材编审委员会。我从事的非营利组织管理课程，也被纳入国家行政学院专题教材范畴。为此，我将多年来围绕这方面的教学和研究，进行了比较系统的整理，按照学院的要求，编写出《公共治理与非营利组织管理》一书，经过学院教材审编委员会审定，由国家行政学院出版社出版。这样，我在进入国家行政学院后，在原来政治学和行政管理的基础上，又拓展了新的研究领域，既满足了学院的教学急需，也丰富了我的涉猎范围。

有关社会组织的两本专著

（三）参与青干班的教学与 MPA 学员的培养

我进入国家行政学院后，学院的各项培训工作都在步入正轨。除了完成省部级、司局级等相关的各种主体班次的短期培训外，学院还借鉴国际经验，陆续开办了一些学制比较长的班次。其中，我参与较多也是印象最深的，主要有两类班次：一类是创办两年制的全日制青年干部培训班，另一类是县处级以上的、三年制的 MPA 培训班。这两个班次，都曾在国家行政学院的正规化教育培训方面，产生过较大影响。

国家行政学院创办的青年干部培训班，主要是借鉴法国国家行政学院的培养政府高官的模式。法国国家行政学院创办于 1945 年戴高乐政府时期。当时，法国刚刚从德军占领中光复。新政府面临的迫切问题是，如何尽快培养一批新的高级公务员，以担负起重建国家政权的重任。法国国家行政学院建立后，每年只招收100多人，通过严格考试、精心的培养训练，以提升他们未来的治国理政能力。后来，这些毕业的学员，不仅叱咤于法国政坛，对商界也有巨大影响。在法兰西第五共和国的历史上，曾经有4位总统、8位总理以及众多部长毕业于此学校，更不必说无数高级官僚、企业家或金融精英。由于法国国家行政学院被赋予了平等主义的色彩，政府中的高级职务将不再属于那些凭出身和人脉在晋升体系中平步青云的名门子弟，公平的考试将一视同仁地从工人阶级与政商精英的孩子中选拔有志于公共事务的青年，因此，在国际社会也产生了一定的影响。中国在借鉴法国的经验时，不是简单地照抄照搬，而是根据国情，进行了一些创新，而且招收这样的探索性班次，也是当时国务院的主要领导人倡导的。比如招生的对象，确定为全国40所重点大学的党员学生干部，经过严格的笔试、面试，进入国家行政学院后，自动获得国家公务员任职资格，毕业后按照双向选择的方式，分配到各部委任职，直接担任副主任科员，每届只招收30名学员，多为学生会主席等学生干部。此项工作的政策，大多是由国家人事部与国家行政学院共同制定的。1996年，我调入学院时，第一期青干班已经招收完毕，正准备入校学习。后来我除了为青干班的学员授课之外，还参与第二期学员的招生工作，以及第一期学员的毕业实习，这些都给我留下了十分深刻的印象。第一期青干班学院的毕业实习，是在全国不同的地区进行的。当时学院派我指导的一个小组，是赴革命圣地延安进行实地考察调研。之所以派我去，大概主要是由于我是陕北人，对延安相对比较熟悉，有利于实习工作的开展。我们一行共十几个人，除我外，还有一位青干班的班主任参与，作一些具体事务保障性工作。学员们先后到达延安和志丹两个地方。在延安，主要参观了革命历史纪念馆、枣园、杨家岭、王家坪、凤凰山等革命旧址，系统了解党中央在延安13年的光辉业绩。同学们都十分兴奋，有的还穿上八路军的服装拍照留念。

1997年9月带领国家行政学院青干班学员赴延安和志丹考察

那时正值党的第十五次全国代表大会会议期间，我中学时代的同学付学清当时担任延安电视台台长，听闻我带领青干班学员来延安实习、考察，也很兴奋，派摄影师为大家拍照摄像。到了志丹县城后，主要是考察了解老革命根据地的变化、农村农民的生活状况等。青干班的学员有的来自上海、南京等大城市，从来没有接触过像志丹这样比较偏僻落后的地方，在与县里领导干部的交谈中，大家一致认为此次学习考察收获很大。当然，青干班的培养模式，除了到革命圣地接受教育外，还有到国外短暂考察的安排，同时还要到基层担任半年的乡镇长助理，只有完成了这些规定的动作后，才能毕业。后来的实践证明，国家行政学院培养年轻干部的探索，还是非常有益的，对这些年轻人进入中央国家机关后的发展，奠定了比较好的基础。

其实，青干班学员当时之所以受到各方面关注，也与这个班学员的严格入学考试和考核息息相关。进入国家行政学院后，我有机会参加了国家行政学院第二期青干班学员的入学面试和考核工作。1997 年，国家行政学院在全国 40 所高校启动招收青干班学员，通过笔试初选了 60 人左右进入面试阶段。全国共设了 3 个面试考场，分别是北京、武汉和西安。学院组建了一个由国家行政学院人事局局长廖自力为组长的面试小组，对入选学员进行面试和考察，我作为专家参与了此次面试工作的全过程。记得西安面试考场设在西安交通大学，由于我在西安工作多年，加之我爱人当时还没有调来北京，仍然在西安工作，因此，对我而言就等于是回家了，我爱人单位的领导还特意宴请了大家。其中还有一位面试工作人员的同学，在陕西省政府担任省长助理，他和我们聚会时，还详细介绍了陕西省的省情，使大家有不少意外收获。在面试过程中，我发现入选的面试学员，整体素质还是比较高的，因为这些入选的学员，几乎都是校、院两级的学生会干部，因此，表达能力普遍比较强，知识面也比较宽，但在运用知识的能力和快速反应方面，差异较大。从面试的整体氛围看，同学们对国家行政学院这样一所新兴的学府，并不很熟知，也有某种神秘感，但从他们面试时表现出的神态看，对进入国家行政学院有强烈的期待，都表示非常珍惜这一难得的机会。后来我想，在当时报考国家公务员的热度已经很高，而且考试竞争十分激烈的状态下，他们的这种神情是完全可以理解的。

毕竟，能进入国家行政学院，不仅意味着跨入国家公务员行列，而且也等于拿到了进入中央国家机关工作的入场券，这对绝大多数即将毕业的大学生来说，都是再好不过的机会了。通过面试，综合评分，很快决定录取对象，紧接着马上就组织考察。记得我当时负责考察的对象是中山大学法律系的陈尔彪，他当时是校学生会主席，品学兼优。我到中山大学后，时任中山大学的教育长陈瑞莲，还特意请我吃饭，她在数年前也曾是赵宝煦教授主持的《中国政治体制改革》课题组的成员之一，1989 年元月还参加了课题组在天津师范大学举办的研讨会。后来陈尔彪被顺利录取，在国家行政学院学习期间表现也很优秀，毕业后到中央办公厅一直工作至今。其间还给张德江副总理当过秘书，若干年前，就是副局级领导干部了。

如果说青干班是国家行政学院从大学毕业生中选拔培养优秀干部，那么，后来国家行政学院举办的处级领导干部以上的公共管理硕士学位班（MPA），则是从更高的起点上，为国家公务员队伍培养领导骨干。与北大、清华、人大等国民教育系列的公共管理硕士的培养对象有所不同，国家行政学院 MPA 的招生对象一开始就定在了比较高的起点上，起初，只招收司局级年轻领导干部，后来扩大到县处级。为了提升香港、澳门公务员队伍的素质，中央批准国家行政学院可以在香港和澳门开办 MPA 教育。在开办的这些 MPA 班次上，我一直是主讲教师之一，有时不是讲一讲，而是要系统地讲授公共行政一门课程。记得在第一期 MPA 班教学期间，开始公共行政这门课程是按照每人一讲的方式安排的，后来学员提出意见，觉得内容有重复，希望能由一两人比较系统地讲授，这样我就被推到了担任系统主讲的岗位上。这样，在澳门举办 MPA 班时，我曾多次专程飞到澳门，为澳门的MPA班学员讲学。到那里后，都是学员们用自己的私家车接送我，有时他们也请我与他们共同用餐，大家相处得十分融洽。由于这些学员都是利用业余时间学习，因此上课时间只能放在周末，有时我需要在那里住几天，这样我在教学之余，除了观光澳门的风景等外，还可以近距离地观察澳门的博彩业。我发现，在澳门不仅有像葡京、金沙、威尼斯等著名的大型赌场，许多酒店里还都设有小型赌场。特别是那些规模宏大的赌场，建筑非常气派，装修富丽堂皇，里面的设施也很先进，各种赌局应有尽有。我仔细观察过那些赌注巨大、豪赌的场所，下赌注的人们，一个个冷面相向，不苟言笑，即使输了，也面不改色，显得十分沉着。我问过澳门的公务员，他们说，每年春节放假几天，政府是容许公职人员进去玩玩的，但平时是严格限制的。我也了解过那些发牌的少男少女们受过什么样的教育，他们回答是，多数只有高中毕业，受过大学教育的人很少。他们说，这份工作相对稳定，收入也不错，他们感到很知足。当然，我最想不通的是，内地的那么多贪腐官员，为什么要冒如此大风险去澳门豪赌？许多人就是因为玩上了瘾，才越陷越深。

在MPA教育中，我参与指导过多篇学位论文。记得有中国农业银行的高级管理人员、浙江团省委副书记以及澳门的政府官员等。但我印象最深的莫过于首期学员汪鸿雁。她当时是由湖北省鄂州市副市长的职位上考入国家行政学院MPA班的，据说入学考试是全班第一名。学院规定，在学完所有规定的课程之后进入论文写作阶段，学员可以根据自己论文的选题内容，结合老师们的研究特长，自己选择指导老师。当时，选择我的就有汪鸿雁和浙江团省委一位副书记。汪鸿雁写的是她在鄂州市分管的医疗体制改革方面的选题，有许多实际工作的经验和感受，我也很支持她的想法。我对她说，像他们这样的领导干部，就应该写那些自己最熟悉的领域，特别是具有改革实践经验并需要继续深入的问题，这样就把所学到的理论与实际工作紧密结合起来了。她也多次告诉我，她来行政学院学习，是一个很好的机会，她每次听完课后回到单位都要给她这个小团队再重复一遍，使他们知道她的所思所想。她说的这个小团队，就是指联系她的秘书、为她服务的司机等。那时，我已经感受到她还是很有想法的一个年轻女干部。后来我才知道，原来她是从团省委副书记岗位上下到鄂州市担任领导职务的。由于她撰写的学位论文紧密结合她的工作实际，因此写得比较成功，后来被学院评定为优秀硕士学位论文，并收入书中。记得，她要离开行政学院时再次来到我办公室，闲聊中，我对她说，像你这样的70后，未来只要不在经济方面犯错误，前途是无量的。她也告诉我说，她先生在武汉银行工作，家里生活没问题，她可能在其他方面犯错误，但绝不会在经济方面出错。后来汪鸿雁毕业后没几个月就被调往湖北十堰任代理市长，不久就被选调到团中央担任副书记。

（四）为官员讲学，有更多机会了解官场，参与社会实践

在行政学院任教的一项重要任务，就是要为各类培训班的学员授课。国家行政学院是培养国家中高级官员的场所，通过培训，提升他们的政府治理能力，是最主要的目标。随着时间推移，我在学院讲学的内容越

来越宽，再也不像一开始进入学院后主要讲授有关非营利组织方面的专题了，而是涉及公共管理、行政改革、电子政务等各个方面。教学对象涵盖的面也越来越广，如省部级领导干部专题研究班、司局级领导干部任职培训班、进修班、国有企业领导干部培训班、青干班以及公共管理硕士研究生班，香港、澳门特别行政区政府官员培训班，还有国外人员来华培训的官员培训班等。

除了完成学院规定的教学任务外，过去 20 多年来，我还接受了大量的校外邀请，为各类官员培训授课。如中央各部委培训中心、地方党校、行政学院，以及一些重点高校开办的党政干部培训班等。特别是中共中央政治局建立起中心学习小组制度以来，地方党政机构也纷纷跟进，定期组织领导干部进行学习，所有这些为我提供了很多讲学的机会，也对我深入了解中国改革开放的实际、官场的现状，提供了难得的契机。回想起来，这些年来，我讲学的行迹遍及全国，在高校讲学最多的是北京大学、清华大学、中国人民大学等知名大学举办的各类官员培训班，在全国的许多省级党校、行政学院、中央部委培训中心也多有涉及，另外，还给不少的大型国有企业、上市公司、事业单位等，应邀作过专题讲座或报告。

国家行政学院举办的省部级领导干部专题培训班，大多是比较短期的培训，主要针对政府工作的某一方面工作，进行集中培训，如环保、金融、医疗卫生、经贸、改革等。担任这些班次教学的主讲老师，多数都是中央各部委的领导以及在某个领域的知名专家。一开始，国家行政学院的老师更多的是为省部级专题研究班提供教学服务，如参与研讨，办简报等，而且这类班次都会与相关部委联合举办，以显示国家行政学院的办学特色，以及与中共中央党校培训方面的差异。后来，国家行政学院的少数教授，在这类专题性研讨班上，开始加入一些通用类专题讲座，如公共行政与改革等。不过，我感觉到，学院对本院老师给高级别的官员讲学，控制还是比较严格的，一般要经过相当长的考察了解，才可能让一位教授登上这样的讲台。有幸的是，在我入校数年后，为省部级领导干部等高级别官员培训授课的机会越来越多，一方面是学院对我个人教学科研的某种认可，另一方面也是很大的责任，毕竟为这样高级别的官员讲课的压力是很大的。因为，学院规定，为省部级领导班次讲学，不管大班次的上百人，还是小班次的三四十人，一般都要留出 40 分钟左右的时间，供大家现场提问，然后由主讲老师来解答。这对老师的知识水平、现场应对能力，都是很大的考验。因为，这些来学院学习的省部级领导干部，工作岗位各异，有许多专业部委的领导，本身就可能是某一方面的专家，如果他们在提问中不是问一般性的问题，而是结合部委的工作实际提问，老师就会有很大压力，这种压力不仅仅来源于知识方面的储备，更来源于对实际工作部门的了解程度。因此，多年下来，我深感在这样的高水平平台上讲学，真可谓是教学相长，对我个人的认知能力也有很大的提高，也是一个深入了解官员的所思所想、心态的极好机会。

我在 20 多年的教学生涯中，经历是非常丰富的，也见证了各色人物和事情，现在回想起来真是令人感慨。

记得 2006 年夏天，国家行政学院举办了一个省部级的赴美国耶鲁大学短期培训的班次。在赴美之前，先要在国家行政学院进行一段集中培训，其中让我为这个班作一个有关中国行政体制改革的专题讲座。担任该班班长的，是时任共青团中央第一书记的周强，副班长是时任国资委副主任的李伟。这个班只有不到30人，属于省部级的一个小班，因此，在提问环节，大家讨论得就比较深入，放得也比较开，课堂气氛显得十分热烈，给我留下深刻印象。后来，这个班到美国耶鲁大学培训期间，据说担任国资委副主任的李伟，应邀在耶鲁大学作过一场报告，介绍中国的改革开放，引起了极大的反响。这个班结业后不久，周强调任湖南省代省长，数年后，李伟也升任国务院发展研究中心主任。后来我才知道，曾在朱镕基担任总理时期，李伟就曾是总理的秘书，属于高层智囊人物，对中国改革开放应该是很熟知的，所以他在美国演讲引起反响也是在情理之中。

还有一件给我留下深刻印象的，就是2001年美国发生“9·11事件”。记得当天从中央电视台上看到“9·11事件”的惨烈景象时，正好有几位香港特别行政区的官员来我家进行拜访。我们正在客厅交谈，突然看到凤凰卫视上播放着美国世贸中心高楼被飞机撞击的景象，大家感到无比震惊，他们在看完电视后才离开。那个时候，有许多香港和澳门的官员来国内培训，他们在培训期间提出，想看看大陆的教授家里的生活状况如何，正好我给他们有讲学任务，在我讲完学后，学院就安排几位学员到我家里来拜访，没想到就遇上了这样一幕。当我看到纽约世贸中心发生此事件时，马上想到另一个班，就是中央国家机关工委组织的一个赴美培训班。

那几年，中央国家机关工委，为了使各部委从事党务工作的领导干部能够开阔视野，每年通过国务院外国专家局立项，举办一些赴国外的短期培训班，参加人员主要是国务院各部委从事党务方面的领导人员，目的地多数是欧美等发达国家。这些学员出国前，先要在国内进行短暂的培训，主要是介绍目的地国家的一些情况。那期培训班赴美前，他们曾邀请我为这个班介绍过美国政府管理运作的情况，后来就赴美了。“9·11”期间，他们正在美国学习考察。后来我得知，他们一行刚刚参观完纽约的世贸中心大楼，没想到就发生了震惊世界的“9·11事件”。而1997年我第一次去美国学习交流的时候，也曾上过纽约世贸110层的大楼，里面的电梯很多，有的上到50层，有的上到80层。在两座双子塔外面看，似乎不断地在摇摆，他们说如果你看到它不摇摆了，可能就出问题了。当时，工作人员向我们介绍说，这座双子塔是日本专家设计的，曾经遭受过恐怖分子用一货车炸药的破坏，都没有造成十分严重的后果。没想到这次被飞机彻底给摧毁了。

在国家行政学院为韩国朋友介绍中国的行政体制改革
右二汪玉凯、右一车美玉（翻译）

涉外培训，是国家行政学院的一项重要职责，除了港澳特区官员的培训外，还有许多亚非国家，甚至也包括一些发达国家官员的培训，比如日本、越南、印度、老挝、缅甸以及非洲一些国家等。多数涉外培训都是国家签订的对外合作项目，也有一些属于相互交流项目。比如，国家行政学院正式开学之后，香港一个基金组织就为国家行政学院提供了一笔资金，专门资助中国的高中级官员赴美国、德国、日本、法国、加拿大等短期培训，因此，当时来国家行政学院培训的任职班学员在国内培训完后，还要到国外进行短暂的培训。而我在涉外培训班讲学，主要对象是来华短期培训的外国官员。通过多年为不同国家的官员讲学，让我深刻地感受到各国官员的巨大差异。你可以通过与他们的互动交流，明显地感受到官员们的整体素质，甚至这个国家的治理能力。在国家行政学院涉外培训班讲学，翻译基本都是由北京外国语大学的教师担任的，尤其是像缅甸、老挝等小语种更是如此。这样比较高水平的翻译，基本上可以解决语言方面的障碍，这使你对学员们感受的真实性，有了更清晰的认知。比如，我给日本来华公务员讲学中，遇到的提问挑战，远远超过了国内学员提问提出的挑战。这些日本公务员不仅对中国事务了解深透，而且提出的问题也十分刁钻，给你的回答形成很大压力。反观缅甸、老挝等发展中国家官员的提问，就要简单得多，而这些国家官员的级别往往都是正部长级的高官，比日本的官员级别要高很多。

不过，在涉外培训中，还有一个很特殊的班，给我留下极为深刻的印象，这就是香港区议会主席和副主席内地考察班。大约在党的十八大之前，香港有一个区议会主席考察团，一行约 30 人，来内地观光考察。

国务院港澳办等机构组织这个团的目的，主要是让这些区议会议员们来内地走走看看，增加对内地发展变化的实际感受，因此，观光考察为主，听讲座只是点缀而已。其间，在国家行政学院总共就安排两个讲座：一是国家发改委范恒山司长讲中国改革开放以来的经济发展，一是让我讲一下中央政府的管理和运作。在讲学之前，曾经有两个部门分别找我，给我介绍情况，一是国务院港澳办的两位司长、处长，二是外交部的两位司长、处长。他们讲的情况大概是，这个班的区议会议员都不是公务员，都是区议会的主席和副主席，多是民选产生的，在香港各区治理中扮演关键角色，而特区政府对各个区，只派出政务专员，协调特区政府和各区的关系。这种治理方式，基本是沿袭了英国地方治理做法。因此，他们都强调，这些人对内地了解不是很多，许多人甚至存在明显偏见，如果他们不认同我讲学的观点，极有可能当场起来与我辩论，希望我有充分的心理准备。鉴于这个班的特殊情况，我在备课期间，首先通过香港特区政府门户网站，了解了各区议会主席和副主席的情况，又认真研究了香港这种特殊的治理方式，在介绍内地政府治理结构、手段、方式的同时，我主动与香港进行了比较和分析，引起了学员们的兴趣，后来在提问环节，虽然有几位的言辞比较激烈，但由于我事先有充分的心理准备，因此，整体应付得比较顺利，没有出现什么偏差。当时，课堂上除了香港区议会的学员外，后面还坐了不少国务院港澳办、外交部以及国家行政学院的相关人员，这次授课得到了多个部门的认可，应该说是比较圆满地完成了此次教学任务。后来，我在许多教学场合上说，从那次准备教学，就充分感受到了信息化的巨大优越性。因为香港的门户网站当时在全球都是排名比较靠前的，资料很充分，门户网站设计也很人

2018年9月29日上午，为上海市人大常委会作“大数据时代公共治理变革”专题讲座，与上海市人大常委会主任殷一璀合影

性化，我在不到半小时内，就把各个区议会的情况浏览了一遍，包括每位参加培训的议会主席、副主席，这在过去是完全无法想象的。换句话说，在信息化时代，你花半小时时间获取的信息，在过去你可能半年都不一定获取得到，特别像政府这样在外界看来比较神秘的地方，更是如此。

在国家行政学院任教的20多年中，有很多机会到校外为中央部委或地方党政机关的省委、市委中心学习组、企事业单位领导干部做讲座，这类社会活动，可充分利用讲学的机会，进行社会调研，也可以把自己的一些想法、建议，告诉给当地领导，为他们的决策提供参考。

记得在纪念改革开放30周年的时候，海南省委于2008年7月10日在洋浦举办了一期有关改革开放与思想解放的理论研讨会。省级领导以及各厅局委办、市县一把手均参会。在研讨会上，省委书记卫留成做动员讲话，邀请我为该讨论会作了一场题为《改革开放需要新的思想解放》的专题报告。在参会之前，海南省委常委、宣传部部长周文彰，专门派人陪我在海南进行了为期3天的调研，为我讲好这次讲座提供了条件。那天的报告会是由海南省省长罗保铭主持。我的报告主要讲了3个问题，一是思想解放为改革开放开辟道路；二是新的改革开放形态需要新的思想解放；三是海南应该成为思想解放的前沿阵地。在第三部分，我对未来海南的发展提出“双岛战略”的整体思路，即将海南建成国际旅游岛和自由贸易岛。当时海南省正全力以赴准备向中央申报国际旅游岛的规划，我经过调研，以及参加中国（海南）改革发展研究院的多次学术活动，我认为在海南建立自由贸易岛，同样是一个大战略，海南的区位优势，在这方面前途无量，如果能抓住这个契机，这不仅对海南甚至对整个国家的对外开放都可能产生深远影响。尽管我这个建议，当时没有立即被海南省委、省政府采纳，但已经引起了他们的高度重视。后来到了2013年，海南省委召开纪念海南建省25周年纪念会的时候，我再次被海南省委邀请，参加此次活动，虽然会议规模不大，但参加人员的层级比较高，包括省委、省政府、省人大、省政协多个部门的领导，以及来自全国的一些知名专家学者等。在那个会上，我再次提到2008年我提出的在海南建立国际贸易岛的建议。2018年4月13日下午，习近平总书记在庆祝海南建省办经济特区30周年大会上郑重宣布，党中央决定支持海南全岛建设自由贸易试验区，支持海南逐步探索、稳步推进中国特色自由贸易港建设，分步骤、分阶段建立自由贸易港政策和制度体系。至此，海南国际自由贸易区的战略终于落地。在此之前，大约在2017年，海南省委曾制订了一个有关建设海南国际贸易区的战略规划，初稿完成后，由海南省委副书记带队，专程到北京举办了专家论证会，我再一次应邀出席，在那次会议上，我结合多年的研究和观察，谈了我的一些意见。后来我想，从2008年到2018年中央正式决定建立海南自由贸易区，前后整整经历了10年的酝酿和讨论，最后终于尘埃落定，其中蕴含着多少人的智慧和努力。给海南省的建言，能有机会最终成为国家的重大战略部署，我也深感欣慰。

如果说2008年为海南省委的这次讲学，为我的建言提供了契机，那么2009年为西藏自治区党委中心组学习组讲学，则为我实地了解西藏，感受藏文化，提供了一个十分难得的机会。2009年7月，我受西藏自治区党委的邀请，为区委中心学习组讲授有关信息化方面的专题讲座。临行之前，西藏自治区区委党校也给国家行政学院来函，希望我来西藏后，也能为自治区党校全体教职工和学员作一场改革方面的专题报告，当时魏礼群院长在批示中称，首先保障自治区区委中心学习组的讲学任务，其余根据我个人的身体状况，由我决定。西藏是高海拔地区，由于我以往从未去过该地区，不知道身体条件是否可以适应，当时我已经60多岁了，我自己心里也没底。听说有的人到了西藏后，还没出机场就不行了，我的一位朋友就是如此，他也是国家信息化专家咨询委员会委员，到拉萨后，感觉身体适应不了，立即乘机返回。我事先准备了抗高原反应药物，到了拉萨后按照要求，第一天休息，必要时可以吸氧，我感觉还可以，也没有吸氧。从第三天起开始工作。在给自治区党委中心组讲完课后，我觉得基本没什么反应，下午就游览了雄伟壮观的布达拉宫，全程徒步。第二天上午为自治区区委党校作了一场报告，下午又参观了有着1 000多年历史、在藏传佛教占有重要地位的大昭寺。第三天又加了一场课，即为自治区一个厅局长领导干部培训班作了一场专题讲座，下午还抽空游览了历代达赖喇嘛休闲

2009年5月与中欧信息化项目的欧方官员在拉萨布达拉宫前合影

的罗布林卡。在这里，我深刻地感受到西藏人民对藏传佛教的虔诚。在大昭寺外面，许多年长的藏人远远地就趴在地上，一点一点地向前移动，一边顶礼膜拜，不停地叩头，一边缓慢地向前移动，直至爬行到寺庙门前。行走在拉萨的街道上，到处都可以看到一群群藏人手拿转经轮，口中念念有词，在街道上行走。他们的样子，令人感受到一种在其他地方很难感受到的特殊景象。

在拉萨讲学期间最让我感到意外的是，给自治区区委中心学习组讲课后遇到陕北老乡的境遇。当我讲完学返回宾馆的路上，接到一个电话，自称刚刚听了我的课，问我是不是陕北人，我说是呀，他说，他一听我讲话就知道是陕北老乡，并要求我别在宾馆用餐，他带我到拉萨陕北酒店吃饭。很快，我们的车辆就会合了，到了拉萨一个兰花花酒店，这里经营的都是陕北菜。原来这位领导是陕北佳县籍的张培中，当时担任西藏自治区最高人民检察院检察长，另外，还有一位陕北籍的区委政法委副书记。在用餐期间，二位领导详细给我介绍了他们来西藏工作的经历，也介绍了他们对西藏的感受，令我大开眼界，也得到了许多意外的收获。

（五）在中南海为国务院机关党组中心学习组作政府转型专题讲座

在国家行政学院的教学生涯中，最令我难忘的还是2018年10月30日上午，在中南海为国务院机关党组中心学习组讲学的经历。国务院机关党组书记是国务委员兼任国务院秘书长肖捷，当领导们选定让我担任本次学习活动的主讲教授后，相关人员与我进行过多次沟通，并希望我能围绕行政体制改革、政府管理创新以及电子政务等方面的内容，提供几个备选的题目。最后，国务委员、国务院秘书长肖捷在我提供的讲授题目的基础上，按照国务院机关党组的实际需求，归纳出一个综合性题目，希望我能按此要求予以讲授，即《认真学习总书记有关全面深化改革论述，推进行政管理体制改革和政府转型》。那个时候，进入中南海已经管控得相当严格了，不像过去只要报一个车号，有人在规定的中南海门口等候，就可以进去，而是要进行严格的车辆安检，包括后备箱、车辆底盘。我开车到了会场后，国务院常务副秘书长丁学东等领导已在那里等候，国务委员、国务院秘书长肖捷与我进行了简短的交流后，就开始了讲座。在两个小时的讲座中，我主要讲了三方面内容：一是改革开放以来中国行政管理体制改革的历程及启示；二是进一步深化行政管理体制改革的历史必然性；三是在深化改革中加快政府转型。实际上本次讲座的重点在第三部分，即加快政府转型，而这部分重点是讲政府的数字化转型，特别是结合国务院提出的互联网 + 政务服务和构建一体化政务平台展开。

2018 年 10 月 30 日上午，在中南海为国务院机关党组中心组讲座后与国务委员、国务院秘书长肖捷、常务副秘书长丁学东合影

那天参加中心学习组的领导有近百人，都是司局级以上的领导干部。除了肖捷和丁学东以外，还包括国务院副秘书长丁向阳、陆俊华、孟扬等。讲座由国务委员、国务院秘书长肖捷亲自主持。令我意外的是，在讲座进行中，我曾经针对我国是世界第二大经济体，而 2018 年全

球营商环境便利度排名竟然在78位的现实，指出这与我国的经济地位极不相称时，肖捷马上插话说，估计世界银行2019年世界营商环境便利度排名中国有可能会大幅上升，并谈了这几年我国在优化营商环境方面采取的一系列举措。后来，大概在我讲学过后的1个多星期，世界银行就公布了2019年全球营商环境便利度新的排名，中国由上年的78位大幅上升到46位，也就是说，1年内，我国的营商环境在世界排名上升了32位。一方面我为中国营商环境大幅上升而高兴，另一方面也为国务委员肖捷对我国营商环境如此关注、熟悉感到欣慰。

那天的讲学最有意思的，还是最后的互动交流。在这个环节上，提问的主要是几位副秘书长，提出的问题，大多与行政体制改革以及政府数字化转型相关，我按照自己的一些理解作了回答，并在回答中进行了一些交流和讨论，气氛还是很热烈的。最后，肖捷作了总结。结束讲座后，肖捷和丁学东二位领导与我在会场合影留念。

围绕行政管理的学术研究，为我的教学提供了重要支撑

进入国家行政学院后，除了要完成学院规定的教学任务外，就是要在科研方面不断努力。作为一个学者，我很清楚，一个老师在课堂上能否站住脚，讲课受不受学员们的欢迎，很大程度上取决于你平时有没有对与本学科密切相关的问题深入研究，特别是在国家行政学院这样高级别的平台上，你面对的不是普通大学生，而是国家的高中级领导干部，不管他们在什么样的岗位上，但其能够一步一步上升到司局级以上乃至省部级领导岗位，他们的文化素养、业务水平、领导能力，多数都是经过一定考验的，也是经过层层选拔的。因此，你的讲授要让他们有一定的收获，其实是很难的。这也决定，你必须把更多的时间投入科学研究方面，并在报纸杂志等学术期刊上，发表有自己独到见解的研究成果。在某种意义上说，在国家行政学院任教，既有如同大学一样的学术方面的要求，又有别于大学，不能一味地只注重书本知识，而要在理论和实际的结合上下功夫，这样才能做一名学者型老师。

在中国知网查询我过去发表的期刊论文，已经达到 396 篇，加上其他文章，目前总数共 467 篇。这些文章相当一部分都是我调入国家行政学

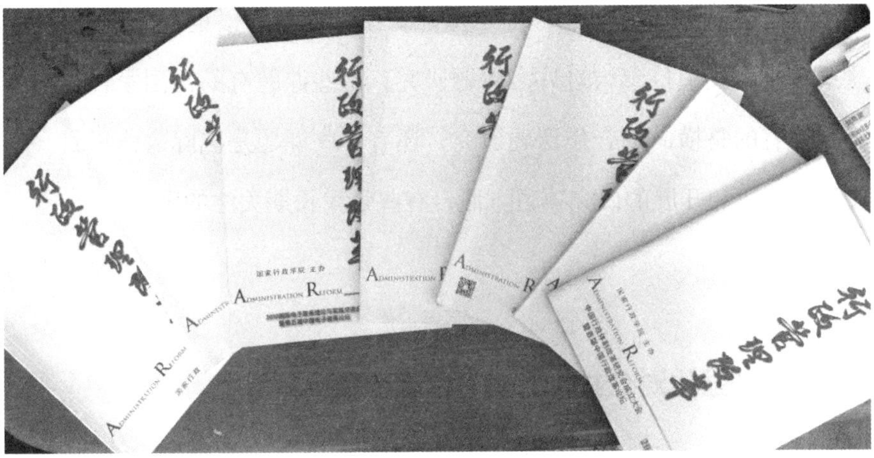

在《行政管理改革》发表的部分论文

院以后写作和发表的。这些文章发表于包括《人民日报》《光明日报》《经济日报》《政治学研究》《中国行政管理》《中共中央党校（国家行政学院）学报》《中国党政干部论坛》《国家行政学院学报》等在内的数十种学术期刊和全国性报纸，并曾一度在《光明日报》开辟个人专栏。出版的著作也有 30 多种，包括《界定政府边界》《公共权力与公共治理研究》《改革没有回头箭》等学术专著，应中国人事出版社要求，主编《公务员公共管理核心内容读本》《公共行政》《公共经济》《公共政策》《公共危机与管理》等公务员培训教材，还有中共中央党校出版社出版的由我主编的《基层领导者公共管理教程》等。

主编的公共管理教材与学术专著

除了发表论文、出版著作之外，在科研方面，还有一个很重要的领域，就是为国家的政策制定建言献策，这本身也是国家行政学院的一项重要职能，也是每一个任教的老师很重要的工作目标。这些年来，我主持参与过许多课题研究，这些课题有的是国家社科基金项目，有的是横向的合作课题研究，还有一些课题是国际合作项目。在发表的著述和开展的研究项目方面，有些是我长期关注的重点。

（一）有关强化对公权力的监督和反腐败研究

在公共管理研究中，有关对公权力的制约，以及与此密切相关的权钱交易、公权力腐败，始终是一个关键性话题，也是备受社会关注的一个重要领域。为此，强化对公权力的监督和反腐败问题，就成为我长期追踪并重点研究的一个领域。这些年来，围绕这个话题，我写过不少反腐败的文章，也发表了一些在现行政治体制框架下完善对公权力的有效制约的对策等，在社会上都产生了一定的影响。如《谁来监督省委书记》（《中国新闻周刊》，2003 年）、《再评谁来监督省委书记》（《中国新闻周刊》，2003 年）、《保持“曝光度”才能保证廉洁度》（人民网，2010 年）、《中央率先垂范有利于从源头推动反腐》（人民网，2012 年）、《把反腐纳入法制、制度才可能建起长效机制》（人民网，2013 年）、《系列措施反映中央反腐决心 “八项规定”应形成长效机制》（人民网，2013 年）、《任何腐败都害怕阳光》（中国网，2015 年）、《反腐为二次改革提供动力》（人民网，2015 年）、《反腐败正在取得压倒性胜利》（大梅沙论坛，2016 年）、《运动性反腐难以撼动腐败的制度性基础》（学习中国，2016 年）、《十八大以来反腐败斗争的时代紧迫性与历史必然性》（人民论坛，2017年）。其中尤以2003年发表在《中国新闻周刊》第31期上的《谁来监督省委书记》和第34期上的《再评谁来监督省委书记》两篇文章，产生的影响最大。在当时网络还不够发达的情况下，几乎是全网转载，后来有很多媒体进一步对我进行了追踪采访和约稿，如中共中央党校创办的《中国党政干部论坛》、上海的《新民周刊》都发表了我进一步扩充的有关《谁来监督省委书记》的文章。其中《中国党政干部论坛》发表的文章标题是《程维高、刘方仁腐败的启示：谁来监督省委书记？》。现将2003年我最初发表的这篇文章转录如下。

谁来监督省委书记

汪玉凯

省委书记的腐败何其相似

中央先后查处了贵州省委原书记刘方仁（2003年4月被查，第一个走上被告席的省委书记）和河北省委原书记程维高（2003年8月9日被查）的腐败案，将两人分别开除出党。这无疑是新一届中央领导集体进一步加大惩治腐败力度、深入开展反腐败斗争的重要标志。

仔细分析刘方仁和程维高的腐败事实，我们不仅可以发现许多共同之处，而且也能悟出许多道理。当然，就刘方仁和程维高腐败的手法来说，和一般的贪官并无二致，如以权谋私、受贿、助长亲信或者家人收取不义之财等。但是，由于他们身份的特殊性，决定了这两个地方重量级贪官的现形，又有一些与别的贪官不一样的地方，也使对他们的查处，具有一些明显的特征。

比如，这两个人都曾是省里的一把手，在用人问题上有绝对的决定权，并肆无忌惮地任用亲信，为其滥用职权打开通道；两个人的腐败问题，都与利用权力帮助他人招揽工程或干预基建项目有关；两个人离开省委书记这个一把手岗位后，又都担任了人大常委会主任，其腐败问题的败露，都不是在其权势最显赫的时候，对其的查处，有明显的滞后性；刘、程二人在所任职的当地，老百姓早有传闻，甚至编有顺口溜，但由于他们位高权重，都奈何不得；同时，这两个腐败案件的查处，最终都带有一定的群发性，也就是查处一人，倒下一批。

由于这两个人的特殊政治地位，决定他们的腐败以及权力滥用，对所在省的社会经济发展造成了严重影响。

对省委书记不起作用的监督

作为两个曾经不可一世的省里一把手，刘方仁、程维高都可以称得上是党的重要领导干部，他们都是经过长期的奋斗才被选拔到省委书记这个重要岗位上。问题是，这两个人在如此重要的领导岗位上任职，为什么在其任职期间监督机制似乎对他们不起作用？这究竟是我们的制度存在重大缺陷，还是这两个人有特殊的本事可以成功地逃避监督？

我以为答案应该是很清楚的，这就是我们的监督体系或监督制度存在一定的缺陷。从理论上说，中国现阶段对公职人员及其行使的公共权力的监督不能说不健全，更不能说没有，如党内的监督、权力机关的监督、立法机关的监督、社会监督、舆论监督以及人民群众的监督等。

但仔细分析这些名目众多的监督体系，对于一个地方如省里的省委书记这样的一把手来说，却几乎很难发挥应有的作用。

比如党内的监督，省里的纪律检查委员会是归省委领导的，也即省纪委书记是在省委书记领导下工作的，如果纪委书记要主动监督省委书记，他的职位还能保得住吗？再比如，权力监督主要是通过省里的人大来进行，但是目前我们的体制中，有的省人大常委会主任是由省委书记兼任的，他自己领导的人大能监督他自己在省委的权力吗？还比如，司法监督是一个重要的监督手段，但是省里司法工作总体上是由党的政法委员会协调指导的，如果省里的司法系统要监督省委书记的话，首先要取得省委政法委员会的支持才有可能，而在省委书记领导下的政法委书记有胆量直接监督他吗？

另外，即使舆论要想发挥监督职能，一旦要在媒体上披露诸如省委书记这样高官的问题，也必须层层审批，这个过程中的难度可想而知；至于老百姓的上访、控告等，真正能发挥作用的有多少，我们难以测算。

但就河北省委书记程维高的所作所为以及石家庄市建委郭光允的遭遇，已经使人感受到打击报复、利用公共权力置人于死地的可怕。

应该说真正能对省委书记起到监督作用的是中央和中纪委。然而在多数情况下，中央、中纪委也很难做到主动：比如多数腐败分子的作案手段愈来愈隐蔽、狡猾，老百姓很难真正知情。即使有人反映，多数只能起到提醒上级注意的目的，离真正查处还有很大的距离。即使是上级考察干部，也只在很小的范围内进行，一般民众更难以表达，因此有时会出现这种情况：一个领导干部问题很严重，非但得不到查处，还可能再度被提拔、重用。

这样说来，理论上十分完备健全的监督制约体系，至少对诸如省委书记这样的重量级官员是不灵验的。这是不是制度中的缺陷，很值得我们深思。否则刘方仁、程维高的腐败问题为什么不能及时得到遏止？

可见，谁来监督省委书记的问题再也不应该是危言耸听的问题，而应该成为我们必须认真思考的重要问题。

何以监督省委书记？

按照党的原则，在选拔任用干部时一定要坚持任人唯贤的原则，反对任人唯亲的做法。实际上我们看到要做到这一点是多么不容易。

就刘方仁和程维高两个腐败案来看，非常相似的地方就是两个人几乎都是通过拥有绝对的用人权任用亲信，然后才开始大搞腐败的。这说明能不能公正地用人，不仅是一个地区事业发达的重要标志，也是一个重要领导干部是否廉洁的重要体现。

对省委书记监督的苍白，在很大程度上也是指我们对一把手任用私人的做法，以及他在位时所具有的权势威严，缺乏最起码的制约手段。比如说，一个人只要和省委书记私交好，这个人就可以左右很多人的命运，于是这个人实际上也就拥有了很大的权力。

说起来很荒唐的事，在现实中却真是如此，否则贵州的那个陈林，为什么别人称他为“地下组织部长”呢？这说明，对省委书记的监督，首先要解决对其绝对用人权的制约，这是解决所有问题的开端。如果没有这方面的硬约束，其余的都等于零。

从这个意义上讲，完善选人用人的制度和机制，限制重要领导人在用人上过大的决定权，无疑是对其加强监督的重要环节。只有从这里入手建立行之有效的监督制度和机制，才能真正避免刘方仁、程维高案的再度重演。

（原载《中国新闻周刊》2003 年第 31 期）

2003 年 9 月，上海《新民周刊》刊出的专访，转录如下。

自利性倾向不是高官腐败的理由

——国家行政学院汪玉凯教授访谈录

撰稿／陆幸生（记者）

2003 年 8 月初，中纪委宣布，开除河北省人大常委会原主任程维高党籍。至此，党的十六大召开以来，因腐败问题被判刑或受到党纪处分的省部级高官已有 8 人。社会各界越来越强烈地感受到了党中央反腐败的决心和力度。在各地媒体上，已经“一评”“再评”地发表文章，展开讨论。汪玉凯是国家行政学院公共管理教研部教授、北京大学博士生导师、国务院电子政务工程总体专家组成员。他在《靠制度还是靠自律》一文中曾提到：官员腐败导致的各种损失巨大。周刊记者为此采访了汪玉凯教授。

自利性倾向不是高官腐败“权力寻租”的理由

记者：汪教授，您在《靠制度还是靠自律》一文中说到：中国从 20 世纪 90 年代以来，每年由于官员腐败造成的各种损失在 9875 亿—12570 亿元之间。我们也注意到，胡鞍钢先生所说的，在 20 世纪 90 年代后半期，主要类型的腐败所造成的经济损失和消费者福利损失平均每年在 9875 亿—12570 亿元之间。胡鞍钢先生把腐败划分为四种类型：一是税收流失性腐败，是指违反公平竞争的各种合法税收减免引起的海关税收和其他税收的流失。二是地下经济腐败，即指未向政府申报和纳税，政府未能控制和管理，其产值和收入未能纳入国民生产总值的所有经济活动。三是公共投资与公共支出性腐败。四是寻租性腐败。

汪玉凯： 我在文章中引用的腐败造成的经济损失的数字，的确出自清华大学国情研究中心发表的有关腐败问题的研究报告。

但有关办案的成本的分析和估算，则是我根据一些纪检、监察机关介绍的情况得出的看法。实际上，如果要认真地分析一下我国在查处腐败案件上的人力、物力和财力投入的话，肯定会发现是比较高的，因为一个案件从立案、调查到处理，不投入大量的人力、物力和财力是不可能的，有的大案要案，投入的人力甚至达到数百人。这也是人们普遍的一种看法。比如我们在办一些重大案件时，为了弄清腐败分子的犯罪事实，必须进行大量的内查、外调，否则就很难掌握他们的腐败事实；如果触犯法律，还要进行司法调查和审查。在腐败愈来愈隐蔽的情况下，给查处带来了很大的困难，所有这些，都需要投入很多的人力、物力和财力，这无疑会大大提高办案成本，增大财政在这方面的支出。

记者： 我们中国历来有"性本善"说，当然也就有了相应的"性本恶"说。您在文章中说："这正像西方的公共选择理论中给出的道理一样，就人的本质而言，每个人实际上都有自利性的倾向，他们称为'理性经济人'。"那么是否可以用我们常用的话说：人在从事公共事务的时候，都同时在"天经地义"地考虑个人是否获利这个问题？是人就都会考虑个人活动的"效益"，报酬则是现行制度规定的获利。当然，现在"搞活了"，在"以往"规定制度外的分配方式越来越"丰富多彩"。社会开始呈现多元化。那么，人是自利的，因而"人都是自私的"，这样的推论成立吗？有能够成立的“成分”吗？

如果成立，我们是否可以说，人家通过你高官的工作发财了，而你依然只拿一份“国家工资”，就有点“贡献与收入不符”，不大合理？由此，那些腐败高官们的“工作着并腐败着”，就有相应的“合理”成分了？

汪玉凯：关于西方的公共选择理论，我想许多中国人还是比较了解的。这个理论包含的内容是很丰富的，在国际社会中也有很大的影响。正因为如此，这个理论的创立者——布坎南，曾获得诺贝尔经济学奖。这种理论首先对人性作了假设，这就是人们常说的“理性经济人”，也是说人都有自利的一面，有追求收益最大化的倾向。同时，这种理论还认为，在市场经济条件下，追求收益最大化的动机、欲望，通过激烈的市场竞争，有可能促进社会经济的发展和进步；但在多数政治运作层面，特别在公共管理中，由于多数情况是排斥市场机制的，是集体研究、公共选择，因此这种选择机制本身，就为少数人通过权力寻租提供了方便。因此，他们认为，能够通过市场解决的问题，一定不要由政府干预来解决，这是防止权力寻租最好的方法。他们还断言，市场经济有可能失败，但政府过多的干预必定导致失败。

我认为，在分析政府与市场的关系中，这种理论在强调政府减少不必要的干预方面，确有一定的道理。但是由此就推断出那句“人都是自私的”是正确的说法，我以为还不能简单地等同。因为“人有自利的倾向”，或者“理性经济人”的假设与断言人就是自私的，并不一样，至少在程度上是有一定差别的。

至于以此来推断出高官腐败的合理性，我以为是完全不能成立的。

不可否认，高官作为人，他们和一般人在人性的普遍原则方面，不会、也不可能有什么根本性不同，这也是高官有自利性的倾向、有追求收益最大化的动机，是无可厚非的原因。而且他们正当追求自己的利益和收益，理所当然地应当给予保护。我们不能因为人家是高官，就否定他们正当地对合法利益的追求。

而我们所说的少数高官如程维高、刘方仁等用党和国家赋予的权力，大搞权钱交易，受贿、腐败，完全与他们合法地追求自身的经济利益是有本质区别的。这种行为，不仅失去了一个公务人员应该具有的追求合法经济利益的合法性和合理性，而且也从根本上违反了党和国家的政策法令，走向了犯罪的道路。因此，绝不能因为人都有自利性的一面，就可以为高官们的腐败问题找到合理的解释。这是两个性质完全不同的问题。

最大化减少政府对市场活动的不必要干预

记者：您在文章中说到，“西方学者得出的结论是：一定要最大化地减少政府对市场活动不必要的干预，否则就可能大大增加权钱交易的机会和可能”。在今天中国的经济活动中，似乎有点相反，重大的建设项目和经济活动，必定是要在政府领导人“干预”（同意或者不同意）之下进行的。而且，西方重大国家项目似也不是“政府离得越远越好”。

这个观点是否包含着“最大化减少”的那个“度”，其标志是什么？最理想的状态是什么？

汪玉凯：这个问题实际上又回到了政府与市场的关系方面去了。我前面讲过了，西方的公共选择理论，在某种意义上主要是为了阐明政府要最大限度地减少对市场不必要的干预而确立起来的一种理论。这中间有合理、科学的一面，但也不能认为这种理论就是十全十美的。至于你说到“在今天中国的经济生活中，似乎相反”的现象，我认为是普遍存在着的，也是并不奇怪的。因为很多政府机构并不愿意放弃对市场干预的权力，在权力部门化、部门利益化、利益个人化倾向没有被克服的情况下，干预意味着利益，减少干预或放弃干预就意味着放弃利益，这正是我国的政府职能转变如此之难的重要原因，也是我们的行政审批制度改革不断遇到阻力的根本原因。

当然，我们说要减少政府对市场不必要的干预，并不是说政府要完全放弃对市场的干预。你看到的包括西方国家的政府在许多方面也对市场进行干预，这同样是很正常的。在经济社会异常复杂、科学技术高度发达的今天，政府再像自由资本主义时期那种完全不干预经济生活的做法，是不可能了。但干预到什么程度才最合适，这个“度”并不是容易掌握的，这同样是各国政府都面临的一个难题，我想中国也不例外。但有一点是很清楚的，这就是政府要尽量减少对市场不必要的干预，否则，不仅不利于市场作用的发挥，而且也容易滋生腐败，为权力寻租、权钱交易提供条件，这一点已被大量的实践所证实。特别在中国公共权力行使不很规范、制约机制尚不健全的情况下，更是如此。

记者：您在文章中还提到“在政治体制的上端”，这个“上端”具体指的是什么？这个“上端”非常丰富的政治、经济、社会的含义是什么？

汪玉凯：把我国的政治体制用“上端”和“下端”进行描绘，是我个人的一个不成熟的想法。原因是我们把行政管理体制改革也称为政治体制改革。为了区分行政管理体制与政治体制的区别，我将属于行政管理层面的称为政治体制的“下端”，而将国家政治层面上的民主法制等，称为政治体制的“上端”。

按照我的理解，过去的20多年来，我国在行政管理体制方面，进行了大规模、不间断的改革，成效突出，使我国的政府管理比较能够适应市场经济发展的需要。但在“上端”的改革步子相对较小。这中间的情况也不一样，比如法制建设总体上进展很大，法制进程加快，并在社会生活中已经发挥了重要作用。尽管如此，这方面的问题仍然比较突出，比如宪法的权威问题，法制的权威问题，权力格局的配置、协调和制约问题，如何在坚持党的领导和社会主义制度的前提下，使国家更有活力、效率，能更好地调动人民群众的积极性问题，如何才能真正解决立党为公、执政为民的问题，如何才能真正有效地遏制腐败蔓延、解决用权力制约权力的问题，如何才能有效地解决社会公正、社会公平问题。所有这些问题的解决，只靠行政管理体制方面的改革是不够的。因此，稳妥地、有步骤地推动政治体制上端的改革，已经成为摆在我们面前的一项十分紧迫的任务了。至少我是这样认识的。

巡视员和专职常委制度的效果要经过实践检验

记者：最近，党中央实行巡视员制度，全国人大实行专职常委制度，从现象上看来，这是在完善我们已经拥有的监督体制。巡视员和专职常委，颇有政治领域“独立董事”的意味。这是不是对于同级党委领导下“同体监督”问题的一次“独立动作”？现在已经有人建议：党的纪委系统应“直属中央”成独立条线工作，不受同级党委的“块块制约”。

汪玉凯：党中央实行的独立巡视员制度以及全国人大实行的专职常委制度，确实有点像政治领域的“独立董事”制度。尽管这两项制度还刚刚实施，但我还是有信心的。我在北京的刊物上发表了《谁来监督省委书记》和《政治体制上端改革：靠制度还是靠自律》两篇文章后，一方面我没有想到会引起这样大的反响；但同时我也了解到一些人对巡视员制度和专职人大常委制度心存疑虑。我的看法是，这两项制度肯定是有创新的，但发挥多大的作用还需要实践的检验。如果我们在建立巡视员制度的同时，能在省一级纪律检查委员会的管理体制上实行中央垂直管理，当然会更有效，也使长期不顺的体制问题得到解决；同样我们在人大实行的专职常委制度，如果能在更大的范围中实行，当然会更有效。从发展的角度看，我以为这样的趋势是不可避免的，这要随着政治体制上端改革的深入，逐步予以解决。

记者：在目前形势下，如何保证和保持“独立”巡视员和专职常委的政治纯洁性和工作持久性？如何来保持政治权力的廉洁和公正？这项制度和整个政治改革的关系是什么？

汪玉凯：如何保证独立巡视员和专职常委的政治纯洁性和工作的持久性，这无疑是一个值得人们高度关注的问题。因为独立巡视员和专职常委也是人，普通人所具有的特性他们同样都有。由于我们国家体制的特殊性，我们在选任方面，主要是委任为主，普通党员和公众在这方面对这些被委任的官员不具备多少约束力。这在一定意义上，使我们对这部分特殊群体的监督和制约，同样成了问题。我认为保证这些人的纯洁、公正和工作的持久，只能主要靠上级的督促、监督，以及民众、社会的约束，当然个人的自律、责任感也是一个很重要的方面。至于独立巡视员制度和专职常委制度与政治体制改革的关系，我认为，肯定是政治体制改革中的重要组成部分，这一点是毫无疑问的。

曝光“腐败”媒体的作用会越来越重要

记者：对于腐败现象，尤其是对于高级干部的腐败现象，中国的媒体舆论应当起到怎样的作用？对现在的舆论监督情况，您的看法怎样？

汪玉凯：中国媒体在反腐败中应该扮演的角色，或者应当发挥的作用，这也是人们广泛关注的问题。从全世界的实践看，媒体在反腐败中扮演的角色，应当说愈来愈重要。在中国，这种局面的出现，还需要相当的时日。原因很简单，对我们现在的新闻舆论，国家相关的法律还不够健全，这在一定程度上，必然会影响到媒体在反腐败中发挥的作用。

尽管如此，我以为在现阶段，中国媒体在反腐败方面仍然是大有作为的。这是因为，少数腐败分子最害怕的监督主体之一，就是媒体的曝光。一个腐败分子，只要能在一定的媒体上被曝光，他的日子就很难过。但媒体不是独立的调查机构，在一个腐败案件没有经过深入调查取证的情况下，媒体想要曝光，也是很困难的。因此，在我看来，中国的媒体在反腐败中的作用，与其说是揭露，倒不如说是震撼、警示，特别当调查机构把一个腐败案件基本搞清后，通过媒体的曝光，引起全社会的关注，对那些正在搞腐败的人来说，也是一个巨大的震慑。但我希望，在经过一定的改革后，中国媒体在反腐败中能够、也应该扮演更重要的角色，发挥更重要的作用，这是时代赋予媒体的神圣使命。

（原载《新民周刊》2003 年 9 月 19 日）

4
社会观察
学习时报
◆专家视线
灰色权力的扩散及其治理
◆发展之路
社会管理转型的五大方向

2012 年 8 月 20 日在《学习时报》发表《灰色权力的扩散及其治理》

（二）行政体制改革研究

在公共管理教学研究领域，有关行政体制改革，是最核心的问题之一，也是国家在全方位推进改革进程中的重要组成部分。自从进入国家行政学院后，行政体制改革研究就始终是我最为关注的研究课题。1998 年，由我组织撰写的《中国行政体制改革 20 年》由中州古籍出版社出版，该书是“中国改革开放 20 年丛书”中的一本，该套系列丛书共包括 20 本书，涉及改革开放的各个方面，如《中国对外开放 20 年》《中国财政改革 20 年》《中国金融体制改革 20 年》《中国农村改革 20 年》等。从书设立了高规格的顾问和编委会，包括刘国光、童大林、高尚全、吴敬琏、厉以宁、董辅礽等知名学者和领导。由李剑阁担任编委会主任，邹东涛担任主编。我主编的《中国行政体制改革20年》是国内第一本比较系统地阐述中国改革开放以来行政体制改革进程的书籍，内容包括：中国行政体制改革与变革世界中的政府、中国行政体制改革的背景与过程、

在《政治学研究》发表的论文

在《中国行政管理》杂志发表的部分论文

中国行政体制纵向权力调整、中国政府机构改革、行政体制改革与政府职能转变、中国城市管理体制改革、中国经济特区、经济开发区行政体制改革的实践与探索、中国事业单位改革、中国人事制度改革、中国行政领导体制改革、政府与社会关系的调整和改革、中国行政法制改革、中国行政体制改革的创新与发展。时任国家行政学院常务副院长的张志坚，为本书写了序言。该书出版后在社会上产生了较大影响，后来，这套丛书获得中国第四届国家图书金奖。

继《中国行政体制改革 20 年》之后，2008 年，我又主持撰写了《中国行政体制改革 30 年回顾与展望》，并由人民出版社于 2008 年出版。本书是国家新闻出版总署纪念改革开放 30 周年百种重点图书，参与本书撰写的作者，除了我之外，几乎都是我在北京大学政府管理学院带的博士研究生，他们有的在读，有的已经毕业。由于我在 10 年之前已经出版过一本《中国行政体制改革 20 年》的著作，因此，续写后 10 年就有了比较好的积累和铺垫，当然具体内容，包括体例设计，也都有一定的变化。比如增加了电子政务促进政府管理创新、行政体制改革与建设服务型政府等内容，全书接近 40 万字，比第一本的容量大许多。这两本书的组织和撰写，在一定意义上，促使我对改革开放以来我国行政体制改革进行了比较系统的追踪研究，这对我进一步思考中国政府管理变革乃至整个

1998 年出版行政体制改革有关的著作

改革事业都产生了重要的影响。

对行政体制改革的研究，除了出版上述两本著作之外，在国家行政学院任教期间，我还出版了有关政府管理、公共权力以及对我国全面改革的3本专著，包括《公共权力与公共治理》(中共中央党校出版社，2006年)、《界定政府边界——汪玉凯谈政府改革》(中国友谊出版公司，2010年)、《改革没有回头箭》(安徽人民出版社，2013年)。这几本专著，有的侧重于行政管理理论，有的侧重于政府管理变革，有的侧重于行政体制改革，但总体方向始终沿着我的专业领域在深化。特别是《界定政府边界——汪玉凯谈政府改革》一书，在社会上产生了比较大的影响。

除了著书立说之外，我对公共管理的研究，更多地集中在一些专题研究方面，我前面提到的几本专著，有的就收录了我过去那些年发表的学术论文。而行政体制改革的研究，又与国家不断深化行政体制改革的实践息息相关。在我进入国家行政学院之后，至今已经经历了5次机构改革，也就是说，几乎每次政府换届，都会进行机构改革，只是其改革的规模有大有小而已。在我经历的5次机构改革中，规模比较大的有3次，即1998年、2008年和2018年，其中给我印象最深的，还要算1998年朱镕基出任总理后主导的那次改革。记得在1998年之前，虽然机构改革已经进行了多次，如1982年、1988年、1993年都曾进行过改革，但那些改革总体上还是局限在计划经济的思维框架之内。而1992年党的十四大正式决定中国要建立市场经济体制，经过数年的实践后，计划经济体制下构建起来的政府架构，对市场经济体制的不适应，已经暴露无遗，这使从上海调到中央担任副总理的朱镕基有了切身的感受，这大概也是他担任总理之后要展开一场被称为新中国成立以来规模最大的一场政府机构改革的深层原因。这次改革的目标是，建立办事高效、运转协调、行为规范的行政管理体系，完善国家公务员制度，建立高素质专业化的行政管理干部队伍，逐步建立适应社会主义市场经济体制的中国特色行政管理体制。按照上述思路，这次改革的最大看点是两个：一是将国务院直接管理工业的部委几乎全部撤销，从根本上改变了计划体制下按照条条专政的思路设置政府机构，撤销的国务院组成部委包括地质矿产部、电力工业部、煤炭工业部、机械工业部、电子工业部、冶金工业部、化学工业部、邮电部、林业部等，使国务院组成部委由 40 个减少到 29 个；二是将国务院的约 3.5 万名工作人员，裁减了 49.5%，基本达到预先设定的裁减一半的目标。这无疑是一场石破天惊的变革，在国内外引起了巨大反响，这也是朱镕基在出任总理只有 5 年作出的最大贡献之一，直到今天人们仍然念念不忘。记得 2013 年 8 月 12 日，由人民出版社和上海人民出版社联合出版的《朱镕基上海讲话实录》新书发布会，在人民大会堂隆重举行。该书收录了朱镕基 1987 年 12 月至 1991 年 4 月先后担任中共上海市委副书记、市长和中共上海市委书记兼市长期间的部分讲话、谈话、信件、批语等 106 篇，照片 83 幅，批语及书信影印件 9 幅。编入的文稿是根据朱镕基同志当年讲话的音像资料和文字记录编辑而成的，绝大部分首次公开发表。这本书的出版发行，对于全面、深刻地了解我国改革开放和现代化建设的历程，对于广大党员干部更好地把握建设中国特色社会主义的理论和实践，对于当时正在全党深入开展的党的群众路线教育实践活动，都具有重要意义。座谈会由人民出版社社长黄书元主持，出席座谈会的领导和专家有中央文献研究室原主任逄先知，中共中央党校原教育长杨春贵，人民日报社原副总编周瑞金，全国人大常委会委员、中国人民大学教授郑功成等，我也有幸被邀请参加了这次座谈会，并在会上作了发言。我的发言着重指出两点：一是朱镕基的为官作风，二是他对建设服务型政府的贡献。在谈到第一点时，我用了 16 个字的评价，即“从政为民，廉洁奉公，敢作敢为，不畏艰险”；在谈到第二点时，我指出，1988 年，朱镕基在上海提出建立全心全意为人民、廉洁高效的政府，实际上开创了建设服务型政府的先河。我的这两个观点得到了在场许多人的认可。后来被很多媒体予以广泛报道。

北京日报 20
理论周刊
读书
见证改革开放的历史
——《朱镕基上海讲话实录》读后
热点书评

2013 年 8 月 19 日《北京日报》刊发汪玉凯在人民大会堂座谈会上的发言

为了配合国务院的此次改革，国家行政学院先后举办过两期省部级领导干部培训班：一期是落实国务院机构改革，推进地方机构改革的省部长培训班，还有一期是机构改革后，暂时没有安排工作的省部级领导干部培训班。当时大家戏称这个班是下岗部长班。我参与了第一期省部长培训班的全过程。当时，这个班由 3 个单位共同组织，即中组部、人事部和国家行政学院。中组部负责选调参与培训的官员，并审查批准教

1998年3月25日 星期三　工人日报　世纪潮　第八版

我国政府机构改革的理性分析与实施对策

1998 年 3 月 25 日在《工人日报》的《世纪潮》栏目中发表的行政体制改革文章

1998年6月3日 星期三　工人日报　世纪潮　第八版

发展社会中介组织与转变政府职能

全国报纸理论宣传研究会举行年会

1998 年 6 月 3 日在《工人日报》的《世纪潮》栏目中发表的行政体制改革文章

学计划，人事部公务员司派出工作人员全程参与，国家行政学院具体负责实施。参加这个培训班的领导既包括地方各省市分管领导，也包括中央各部委的相关领导，人数超过百人。从培训内容看，该培训班属于专题性培训，内容聚焦到机构改革的各个方面，如改革实施中的难点、人员分流的政策、渠道等问题，因此，需要在培训班进行期间不断提供一些简报，供中央领导参阅。我当时就在简报组，与人事部公务员司派来的傅兴国处长和刘丽军副处长一起办简报。在培训班临近结业时，部分学员被邀请到中南海参加由总理主持的座谈会。应该说，这样的专题研究班，既要学习中央重大决策的内容、吃透国家重大决策的精神实质，又要为高层提供政策实施中的咨询意见。现在回想起来，可以清晰地看到，这项改革力度很大，特别是国务院一下子就裁撤了 10 多个组成部委，国务院的工作人员也精简了将近一半，其震动和阻力可想而知，如果没有相当的魄力，是很难进行这样大力度的改革的。也正因为这次空前的政府改革，在一定意义上奠定了中国市场经济体制的政府框架，为后来的改革发展，提供了强大的支撑。而当时和我一起办简报的傅兴国处长，后来担任了国家公务员局的局长，成长为一名部级官员。当然，在这个培训班上，有两位部级领导干部参加完培训返回不久，相继落马，一位是浙江省宁波市常务副市长谢建邦，另一位是河北省常务副省长丛福奎。在培训班期间，他们二位

在《人民日报》主管的《人民论坛》《学术前沿》发表的部分论文

的情绪明显有些低落，后来的事情，才让我明了原委。偶尔也会出现有的官员刚刚结束培训不久就落马的现象，就像当年的被判死刑的胡长清。

实际上，1998 年的机构改革，在后来的地方实施中，还是遇到了很大的阻力，即使国务院各部门的情况，由于转变政府职能不到位，也出现人员反弹的现象。不过表现形式发生了变化，就是说，即使没有行政编制，也可以通过借调下级或事业单位的人员到上级部门工作，以解决事情多人手少的问题。另外，1998 年的机构改革，重点是解决了计划体制下形成的专业主管部门多、与市场经济体制严重不相适应的问题，但是政府组成部门过多、分工过细等问题，依然难以适应经济社会发展的需要。正是基于这样的认知，在经过多年的实践和 2003 年的政府机构微调后，2008 年，在温家宝总理的第二个任期上，又对国务院机构设置进行了比较大的改革，并第一次在政府架构中，引入了大部制管理的思路。

以解放思想破解民生难题

两会热点

华商报 A9

www.hsw.cn

2008年3月7日

从“九龙治水”到“一龙治水”

——国家行政学院教授、陕西籍著名学者汪玉凯谈“大部制”改革

■核心提示

经历了2007年的酝酿和“热身”后，被外界一直关注的“大部制”改革方案即将揭晓。5日，国务院总理温家宝在十一届全国人大一次会议上作政府工作报告时指出：“这次国务院机构改革方案，主要围绕转变职能，合理配置宏观调控部门的职能，调整和完善行业管理机构，加强社会管理和公共服务部门，探索实行职能有机统一的大部门体制；针对职责交叉、权责脱节问题，明确界定部门分工和权限，理顺部门职责关系，健全部门间的协调配合机制。国务院机构改革方案将提交本次大会审议。”

■名词解释

大部制

就是在政府部门设置中，将那些职能相近、业务范围雷同的事项相对集中，由一个部门统一进行管理，最大限度地避免政府职能交叉、政出多门，从而提高效率，降低成本。

最大阻力是被强化的部门利益

■专家简介

可能会牵动政治体制改革

用“大部制”医治机构膨胀

2008 年 3 月 7 日，“两会”期间在《华商报》谈大部制改革大部制是在20世纪80年代国外兴起的新公共管理运动的一种新的思潮，主要内容是，为了降低行政成本，提高政府运行效率，在机构设置中，尽量减少机构数量，避免政出多门，对那些业务相近的事项，设立一个部门管理，从而实现政府结构的优化。比如，当时的英国，在一个大部下面设立了若干个行政执行局，这类执行局甚至引入了市场化的管理机制，如有些执行人员实行聘任制，收入也可以拉开差距等。这些，在传统的公共管理中是不可想象的。在2008年中央实行大部制改革之前，中国行政学界进行了许多研讨和研究，并发表了一些研究成果，我当时也是大部制的一个积极倡导者，不管是发表的文章，还是讲学，都认为这是我国行政体制改革的一个重要选项。没想到，学界的这一建议，引起了高层的关注，再加上当时相对浓厚的改革开放意识，特别是加入世界贸易组织后倡导的与世界接轨，这些都在一定程度上促成了2008年大部制改革的到来。经过这轮改革，国务院组成部委共设置28个，比原来减少一个，国务院直属机构设置16个，比原来减少2个。与此同时推出了交通运输部、信息产业部这样的大部。如交通运输部整合了国家邮

在《中国改革》发表的部分文章

政局和中国民用航空局，而信息产业部整合了国家国防科技工业局和国家烟草专卖局。后来，交通运输部进一步整合了铁道部，实现了真正意义上的大交通的管理格局。记得 2008 年国家行政学院举办大部制改革的省部级领导干部培训班期间，地方和中央部委的大员们，对中央实行这一新的机构改革思路，还是都给予了充分肯定的，也提出了许多实施中的建议和意见。温家宝总理在培训班结业时，专程来到国家行政学院接见学员，并和大家合影留念，温家宝总理平易近人的形象给我留下了深刻的印象。在温家宝担任总理的那些年，每年在“两会”期间所作的政府工作报告，都是社会高度关注的，我作为一个学者，也不断接受各类媒体的采访，特别是在总理作政府工作报告当天，曾多次直接在凤凰网上在线解读总理报告。这些内容现在网上都可以查到，我对温总理的评价是比较高的，这倒不仅仅在于他推行大部制改革，更在于他的平民总理的作风，以及每当国家有了大的灾难，他都会在第一时间奔赴现场，慰问民众，指挥救灾。记得 2008 年 5 月 12 日汶川大地震那一天，我正好在郑州为河南省的一些领导人讲学。当大地震发生前，温家宝总理也正好在河南安阳考察，陪同他的是时任河南省省委书记的徐春光。徐书记把温家宝总理送上飞机后，乘车返回郑州，突然感到郑州有明显的震感，就直接驱车到河南省地震局询问情况，得知震源不在河南时，他才回到省委。而后来我听说，此时的温家宝总理刚刚从河南考察返回家中不久，就得到了汶川发生地震的信息，他很快返回国务院，并通知国家地震局等单位领导马上直接到机场与他会合，奔赴地震灾区。这种雷厉风行的作风，如果心中没有普通民众，是很难做到的。

削减权力是转变政府职能的前提

汪玉凯

转变政府职能，是我国行政体制改革的核心内容之一。但经历了20多年的改革历程，转变政府职能依然困扰着我们的各级政府。其中一个关键问题，就是政府权力过大，政府过于强势，包揽了许多本可以由市场和社会解决的问题。因此，削减政府权力、简政放权，就成为转变政府职能的关键。

第一，简政放权，削减政府权力，必须从减少行政审批事项、深化行政审批制度入手。我们知道，政府的权力，主要是通过法律授权获得的；而行政审批和行政许可，是政府获取权力的重要途径。由于受到计划体制的影响，我国的行政审批和行政许可的审批面过宽、审批事项过多，审批程序不规范、审批中的自由裁量权过大，审批中的大量暗箱操作，成为政府腐败的温床。尽管这些年来，我国已经进行了多次审批制度改革，取得了明显的成效，但与经济社会发展的需要相去甚远。因此，党的十八大明确把深化行政审批制度改革，作为转变政府职能的最主要途径。从市场经济和社会发展的角度看，我国的行政审批制度改革，只有按照国务院所确立的3项原则推进改革，才能取得实质性进展。这就是：凡是公民和个人能够自主解决的问题，政府一律不得设立行政审批和行政许可；凡是市场机制可以调节的事项，政府一律不得设立行政审批和行政许可；凡是社会组织可以替代，政府要向社会购买服务，也一律不能设立行政审批和行政许可。如果我们的各级政府都能够按照这3项原则进行清理，行政审批和行政许可还有很大的改革空间，这无疑是削减政府权力、加快政府职能转变的根本途径。

第二，简政放权，削减政府权力，必须改变权力高度集中的局面，政府要为企业、社会放权，上级要为基层放权。我国的改革几乎可以说是从打破计划经济体制下高度集中的权力结构开始的。简政放权是我国早期改革最主要的内容。但是随着市场经济体制的建立和社会组织的发育壮大，我国正面临一系列新情况、新问题。其中最突出的是两个方面：一是从行政体制内部看，许多本该由下级行使的权力依然集中在中央或者上级，下级的自主决定权得不到应有的保障；二是从行政体制的外部看，有些本该可以由市场和社会解决的事情，政府也自觉不自觉地揽在自己手中，直接影响到市场和社会作用的发挥。以至于出现这样的现象：一方面我们的各级政府经过多次改革，虽然精简了很多行政人员，但是由于一些具体事务并没有真正转移出行政机关，因此各级政府都感受到人手不够，从下级或企事业单位借调工作人员似乎是一个普遍现象；另一方面，政府依然十分强势，四面出击，不仅要担负起宏观调控、市场监管、社会管理和公共服务的职责，还要大量操办项目、融资，甚至要冲在第一线替代企业去招商引资，出现债台高筑等现象。因此，未来的行政体制改革，不仅要改革政府投融资体制，更重要的是要简政放权，给市场、社会更大的发挥作用的空间。特别在资源的配置方面，政府要最大限度地避免过多地运用行政手段配置各类资源，把资源配置的基础性地位让位给市场。如果我们不能在这方面取得实质性进展，转变政府职能就可能是一句空话。

第三，简政放权，削减政府权力，必须确立政府的公共属性地位，制定对公权力约束的框架。我们知道，政府消失的权力说到底是一种公权力。这种公权可以简单概括为六个公共：代表公共利益、行使公共权力、管理公共事务、提供公共服务、维护公共秩序、承担公共责任。政府的上述公共属性，决定它的作为主要在公共领域，而不是私人领域。从我国的实际情况看，由于我国的市场经济发展过程中，政府一直处于主导地位，再加上我国的国有企业不都是集中在公共领域，而是涉及众多竞争性领域，这在客观上为我国政府公共职能的界定，带来一定的困难。但从发展的角度看，即使像我国这样政府主导型的市场经济，即使国有企业涉及诸多竞争性领域，也需要将政府的职能严格界定在公共领域，减少政府的权力，建立上下比较科学合理的权力结构，探索对公权力有效制约的制度框架。这一点不仅重要，而且显得尤为紧迫。

（原载《学习时报》2013年1月22日）

4

学习时报

市场经济

后危机时代的经济增长与政府改革

地方财政资金配套制度亟待完善

2009年11月30日在《学习时报》发表《后危机时代的经济增长与政府改革》

对于包括机构改革在内的行政体制改革的关注，早在我调入国家行政学院之前，就已开始。我发表的第一篇有关这方面的论文，是我在陕西行政学院工作期间，于1992年在《光明日报》发表的《论行政革新》，此文后来还获得中国行政管理学会首届科研成果三等奖。进入国家行政学院后，除了前面我提到的出版了多本著述之外，我还围绕机构改革和行政体制改革这个主题，不断进行追踪研究，参加学术会议，发表学术论文，或在媒体上接受采访，宣传行政改革的必要性、重要性及其未来发展趋势。在这方面我大概总共发表了数十篇文章，其中影响比较大的有《推进机构改革亟待解决三个理论问题》（《光明日报》，1998年4月19日）、《中国行政体制改革20年的回顾与思考》（《中国行政管理》，1998年第12期）、《未来中国行政体制改革的趋势》（《学习月刊》，2007年4月）、《大部制与大部制改革》（《宣讲家》，2008年3月）、《中国行政体制改革30年：思考与

网络社会与公民参与
给社会组织“放权”
清理不合时宜的标语口号

2012年4月2日在《学习时报》发表《网络社会与公民参与》

思想理论
行政体制改革任重而道远

2012年10月1日在《学习时报》发表《行政体制改革任重而道远》

展望》(《中共天津市委党校学报》，2009年第2期)、《转折期中国行政体制改革的战略与突破》(《领导科学》，2009年9月)、《本轮行政体制改革的主要特征和发展趋势》(《人民日报》，2013年3月26日)、《大部制改革需要解决两大理论问题》(人民网，2013年3月26日)、《党和国家机构改革与国家治理现代化》(《领导科学论坛》，2018年第8期)等。其中，我在1998年4月19日发表在《光明日报》理论版的那篇文章，虽然篇幅不大，但在我看来，这篇文章的贡献在于从理论上对行政体制改革进行比较深入的分析，为机构改革提供理论支撑，比一般的机构改革文章更为重要。

在学术刊物上发表的部分研究行政改革的文章

推进机构改革亟待解决三个理论问题

汪玉凯

如果说行政体制改革涉及上层建筑领域、特别是政治体制中一些相关的基本理论的话，那么，作为行政体制改革的重要组成部分，机构改革在操作上还涉及与经济体制联系最为密切的政府架构、职能、管理模式、管理行为等诸多理论与实际问题。从目前我国政府管理和运行的实际状况看，适应市场经济要求的机构改革，至少有3个带有根本性的理论问题值得我们认真研究。

关于政府管理统一性与政府间规模结构的关系

长期以来，我们在强调政府管理的统一性时，往往把政府机构的上下对口也作为一个先决条件。这是导致各级政府规模普遍较大、机构臃肿的一个重要原因。事实上，政府管理的统一性，主要是指领导、政策、规范、管理方式、管理程序的统一性，以及与此相联系的管理活动的规范性。至于各级政府机构的具体设置，除少数基本的以外，主要取决于该级政府在行政体系中所担负的职责，以及本地区经济社会发展的实际状况等。用统一性简单地要求政府机构设置上下对口，是计划经济体制直接管理的产物。

我认为，在市场经济条件下，政府机构改革，不仅不能用统一性强调上下机构对口，而且要积极地调整中央与地方各级政府之间的规模结构，使政府间保持一种适度的、规模结构合理的政府架构。之所以强调这一点，不仅在于保持政府间合理规模对政府管理本身有着重要影响，而且直接关系到机构改革的整体思路。其具体理由是：

第一，在决定一级政府的规模方面，管理社会、经济的部门，特别是与经济直接相关的部门，往往是矛盾的焦点，尽管其他部门也存在解决内设机构臃肿、人浮于事的问题，但更容易导致机构膨胀、职能交叉的，却在这个领域。

第二，在市场经济条件下，政府的职能特别是经济职能、管理方式等，都发生了重大变化，中央与地方各级政府承担的管理职责也发生了一定变化。比如，中央政府担负着整个国民经济的宏观调控职责，省级政府担负区域性调控职责，至于县及县以下的政府基本不承担宏观调控职责。因此，按照各级政府所承担的具体经济职责和事权划分原则，调整社会经济部门的设置，进而调整政府的纵向规模结构，就成为一个十分重要的任务。按照市场经济的要求，政府机构改革的首要任务，是确定各级政府的合理规模，以及实现政府间规模结构的优化。

关于政府规模与行政资源供给能力的关系

在前些年的机构改革中，我们很少考虑政府规模与行政资源供给能力之间的关系。这里所说的行政资源，是指政府行政中支出的各种资源的总和，一般主要指政府的行政事业费支出。我们在确定一个政府的具体规模时，除了考虑这个政府所承担的社会职责、管辖的地域面积、人口等因素外，对该地区的财政供给能力与政府的行政事业费支出之间很少有刚性的指标。更重要的是，对于行政管理费支出在财政收入中的比例，也缺少具体规定，使许多地方的财政实际上变成了“吃饭财政”，甚至连党政机关、事业单位的工资也不能及时兑现。至于对省和地区级政府管理机构的设置，只是提出一些原则性的数量要求，并没有实施分类制度。

之所以强调政府规模与行政资源供给能力的某种刚性关系，至少有以下几方面理由：

第一，政府的各种行政支出，只能从财政收入中支付，在一般情况下，政府的规模不能超越财政供给能力；如果在一个财政供给能力很低的地区，仍然保留着庞大的政府规模，其结果只能阻碍这个地区的社会经济发展与进步。

第二，我国幅员辽阔，地区间经济社会发展极不平衡。因此，全面制定包括财政供给能力等多项社会经济指标在内的分类标准，使其与政府规模之间建立某种制约关系并使之法定化，对保证机构改革的成功有重要的指导意义。

第三，对那些经济社会相对落后的地区，在政府规模的确定上，可以制定一些特殊的弹性政策，鼓励其加快发展的步伐，提高行政资源的供给能力，例如，允许一些经济欠发达的地方，随着财政供给能力的提高，保留政府规模适度扩大的自主权等。

第四，对于经济社会较发达的地区，也不能因有较强的行政资源供给能力，就任其政府规模扩张，而是要制定最高限额予以遏制。从市场经济发展的要求看，加强对社会经济的管理，主要是大力培育和发展社会中介组织，使其成为政府与社会之间的桥梁和纽带。控制政府规模的膨胀，就意味着可以节省一定的财政支出；而财政支出减少了，人民的税负也就可以相对较轻，政府可以获得更大的支持。可见，控制政府规模的直接受益者，是广大人民群众，这与马克思所设想的“廉价政府”，以及我们所遵循的为人民服务宗旨完全一致。

关于市场经济条件下政府的特殊利益行为问题

市场经济的发展在一定程度上会加速利益群体的分化，导致多元利益主体格局的形成。政府在社会利益分配中承担的重要职责，就是通过政策制定实行价值的权威性分配，使社会利益在不同的利益主体之间保持相对的平衡。而这种平衡，往往又是社会良性发展的重要条件。

目前我国政府管理中遇到的一个突出问题是，在多元利益主体中，政府是否也是一个特殊的多元利益主体之一。因为按照人们的一般理解，政府是最具权威的公共组织，是整个社会公共利益的代表者。如果说政府有自身的特殊利益，那就是代表统治阶级的政治经济利益，履行着作为阶级统治的职责。很显然，我们所说的政府在市场经济条件下是否具有特殊利益，并不是在这个意义上提出的，而主要是指政府在代表公众利益的同时，是否要有自身特殊的经济利益。

这个问题之所以必须提出来讨论，一方面在于它与政府的管理方式、行为方式密切相关，另一方面也与我们是否有信心、有能力通过政府机构改革，从根本上解决这一问题有关。从它与政府的管理方式、行为方式的关系来看，政府应不应该具有这种特殊的经济利益和有没有这种特殊的经济利益，都会直接影响到政府机关及其公职人员的管理方式和管理行为。比如，如果允许政府各部门在履行管理职责时，运用行政权过多地收取各种管理费用，或通过行使审批权获得某种潜在利益，并与本部门收入状况、个人利益直接发生某种联系，那么就会助长行政机关、公职人员谋取更多收费项目、数量，获取更多审批权力的冲动欲，甚至把本该属于无偿服务的项目也变为有偿服务的项目，本该不属于审批或不属于本部门审批的事项，也要硬性纳入审批的范围，其后果，必然导致政府管理方式和管理行为的扭曲。

从我们是否有信心、有能力通过政府机构改革解决这一问题来看，首要的是要对政府应不应该具有自身的特殊经济利益本身达成共识。如果认为在市场经济条件下，政府在代表公共利益的同时，还可以有自己的特殊经济利益，那只是对上述现象如何有序地规范管理的问题，政府对不同政府部门间的收入差距也可以不必花更多的精力予以协调、解决，甚至允许政府各部门通过自收自支弥补财政经费的不足。如果认为政府除了代表公共利益之外，不能有自身特殊的经济利益，更不能通过部门的行政性收费，补贴自身的财政不足或者与部门、个人收入挂钩，那么政府就必须承担起平抑政府机关各部门收入差距的职责，以及为各部门提供足够的财力保障。很显然，政府机构改革的顺利推进，首先有赖于在这二者之间作出正确的选择。 在笔者看来，我国前些年的政府机构改革之所以未能有效地解决某些深层次问题，某种意义上说，与我们陷入上述二者之间的两难选择有关。因为从理论上说，政府在市场经济条件下可以有自身的特殊经济利益，肯定是难以成立的。但我国的实际情况是，在新旧体制转轨过程中，许多政府机关事实上默认了自身特殊经济利益的存在，并在实践中强化了这种默认，使政府内部的不同部门收入差距迅速拉开。而这种差距效应，会进一步激发低收入部门的“创收”冲动。在政府机构过于庞大、机构臃肿，而政府难以提供足够财政支持的情况下，当利益驱动使愈演愈烈的部门、行业不正之风很难有效遏制时，都可能影响到政府作出果断选择的决心。由此不难看出，对于市场经济条件下政府非正当利益行为的有效控制，不仅成为机构改革的一个重要目标，而且也是实现政府职能转变，确立正确的管理方式、行为方式的基本前提。

（原载《光明日报》1998 年 4 月 19 日）

两会 文匯報 专刊

文汇时评

大部制改革，重在职能转变

2013 年 3 月 6 日，“两会”期间《文汇报》刊出《大部制改革，重在职能转变》

（三）政府治理研究

在学术刊物上发表部分研究文章

在公共管理领域，政府治理处于关键地位。一方面，在所有的公共管理活动中，政府不仅要向社会不断地提供各种各样的公共产品，保证社会的正常运转；另一方面，政府也要加强对自身的管控，不断降低行政成本，提高政府的治理效率。作为国家行政学院，在研究政府治理方面无疑扮演着重要的角色。由于国家行政学院是国务院的直属事业单位，因此，经常会接受国务院领导或者上级机构的任务，开展有关政府管理的各种各样的定向研究，这都会直接影响到我的研究视野，自己不

坚定改革共识，推进政府的实质性改革

——关于中国改革进入战略转折期的价值分析及应对策略

汪玉凯

本期导读

●非经济的生态环境等问题更为突出 第2版

●把制度变迁和社会转型作为学问来研究 第4版

2016 年 3 月 16 日在《社会科学报》发表关于“凝聚改革共识”的文章

自觉地把公共治理，特别是有关政府治理的研究，放在突出地位。我在国家行政学院执教的20多年间，围绕政府治理发表过许多文章，特别是2013年，中央提出国家治理体系和治理能力现代化的目标后，更加关注这方面的研究。我提出的一个基本观点是，国家治理现代化，首先要实现政府治理现代化，因为，政府处于国家治理的前台，掌管着国家的内政外交，如果政府治理不能现代化，国家治理现代化就失去了基础。正是基于这样的判断，我曾经在《人民日报》主管、《人民论坛》杂志主办的《国家治理》周刊上，发表过多篇有关这方面的论文。这些研究成果，集中收录于我的两本专著中：一本是由中共中央党校出版社于2010年出版的《公共治理与公共权力研究》，另一本是由人民出版社于2014年出版的《如何建设一个公平正义廉洁有为的政府》。这两本书的两篇序言，大体可以反映出我内心对这些问题的基本思考。

中共中央党校出版社2010年出版

人民出版社2014年出版

《公共治理与公共权力研究》序言

自序

1996年进入国家行政学院以来，也许由于我所面对的培训对象的变化（国家行政学院主要培训国家高中级公务员、国有大企业领导人、香港、澳门特别行政区高级官员以及数量不少的涉外培训），使我的学术视野和关注的重点，逐步放在国家高层的公共治理、政府管理体制改革以及与此有着密切关系的反腐败斗争、政治体制创新、政务信息化等方面，这种学术关注点的转移，究竟是职业角色转换使然，还是社会责任感的内在冲动，连我也不能完全说清，或许二者皆有。不过，有一点我是始终不渝的，也是令我感到欣慰的，这就是：独立思考，讲真话，不讲假话；力求发表经过自己思考的见解、观点；保持着一个学者独立观察社会问题的风格。

这些年来，我的讲学活动，除了在国家行政学院举办的各类培训班外，还在中央国家机关的许多部委、全国一些地方政府以及北京大学、清华大学等多所高校，或讲学，或作专题讲演；对象涉及省部级、司局级、县处级等各类党政官员、企业家，也包括博士研究生、MPA班的学员，还包括香港、澳门特区以及泰国、韩国、印度等国家的涉外官员的培训等。应该说，作为一名教师，按照中国传统的说法是“传道授业，释疑解惑”的本分是有了，至于传的、授的是不是“真道”“真业”，释的、解的是不是“真疑”“真惑”，这将是另一个也许很难一下子说清的问题，但至少在我所能及的范围内，是最大限度地努力了。从这个意义上说，我无怨无悔，也很热爱这个职业。

尽管在我的讲学或学术研究活动中，一些见解、主张不一定成熟，也不一定能被多数人所接受，但在我看来这并不重要，重要的是作为一个学者所应保持的思想境界和学术风范。我深信，人们把学界普遍赞誉为一种社会批判力量或者社会医生，是有一定道理的。学界、学者的价值，也许不单单在于他们能提出一些新的理念、思想、主张，而首先在于他们常常是一种“另类思维”，或者“换位思考”，使有决策权的领导人，得到一些与众不同的见解，多一份作出选择的路径，这也许更为重要。所以，我对那些不断随“风”倒戈的“风派”学者们，向来不屑一顾。

有关政务信息化和电子政务方面，这几年我介入较多，也学到了很多有关信息化方面的知识，在本书出版的时候，同时将有一本《电子政务在中国》的讲演录出版，这里就不再赘述，想说的，还是离不开我们国家的公共治理这个在我看来既使人兴奋又让人感到沉重的话题。

毫无疑问，就公共治理本身来说，我想我们的党政机构、公共部门已经深深感受到这方面的压力。这种压力，不仅来自复杂多变的国际环境的影响，来自中国社会经过20多年改革开放发生的历史性变化，来自公众参与公共治理更高的期望，来自各种各样的社会矛盾和社会冲突的涌动，同时也来自党政机构、公共部门自身的治理能力、行为以及公众对公共权力的心理认同等。这就决定，一个国家的公共治理，必将是多因素共同作用的复杂过程和结果。这与传统的政府管理活动和行政管理过程有很大的差别和不同，同时也对公共治理主体、特别是在公共治理中扮演关键角色的党政机构提出了更高的要求。

正是出于上述考虑，在探讨中国的公共治理时，这些年我把关注的目光主要集中在以下三个领域：

一是对公共治理产生重要影响的公共权力的行使和制约方面的问题。围绕这个领域，我这几年发表了一系列与反对高官腐败、加强权力监督方面有关的文章。这些言论，也在社会上产生了积极影响。其中2003年8月我应中国《新闻周刊》之约，针对程维高和刘方仁两个省委一把手的腐败撰写的《谁来监督省委书记》以及《再评谁来监督省委书记：靠制度约束，还是靠高官自律》的评论发表后，在社会上产生了广泛影响，全国有上百家各种媒体转载，网民在网上有大量的评论，这使我受到了极大的震撼，也使我深深感受到民众对于少数国家公职人员滥用职权的痛恨，以及民众对我们党和国家加大反腐败力度的期待。而党中央后来出台的党内监督条例以及党员纪律处分条例，在制度反腐方面的推进，以及在这样短的时间内有那样多的高官因腐败落马，又使我感到深深的欣慰。收入本书的第二章至第五章中的评论、讲演，大体属于此列。

二是公共治理的局势、策略以及政府自身管理体制的改革方面的问题。对于中国目前公共治理局势的分析和判断，是采取正确应对策略的前提；同样对于中国政府管理体制现存问题的正确分析和判断，也是进行改革的基础。在这些方面我也进行了一些探索。其中，我在2004年在对中国公共治理局势分析的基础上提出的“十四字”应对策略（发表在《中国改革》），集中反映了我对我国公共治理方面的理解，在社会上也产生了积极的影响。这十四字方针是：“严治官，善待民，创新政体，稳定银根。”在我看来，这十四字方针，对于实现全面小康进程、走向成熟市场经济国家的中国来说，也许具有长久的意义。收入本书第六章至第八章的文章、讲演等，大体属于此列。

三是有关未来中国行政改革的发展与策略问题。在这部分内容中，我提出了一个新的概念，即政治体制上端改革。之所以如此，是基于以下考虑：因为在我看来，我国改革开放以来的5次行政体制改革，虽然取得的成就是前所未有的，但是一些更深层次的问题，在这个改革范围内似乎很难得到真正的解决。换句话说，中国公共治理中面临的一些深层次问题，表面上看在经济社会层面，如盲目的经济扩张、不健康的政绩观、社会市场秩序混乱以及社会不同群体的利益冲突等，解决这些问题，如果离开政治层面的推动，是难以想象的。

正是出于这样的考虑，我把中国的政治体制改革分为上端改革和下端改革：下端改革就是政府的行政管理改革，如转变职能、政企分开、精简机构，降低行政成本，提高行政效率等，而政治体制的上端改革，还包括宪政体制的完善、政党政治改革、社会主义民主及社会主义法制加强等。如果我们的改革不能在这两者之间找到一种平衡，或者政治体制上端的改革过久地滞后，就必然会直接影响到中国的公共治理。也正是从这个意义上，我深深感受到中国公共治理面临问题的复杂性和解决这些问题的艰巨性。

毫不夸张地说，解决这些问题既需要高超的政治智慧，又要有勇气、魄力和政治胆略。而新一届中央领导集体新的执政理念、谋略以及短短两年所确立起来的民意基础，使我们从中看到了希望。尽管改革可能充满着艰险，但我确信，解决中国问题的唯一出路，就在于改革，在于改革的策略选择，也在于改革时机的把握，倒退肯定是没有出路的。本书的第三部分，虽然收入的讲演、文稿较少，但这个思路应该是明确、清晰的。

除此之外，本书的第一章，集中收入了我在金融危机爆发后发表的有代表性的讲演和文章，这些是我从公共治理的视角对包括未来中国经济转型以及治理模式变革的一些思考。

在本书付梓之际，我要真诚地感谢那些长期关心和爱护我的领导、老师、师长、朋友、同事们，是他们的关心、爱护、支持给了我勇于思考的力量；我也要感谢我的妻子、女儿，她们给了过多的关爱和理解，使我有更多时间去从事教学和研究活动；当然我也要感谢中共中央党校出版社的领导和编辑，是他们严谨的职业精神和细致的工作，才使本书有可能在最短的时间内和读者见面。

另外需要说明的是，由于本书是一本评论、讲演集，大多数都见诸报刊、媒体，只有少数几篇是第一次公开发表的。同样一个问题，可能在不同地方都会有所涉及，有的比较口语化，但为了保持文章的原貌，一般都没有作大的修改；在第一部分中，一些对话节目，同时也收录了其他专家的发言，敬请读者谅解。最后，我真诚地希望广大读者，能够不吝赐教，提出批评意见，所有善意的批评，都将是给我最好的礼物！

汪玉凯

2009 年 12 月　于北京海淀长春桥　国家行政学院

《如何建设一个公平正义廉洁有为的政府》序言

序言：社会呼唤公平正义廉洁有为的政府

人们心目中的好政府是什么样

在现实生活中，常常有朋友问我：究竟什么是好政府，什么是坏政府，中国需要什么样的政府？其实，这样的问题说好回答也好回答，说难回答也很难回答。从好回答来说，一个政府好与不好，最有发言权的莫过于一国人民的直接感受了。道理很简单，因为普通老百姓的日常生活、社会交往、权利和利益的保护、个人的尊严、生活的幸福感以及政府的廉洁、行为、作为等切身感受，无疑是他评价政府最直观最真实的依据。因此，一个国家的大多数人对本国政府的评价取向，基本就能确定这个政府好与坏，优与劣了。这就是人们平常所说的人心向背的问题。

从难的方面来说，要想比较客观公正地评价一个政府的好坏优劣、作为等，确实也很难。这种“难”既表现在政府在历史发展进程中的作用、扮演的角色本身都在不断地变化之中，也表现在现实生活中的政治、经济、社会、文化的繁纷与复杂。远的不说，就从近代政府与市场的关系的发展演变来看，就是一个很好的例子。政府在社会经济生活中究竟应该扮演什么样的角色、发挥什么样的作用，如何发挥作用，人们似乎很难形成基本共识，而且即使在一段时间内形成了，随着时间的推移也会发生变化。比如在自由资本主义时代，人们对政府的感觉，最主要的职责就是保护私人财产，维护社会的秩序，至于经济生活，政府是很少干预的。正因为如此，人们形象地将那时的政府称为“守夜人”政府。但在20世纪30年代以后，随着资本主义国家经济危机的爆发，强调政府要对经济生活进行必要干预的凯恩斯主义逐渐占据了上风，并取得了主导地位。这时的政府就很难再扮演一个“守夜人”的角色了。而是通过政府对市场的干预，实现政府财政的收支平衡。到了20世纪70年代后，由于资本主义国家再度爆发石油危机等，主张减少政府对市场、社会干预的新自由主义主张，获得了广泛的认同，但好景不长。在亚洲和美国的金融危机后，世界似乎又在重新反思新自由主义的得失。目前人们更倾向于要在政府对经济生活的适度干预与自由之间寻找平衡。可见，在当今经济社会高度发达、全球经济高度一体化的状态下，别说要准确地评价一个国家政府的作为不容易，就是政府在经济社会中究竟应该扮演什么样的角色，也几乎是众说纷纭，莫衷一是。

对政府评价的困难之处还在于，一个国家的历史文化以及政治制度方面的差异，以及社会不同群体、阶层对政府认同的心理反映。事实上，一个国家的政府究竟是好还是不好，是优还是劣，有作为还是不作为，与一个国家经济社会发展的水平、阶段、历史文化以及与此息息相关的人们的诉求、期望等，也有深刻的关联。一般来说，经济社会相对发达、社会成员文化素养良好以及现代文明水平相对高的国家，社会及其公众对政府的要求也会更高，“好”与“作为”的内涵也更加丰富多样，而这些国家政府的管理运作水平和能力，与其他国家相比也往往会更高些，并对其他国家的政府管理会产生重要影响。

尽管评价政府不易，但这并不意味着人们对政府评判就找不到一个相对认可的标准和价值。比如说，人们常常谈论到的法治政府、责任政府、廉洁政府、高效政府以及服务型政府等，就是公众对现代政府基本特质的描绘，它与人治政府、贪腐政府、低效政府以及官僚政府等形成鲜明对比。不过就中国现实而言，我认为绝大多数普通老百姓内心更加关注的可能是三个关键词：即政府是否能够坚守公平和正义，能否保持廉洁，能否正当地“有为”。我将之称为“公平正义和廉洁有为的政府”。在某种意义上说，“公平正义和廉洁有为”已经成为中国老百姓心目中好政府的代名词了。

公平正义，是政府公共治理的基石

公平正义之所以成为老百姓崇尚的理念，成为很多人的共识，在很大程度上是由政府存在的价值所决定的。我们知道，在社会公共治理结构中，还会有许多主体，如社会组织、企事业单位甚至公民个人等，但在所有这些参与治理的主体中，政府无疑是最权威的。政府的这种权威性最核心的在于政府掌握着公共政策制定的权力，并通过政策的执行和实施，维护社会正常的秩序。而政策制定本身是否公平、公正，就成为维护社会公平正义的前提和条件。很难设想，一个公共政策制度被严重扭曲的政府，能够担当起维护社会公平正义的责任。

从我国公共治理的现实来看，许多问题的根源也在政策的公平公正方面。有人说，在公共政策制定的某些方面，人们似乎越来越感受到富人、强势利益群体对政策制定的影响，而普通人、特别是弱势群体在公共政策制定中的作用似乎越来越小，话语权越来越微弱。这是社会上出现收入分配不公、社会利益格局被扭曲、政府与民争利，甚至权力腐败、司法腐败的重要根源。正是从这个意义上说，政府政策的公平和公正，政府施政中维护社会公平性和正义性，就成为公众最关心的核心，也是公共治理的基石。如果政府的公平正义性一旦在老百姓心目中丧失，其执政的合法性就会面临危机。古今中外大量的政府更迭的事实，都充分证明了这一点。

廉洁有为，是政府有效治理的两翼

如果把政府的公平正义比作是一架飞机的机身、主体，那么廉洁和有为，就是政府的两翼了。对于一架飞机而言，即使有再完美的机身而没有两翼，也是无法升天的。对于一个好政府来说，如果只有公平正义的理念和价值，有了在公平正义指导下的公共政策制定还是远远不够的，如果没有廉洁和有为两个关键要件的保障，也是很难被社会公众所认同的。从我国政府公共治理的实际情况看，政府的廉洁和有为两翼方面都面临严峻的挑战。

政府需要廉洁、官员需要清廉，是一个最浅显不过的道理，中国漫长的政治文化中有关这方面的警示、论述汗牛充栋，不胜枚举。“清生廉，廉生威”曾经是中国古代许多为官者的座右铭。说的都是为官者廉洁清正的重要所在。但就是这个古今中外都很关注的问题，在现实的中国却成了执政党的一大难题。据中纪委公布的数字，从改革开放以来，全国一共查处了 430 多万职务犯罪，查处的省部级高官腐败案件达到 470 多人。这些职务犯罪与高官腐败中，绝大多数都与腐败有关，这不能说我们的反腐败力度小。但是不客气地说，腐败蔓延的势头似乎还在继续，即使党的十八大后新一届领导群体掀起反腐高潮，既打苍蝇又打老虎，声势似乎也很大，但老百姓似乎还不满意，这说明在这个方面，积累的问题实在是太多。所以，十八大报告明确提出“干部清正、政府清廉、政治清明”的“三清”改革目标。高层再次发出腐败不除有亡党亡国危险的警告。因此，除了公平正义之外，普通民众对政府的最大期望就是廉洁，对拥有700万之众的国家公职人员而言，民众最大的期望就是清廉。如果官员贪腐成风，腐败难以根治，再想让民众重新获得对政府的信任，是很困难的，对于这点我们必须有清醒的认识。

至于政府的作为，这是公众评价政府的另一个重要指标。社会需要政府的有效治理，需要官员在其位、谋其政，有所作为，这是理所当然的。因为作为靠纳税人供养的政府，如果在其位不谋其政，不作为，老百姓当然不答应。但是今天的中国的许多政府包括许多官员，有不作为者，但更多的可能是乱作为、胡作为的问题，也就是政府行为不当、作为不当也许更加突出。比如，有些政府过多地干预市场、干预社会，政府通过公共政策的制定、行政审批、行政许可的设立，过多地与民争利，甚至侵害公众利益；有的政府官员不顾民众的反对，拼资源、拼环境，大搞劳民伤财的政绩工程、形象工程；有的政府及其官员，甚至执法违法，乱行政、乱作为，在很多情况下政府公职人员往往成为引发群体性事件的始作俑者。这些在中国公共治理中并不显见的现象，正在危害着一个良性公共治理环境的形成。可见，人民群众需要有为的政府，但绝不是一个乱作为的政府，而是一个在法治框架下、在公权力受到严格制度约束框架下的有为政府，是一个尊重市场规律、尊重社会自主并能保护人民群众利益、维护人民群众权益的政府。这样作为的政府才能真正为纳税人服务，成为为国家富强、人民福祉服务的好政府。

改善公共治理，必须从坚持公共政策的公平正义入手

就目前中国政府的状况来看，这方面的问题很难令人乐观，离民众心目中的好政府还有很大的差距。我们之所以作出这样的判断，绝不是要否定我国政府在坚持公平、正义方面作出的极大努力，也不是要否定我国政府在反腐败方面以及有效推动中国经济社会发展这方面取得的巨大成就，而是说，目前政府在公共政策制定方面存在的有失公平和正义的问题，政府的腐败问题、乱作为问题，足以对整个社会的良性发展构成威胁。如果不能下决心纠正和遏制这方面的问题，就可能造成严重的后果。

比如，在城市化的过程中对农民的实际上形成的双重剥夺，就是一个显著的例子。一方面农村为城市提供了源源不断的廉价劳动力，但是政府没有给这些已经生活在城市的农民工合法的市民身份，也很难给他们真正的市民生活，因为这些所谓的农民工进城后，常常是干最脏、最累、最重的活，但他们得到的待遇却是相对最低的，从而形成了对农民的第一重剥夺；另一方面，我们的城市化在一些地方实际上演变成了“圈地化”，我们的政府独享了土地增值的收益，而把农民排除在共享收益分配之外，因此引发了大量的征地冲突，从而形成了对农民的双重剥夺。尽管从政府的主观意愿上没有这样的“故意”，甚至政府也想方设法为改善农民的生存状态、提高农民的收入作了种种努力，但一些政策的实施结果却事与愿违，使政府秉承的公平正义的价值出现了扭曲。

当然，对公众来说，最不能容忍的，莫过于政府在社会规则和公共政策制定过程中因为自身的行为不轨，追逐自身特殊经济利益，导致公

平正义的丧失。比如，一些政府机构和官员，利用手中掌握的规则制定权谋取私利，被民众痛斥的官商勾结、权钱交易以及强势利益集团背靠政府吞吃民众的利益等腐败行为，更是对公共政策的公平和公正形成了严重的危害，也成为公众对政府公共治理产生质疑甚至不信任的重要根源。

上述现象足以说明，即使像我国这样经济社会快速发展的国家，尽管绝大多数普通老百姓都从改革发展中获得了很多利益，政府在推进经济发展和社会进步中也功不可没，但这并不意味着民众对政府的种种不轨行为可以无限度地容忍。事实上，随着市场经济的发展，社会成员的自强、自立、公平、竞争理念的确立，人们对政府公共政策的公平、正义也越来越关注，诉求也越来越强烈，在这样的背景下，如果我们的政府总是以救世主的姿态，高高在上，颐指气使，就必然会受到公众极大的质疑和不信任。可见，要提升我国公共治理的水平，提高老百姓对公共治理的满意度，就必须从改善公共政策的公平和正义入手。这样，我们的公共治理才能受到普通民众的支持和欢迎，政府的公信力才能大幅度提升。

最后，再对本书的编辑和出版说几句话。收入本书的文章多数是近几年作者撰写并见诸报刊的文章，也从一个侧面反映出作者对中国需要一个什么样政府的宏观思考。

本书共分为13章，大体包括三方面内容：第一章到第四章的政府改革战略与顶层设计、政府权力及其制约、政府结构及其优化、政府公共政策的公平与正义，基本属于总论式研究和描绘；第五章到第十章的政府与市场、政府与社会、基本公共服务与政府责任、政府与收入分配制度改革、政府与新型城镇化战略、政府与事业单位改革，基本属于政府与其他重要领域的重大关系研究；第十一章到第十三章的政府信息化与管理方式变革、政府与官员选拔制度改革以及政府自身改革，主要是围绕政府自身改革方面的探讨。

本书的编辑出版，得到了人民出版社辛广伟总编辑的大力支持，得到了人民出版社政治二室侯俊智主任的悉心指导和精心编辑，在此表示由衷的感激。由于书中的一些文章带有一定的探讨性，有些在报刊上发表时也有些删节，本书出版时尽量能够保持文章原貌，因此错讹之处在所难免，敬请广大读者批评指正。

汪玉凯

2013 年 7 月于国家行政学院

在政府治理研究中，还有一个我长期关注的领域，就是民生的改善，政府要给社会提供更多的公共产品，如医疗、教育、养老、社保、就业、保障性住房等。这个问题之所以重要，在于当改革开放使老百姓的生活解决了温饱之后，人们对美好生活的向往就更加强烈，对政府在提供基本公共服务方面的要求也越来越高。这就是为什么我们要及时提出建设服务型政府目标的根本原因。在这方面，在我出版的专著中也有比较大量的论述。

党的十八大后，中央在 2013 年制定了全面深化改革的决定，中国的改革事业发生了深刻的变化。在行政体制和政府治理变革方面，推进了一系列重要改革，除了 2013 年、2018 年继续沿着大部制改革的思路，进行两次机构改革外，最为突出的，就是“放管服”改革与“互联网 +

时评 文匯報 点击

中国新闻名专栏 文汇时评

民生问题的政治高度

上海今年计划投资25亿完成7500多公里郊区河道整治

沪郊治河长度创历史新高

2007 年 3 月 22 日上海《文汇报》刊出《民生问题的政治高度》

新视点 5

民生问题的政治解读

2007 年 3 月 26 日《中国经济时报》刊出呼吁关注民生问题的文章

政务服务”改革。在这些改革领域，都是我集中关注和重点研究的领域，并发表了一系列研究成果。我在《学术前沿》、《国家治理》周刊、《行政管理改革》、《人民论坛》、《中国信息界》、《中国网信》、《人民日报》、《光明日报》、《党政干部论坛》等许多报纸杂志发表的文章，大都与之相关。如围绕数字化与治理变革，发表的重点文章有《互联网+政务：国家治理的历史性变革》《数字化是政府治理现代化重要支撑》《平台经济的发展与治理》《智能化治理与智慧化服务，打造政务服务新模式》《智慧社会倒逼国家治理智慧化》《数字服务于营商环境治理研究》《城市数字化转型与国际大都市治理》《提高数字治理能力是城市治理现代化的关键》《网络安全战略意义及新趋势》；围绕行政体制改革发表的重点文章有《中国改革开放40年：经验、挑战与未来》《党和国家机构改革与国家治理现代化》《第二次改革与公共管理变革》《排除改革阻力需要更大勇气和智慧》《行政体制内涵式改革开启》《改革要落地，不能空转》《中国经济转型与治理变革》《中国官邸制待解问题探究》《减少行政事业性收费，建设人民满意政府》；围绕社会治理发表的重点文章有《新型城镇化需要新的治理模式》《智慧社会建设背景下的社会治理转型》《网络社会中的公民参与》《社会主要矛盾转化对国家治理提出的新任务》《十八大以来反腐败的时代紧迫性与历史必然性》。

以下是《人民网》2015年3月5日“两会”开幕时，转载《中国网》有关简政放权的专访文章。

改革力度大，落实简政放权是重点

汪玉凯做客《中国正在说》时，认为这届政府上任以后改革的力度非常大，2014年、2015年是在继承前年改革的基础上继续推动改革。政策落实一方面要推动改革，另一方面要出台一系列配套举措。

过去一年来，中央政府作了很多很多让大家关注的改革，哪些领域的改革最让大家感到振奋，也是突破最大的？中国行政体制改革研究会副会长、国家行政学院教授汪玉凯做客中国网“两会”特别节目《中国正在说》时分享了他对2014年政府改革的总体评价。

汪玉凯认为这届政府上任以后改革的力度非常大，2014年、2015年是在继承前年改革的基础上继续推动改革，简政放权的落实是重中之重。

他分析，首先就是紧紧围绕简政放权减少行政审批事项大刀阔斧地进行改革。2013年“两会”上，总理曾说上任以后要把国务院的1700多项行政审批事项在未来5年内精简掉1/3，专家们算过账大概有560多项，结果到目前为止已经减掉了730多项。有的是行政审批，有的是行政许可，有的是核准变成备案，减少行政事业性收费，减少大量不必要的检验检查认证，这是一个重大的进展，这是大刀阔斧地减少政府对市场对社会不必要的干预。通过减少行政审批，减少行政许可，减少政府介入干预，给市场放权给社会放权。总理说要壮士断腕，就是要以壮士断腕这种勇气和决心来推动政务改革。

第二个就是围绕企业的注册、准入大刀阔斧地改革。改变企业的注册制度，过去叫“先证后照”，先办各种各样的证，现在基本上就变成了“先照后证”，有的取消了，有的变成后置审批了，这样就大大减少了企业或者社会公众注册企业的时间。由“先证后照”变成“先照后证”，这是一个历史性的变革。它的核心就是大大降低市场的门槛，鼓励人们创业，激发市场的活力，激发社会的活力，这在简政放权方面是力度非常大的。

第三方面主要是围绕深改组的一些其他方面的部署，比如财税体制改革、户籍制度改革、养老制度改革，这些都有实际的进展。

汪教授以养老制度改革为例，过去养老一直是“三轨”，党政机关一轨，事业单位一轨，企业职工一轨。一个人大学毕业有的到政府机构了，有的到企业了，退休后可能差别很大，制度上的不公平呼声是很高的，但是改革难度非常大，如何平衡是非常大的问题。不过2014年年底养老并轨制度主要政策已经出台了，党政机关、事业单位和企业职工从制度上都一致了，进到党政机关和事业单位里也都要开始交养老金了，这是很大的一个举动。他表示，养老制度并轨这个过程还需要后续一步步推进，但是已经迈出了关键的一步。

再比如长期困扰中国的户籍改革，城乡二元社会结构通过户籍制把中国人固定在农村和城市两个板块上。改革开放以后这个制度松动了，人们可以流动了，但是户籍制本身的改革还相对滞后，去年年底下定决心出台基本政策，取消城市和农业户口这种制度上的差别，都变成一个“居民户口”，都成居民了，要建居住制度，大城市通过积分或者其他形式，合适的话就可以落户了，下一步要在进城农民工市民化迈出关键一步，这是第三方面。

第四方面就是围绕政府的转变作风进行改革。因为政府在整个国家治理的第一线，前台大量的内政外交都要通过政府来实现，所以首先在政府层面上，五级政府，中央政府、省政府、市政府、县政府、乡政府几百万公务人员，他们要转变作风，去年成效非常明显。中纪委不断在重复这些，要转变政府作风，改变官僚习气，使政府能够和公众更融合更接地气更好确立服务理念，确立这种公共治理的价值。这方面应该说有长足进步，也确实给老百姓留下比较深刻的印象，去年的进展非常可圈可点。

在过去一年里，政府在打破双轨制这方面的决心非常大，同时我们在用壮士断腕的决心推行市场化。但是另外一方面必须面对经济增速放慢的现实，很多企业家过去一年的经营环境更难了，尽管有些审批不需要了，但却遇到审批的时候找不到人的问题，审批的环节少了，但是审批的时间更长了，对于这种现象，汪玉凯分析，出于两个原因。

一是确实简政放权以后干部把很多事情省了，但是我们是五级政府，省、市、县这三级政府能不能跟上中央政府改革的步伐，能不能让改革的政策落地是非常关键的。因为老百姓、企业能不能感受到改革的成效，有没有带来多大好处，最终是通过企业和公众的体验，而这个光有中央部门的改革是远远不够的，因为大量和老百姓打交道、和企业打交道的是基层政府，县政府、乡政府、街道政府。解决不了的话，周期还会很长，所以说要解决各自的问题，如果跟进步伐不快的话，可能老百姓会感受不到，不能直接受益。

二是确实有转变作风以后很多官场官员出现了懒政怠政、消极怠工的现象。过去给好处办事，甚至拿钱办事，现在不敢要好处了也不要钱了，但是就不办事了，出现了消极怠工懒政这种现象。如果基本公务人员从负面来接受一些教训的话，可能对下一步的公共治理，对国家政府管理很不利。

所以汪玉凯认为，一方面要推动改革，另一方面要出台一系列配套举措——如何加快省市县政府的联动，使改革能够直接落地，企业公众能够感受它的实惠；转作风过程中，如何在清除旧的不好的东西的同时确立新的治理理念价值，确立一种新的作风，进行新的举措机制。这是中央体制非常重要的改革举措，如果这两个问题解决不好的话确实会出现问题，可能会使改革举措不能很快落地。

（原载中国网 2015 年 3 月 5 日）

时评 文匯報 点击

着力做好地方政府职能转变这篇大文章

2013 年 11 月 4 日发表在《文汇报》上的《着力做好地方政府职能转变这篇大文章》

在《国家治理》周刊上发表多篇有关政府治理变革的文章

（四）专项研究与咨询

在国家行政学院执教的 20 多年间，除了教学和一般的学术研究之外，我还承担了许多横向咨询课题和国家基金项目。其中最主要的包括：主持国家社科基金重点项目——“健全互联网领导与管理体制研究”（首席专家）、“浙江省富阳市县域治理改革研究”（课题负责人）、“中国特色官邸制研究”（课题负责人）、“领导干部个人事项公开研究”（课题负责人）、“降低行政成本研究”（课题负责人）、“中国邮政管理体制研究”（课题负责人）、“中国海事管理体制改革研究”（课题负责人）、“完善国家生态管理体制研究”（课题负责人）、“中国现代行政管理体系研究”（国家社科基金重大委托项目，协助魏礼群院长主持完成）、“‘十三五’中国行政体制改革研究”（国家发改委立项，协助魏礼群院长主持完成）等。这些课题研究，多数都是针对现实中的问题展开，并提供相应的对策建议。有的研究项目是直接服务于中央相关部委的工作需要，如“国家邮政管理体制改革研究”“中国海事管理体制改革研究”等，都是这些部门在改革实践中遇到的问题，需要学者从理论上给予一些研究，提出对策，以便为他们的改革提供支撑；而国家发改委的“‘十三五’中国行政体制改革研究”，则是为国家发改委制定“十三五”规划，提供直接参考；有的研究项目是关系到国家一些重要制度建设，如“中国特色官邸制研究”“领导干部个人事项公开研究”“降低行政成本研究”等都属于此类；有的是属于国家的一些重大基础理论研究，如“中国现代行政管理体系研究”“健全互联网领导与管理体制研究”等；还有的是为全国改革提供示范，总结经验，如“富阳市县域治理改革研究”等。应该说，通过这些研究，为国家决策部门提供咨询服务，本身也是国家行政学院一项重要的职能，对个人的学术研究与改革的实际结合，提供了一个很好的与改革实际相结合的契机。比如，“国家邮政管理体制研究”和“中国海事管理体制改革研究”两个课题中，我在北京大学政府管理学院带的好几位博士研究生，都参与了课题调研和研究报告的撰写，后来，有两位博士研究生就将该领域作为博士学位论文的研究方向，深入挖掘。

最后，李莹的博士论文写的就是我国海事管理体制研究，而王晓芳的博士论文写的是有关邮政公共服务方面的研究。由于这两篇论文，把理论与改革实际紧密结合，加上大量一手调研材料，因此，两篇论文在北京大学严格的盲评过程中，都获得全票通过。而我主持的“完善国家生态管理体制研究”是国家林业局委托的重大课题，最后形成的由我执笔撰写的《完善国家生态文明建设管理体制的建议》，上报中央后，得到了国务院总理李克强和当时主管生态建设的副总理汪洋的批示。这也再一次说明，社会科学研究特别是有关改革问题的研究，如果离开现实，是很难真正有所发现的。

完善国家生态文明建设管理体制的建议

汪玉凯

2014年2月20日，习近平总书记在国家林业局《关于第八次全国森林资源清查结果的报告》上作出重要批示，指出“近年来植树造林成效明显，但我国仍然是一个缺林少绿、生态脆弱的国家”，“改善生态任重道远”。“要全面深化林业改革，创新林业治理体系”，“为建设美丽中国创造更好的生态条件”。为了落实党的十八大、十八届三中全会有关生态文明建设的一系列重大部署和改革举措以及中央领导对包括林业在内的生态建设的重要批示精神，我们认为，加快我国生态文明建设体制改革，克服目前存在的体制机制障碍，显得尤为紧迫和重要。

生态文明建设管理体制，制约生态建设的健康发展

（1）我国生态建设面临的严重局面，迫切要求加大改革的力度

生态建设是生态文明建设的主体和基础，承担着保护、修复、建设各类自然生态系统，维护和增强生态系统功能等重大任务。从目前我国生态建设的现状看，主要面临三大问题，整体形势比较严峻：

第一，生态系统退化。从全球来看，全球普遍面临着森林锐减、湿地退化、土地沙化、物种灭绝、水土流失、干旱缺水、洪涝灾害、气候变暖以及水污染、空气污染等十大生态和环境危机。作为世界上最大的发展中国家，我国经历了35年的经济高速增长后，在生态系统退化方面面临的问题甚至更加突出。

第二，生态产品短缺。我国是世界上森林资源最贫乏的国家之一，人均森林面积和蓄积分别为世界的1/5和1/8，森林覆盖率居世界130位；我国也是世界上受沙化危害最严重的国家之一，全国沙化土地面积占国土面积的1/5，受沙化影响的人4亿多；我国水土流失面积占国土面积的1/3，全国8.5万座水库总库容已被淤积1/3；全国天然湿地已减少36%；我国正处于濒危状态的动植物物种高达15%—20%，高于世界10%—15%的平均水平；我国二氧化碳排放量居世界第一位。生态恶化已成为制约经济社会可持续发展的最大因素，生态差距已成为我国与发达国家的最大差距，生态产品短缺已成为建设小康社会和美丽中国的最大瓶颈。

第三，生态外交压力剧增。我国已成为世界第二大经济体、最大碳排放国、最大木材进口国，也是粮油和能源的主要进口国，我国的崛起实际上成为全球生态治理面临的最为重要的变化。全球生态治理各项进程和行动，包括自然资源管理、应对气候变化、打击非法采伐和捕猎、确保木材安全、粮油安全和能源安全等，如果离开中国，恐将无法推进。

我国在涉及生态与环境方面的国际公约签署数也已达10多个。因此，这些年来我国在这方面面临的国际社会的指责日渐上升，外交压力加大，直接影响到我国的战略利益和国际形象。

造成生态系统退化、生态产品短缺以及生态外交压力加大的原因是多方面的，但归纳起来主要有二：

一是传统的增长模式造成的资源过度开发利用和环境严重破坏，给自然生态系统带来超负荷的压力甚至功能性的损坏。而资源高消耗、污染高排放，又加速了生态系统的严重退化，资源约束日益趋紧，环境污染不断加剧。资料显示，2012年我国经济总量占世界的比重为11.6%，但消耗了全世界21.3%的能源，其中水泥消费占世界54%、钢材占45%。这说明传统的发展方式已经走到了尽头。科学研究表明，生态系统破坏容易修复难，甚至不可逆。修复重建这些系统，即使从现在开始发力，没有几代人上百年的努力，也是完成不好的。

二是生态建设管理体制机制方面的问题突出。主要表现为体制不合理、机制不健全、制度不规范三个方面。

从体制不合理看，主要是我国的生态建设行政管理政出多门、多头管理、条块分割、职能交叉问题比较严重，缺乏一个权威的主体管理部门进行统筹协调，严重制约着国家生态建设的综合决策和宏观调控。目前我国生态建设行政管理分散于林业、国土、环保、水利、农业、海洋等多个部门，相互掣肘问题较为突出，因此，构建系统完备、科学规范、运行有效的生态建设行政管理体制机制，显得尤为紧迫。

从机制不健全看，该由市场机制解决的问题，市场作为配置资源的决定性作用还没有确立起来，政府仍然过多地用行政手段配置生态资源；

反过来政府在生态建设中的宏观调控机制却相对薄弱，没有发挥应有的作用。

从制度不规范看，主要是有关生态建设的法律体系亟待完善，有关生态保护与改善当地民生的关系以及如何建立起有效的生态保护产权激励制度等还十分薄弱。

（2）国外生态建设管理经验值得我们借鉴

从世界范围来看，国外对于生态建设与相应管理机构的设置，都是从本国的国情和发展阶段出发，不断探索最有效的生态建设管理体制和机制。特别是一些发达国家除了对生态建设、可持续发展越来越重视并力求用改革方式推进生态建设外，在管理体制方面主要是按照大部制的思路，注重部门的整合，在政府架构中确立一个在生态建设中起主导作用的部门，其他相关机构积极配合。

在德国，主导生态建设的机构是联邦自然资源、环境保护与核安全部。有关土地、矿产、海洋、水等自然资源没有单独设立内阁级管理机构，而是在相关部门内设立相关司（局）或部门管理，由各部的隶属单位负责具体工作。

在俄罗斯，联邦自然资源部是生态建设的主要管理部门，负责全俄矿产资源、水资源、森林资源和环境保护的管理工作。

在美国，农业部在生态建设方面扮演重要角色。其中负责自然资源和环境保护的机构有林业局和土地保护局，并由一位负责自然资源和环境的副部长统一领导。林业局管理全国的森林、野生动物、稀有植物、鱼类、放牧地、娱乐场所，指导林业研究、保护和管理，以及矿物和能源的管理；土地保护局负责土地、水和其他农业资源的保护，控制水土流失和盐碱化，改善对湿地、草原等的保护和管理。除农业部外，美国在联邦政府内政部还设有土地管理局、鱼类及野生动物保护局、矿产办公室等机构，以及美国自然资源保护委员会等，也承担某一方面的生态责任，但整体上看，美国的农业部在生态建设方面的主导地位是比较清晰的。

（3）深化生态文明体制改革，是落实十八大以及十八届三中全会决定的重要举措

从党的十七大的“四位一体”到十八大的“五位一体”，表面上看只是在经济建设、政治建设、社会建设、文化建设的基础上增加了一个生态文明建设，但它集中反映了我们党对中国发展道路认识的重大升华，对发展规律的精准把握。这一战略，不仅体现了以人为本的理念，而且为转变发展方式、促进资源节约、环境友好，建设美丽中国具有长远的意义。党的十八届三中全会决定中明确指出，紧紧围绕建设美丽中国深化生态文明体制改革，加快建立生态文明制度，健全国土空间开发、资源节约利用、生态环境保护的体制机制，推动形成人与自然和谐发展现代化建设新格局。

按照党的十八大以及十八届三中全会决定中有关生态文明建设的一系列重要论述，我们认为，其核心是实现人与自然和谐，关键要解决好资源约束趋紧、环境污染严重、生态系统退化三大难题。十八大科学区分了“生态”“环境”“资源”三个范畴，为我们准确理解把握生态文明建设的内涵、建立科学有效的管理体制指明了方向。这就是：生态主要是保护、修复和建设；环境则主要是治理；生态建设提供生态产品、可以增加财富、拉动内需，环境治理主要是保障水、空气等的质量，为人

类的生存发展提供基本需求。从我国生态文明建设管理体制看，生态建设管理相对分散，而环境治理相对集中。因此改变生态建设过度分散的管理体制机制弊端，就成为促进生态建设健康发展的重要保障。

完善生态文明建设管理体制的建议

为了克服我国目前在生态文明建设方面存在管理体制机制方面的障碍，我们认为，可以通过两步走的方式逐步完善：第一步在本届政府任期内设立国家生态建设委员会；第二步待条件成熟后可以考虑组建国家生态建设部。

（1）关于设立国家生态建设委员会的建议方案

成立国家生态建设委员会，是一个在基本不动现有涉及生态文明建设的相关政府机构的前提下的一种改革思路，也就是说保留现有生态建设管理架构的大前提下，通过设立国家生态建设委员会，加强对相关部门的协调和宏观调控等。设立国家生态建设委员会的条件有二：

一是要对目前相对分散的生态建设职能，进行重新梳理和归并，把那些过于分散而且对未来生态建设管理影响比较大的职能，相对集中到生态建设委员会，这样有利于从整体上进行宏观决策和管理，进一步加强生态建设的顶层设计和管理。至于国家生态建设委员会的机构属性，可以定位为国务院有行政管理职能的议事协调机构，类似全国绿化委员会，但要比绿化委更实一些。为了统筹考虑，甚至可以考虑在全国绿化委员会的基础上，成立国家生态建设委员会，将绿化与生态建设的相关职能整合到一起。按照上述思路，国家生态建设委员会的主要职能可以定位为战略规划、制定政策、统筹协调、宏观监控以及生态绿化五个方面。

二是要设立一个国家生态建设委员会的办事机构，具体承办相关事务，担负国家生态建设委员会的日常工作。鉴于国家生态建设委员会的工作性质与目前的国家林业局职能比较接近，所以建议将其办事机构设在国家林业局，与国家林业局一套人马，两个牌子。这样不仅可以大大节约人力和财力，也有利于这个机构的运转和协调。为了便于工作，提高该办事机构的权威性，建议将办事机构的行政级别设为正部级。

（2）关于组建国家生态建设部的建议方案

成立国家生态建设委员会，对现有部门的职能进行微调，是解决生态建设管理体制的一种选项。从长远看，有必要对未来我国生态文明建设的国家行政管理体制机制，进行深入整合，用新的大部制思路，解决长期存在多头管理、职能交叉等方面的问题。因此，在国家生态建设委员会运行的基础上，未来在条件成熟后，可以考虑组建国家生态建设部，进行比较大的机构整合，取代生态建设委员管理模式。

之所以需要组建这样一个大部，首先在于我国是一个大国，而且生态建设已经成为我国“五位一体”发展中的“短板”，生态危机成为制约我国生态文明建设的最大瓶颈。其次，从国家未来在生态建设方面的目标看，也迫切需要我们加强体制机制方面的保障。十八大首次将生态文明建设写入了党章，并提出“为全球生态安全作出贡献”；2009 年 9 月，胡锦涛主席在联合国气候变化峰会上，作出了争取到 2020 年使中国森林面积比 2005 年增加 4 000 万公顷，森林蓄积量比 2005 年增加 13 亿立方米的庄严承诺。实现这一承诺，需要多方面的努力，但理顺和健全生态建设的管理体制机制首当其冲。最后，科学的生态建设管理，也需要我们进一步整合现有的机构，提高科学管理水平。按照国际经验，生态建设应该坚持以森林为主体的自然生态系统协同管理。森林、湿地、荒漠、农田、海洋等生态系统及野生动植物构成相互依存、相互作用的有机整体，其中森林生态系统是最基础的陆地生态系统，对其他生态系统具有直接或者间接的影响。因此，我们对生态建设管理部门的整合，也要尽量符合上述科学管理的内在要求。

鉴于国家林业局已经形成管理森林、湿地、荒漠生态系统和野生动植物资源及生物多样性保护的一体化工作格局，在职责、机构或者工作上的任何一个拆分，都会破坏其系统性，影响其协调性，形成负效应，因此，我们认为应该以国家林业局为基础（还有一种更大的设想是：将国家林业局和环境保护部合并、在拆分国土资源部的基础上组建大生态建设部），组建起具有大部制属性的生态建设部，作为我国生态建设的主导部门，以此克服长期困扰我们的体制机制问题。至于生态建设部的职能，大体可以定位为统筹协调、宏观调控、监督执法和公共服务四个方面。如果按照这一思路组建生态建设部，未来将有可能形成以生态建设部为主导、其他相关部门积极配合的完整统一的生态建设和管理框架，这对促进我国的生态文明建设，无疑具有战略意义。

中国行政体制改革研究会“我国生态文明建设体制改革创新研究”课题组

课题组顾问：魏礼群（中国行政体制改革研究会会长）

课题组组长：汪玉凯；副组长：李蕴清、王露

课题组成员：王君琦、安东森、刘铮

本报告执笔：汪玉凯（中国行政体制改革研究会副会长、国家行政学院教授）

（原载《天津行政学院学报》2016 年第 5 期）

“浙江省富阳市县域治理研究”，是受时任浙江省富阳市委书记徐文光约请，承担的课题研究。在此之前，徐文光在 2007 年的改革中，先于中央探索县域大部制改革，在全国产生了轰动。在此过程中，我和中央编译局的著名学者俞可平、国家发改委宏观经济研究院的知名专家常修泽等曾受富阳市（2014 年撤销县级市，设立富阳区）的邀请，赴富阳进行过现场研讨和交流，在那个研讨会上，包括我在内的专家们纷纷向徐文光提出进一步完善的建议，这样才有后来我为富阳做县域治理改革的课题，也使我和徐文光结下了深厚的友谊。为了完成好此课题，我带领课题组成员多次赴富阳进行调研，深入了解情况，尽量全方位反映县域治理方面面临的各种难题，以及富阳探索的经验，最终提供了一份总报告和多份专题报告，同时还在富阳举办过一次国际研讨会。在开展课题研究期间，与这位年轻的市委书记有很多深入的思想交流，其中给我印象最深的是，他提出了一些很新颖的观点。他认为，一个县域一把手，对一个地区的发展影响很大，要相对稳定，不宜频繁调动，否则，他很难作出真正的成绩，只有让他能够潜下心来，有足够的稳定任期，才能发挥其聪明才智。因此，他给我说，如果需要提升，也可以通过提高级别待遇，而不是简单地用人事调动的方式，就可以解决。对此，我是非常认同的。记得在 2004 年 7 月 7 日，中央电视台《央视论坛》播出

一个主题叫“邯郸市长走马灯”的节目，主持人董倩邀请我与全国政协委员夏家骏作为嘉宾一起来讨论。节目的主要内容是，河北省邯郸市从1993年9月到2004年3月的10年5个月中，先后有7任市长施政，引起社会广泛关注。市长如同走马灯似的频繁更换，使很多邯郸人始终弄不清楚市长到底是谁。由于任职时间过短，后任不认前任的决策，因此，留下了大量的“半拉子计划”和工程，给当地的发展带来严重影响。我当时在节目中，引用了国家的有关法律，提出调动选举的官员，必须遵循任期限制的法律约束，除了特殊情况外，一般要等到一个官员任期结束后，才可以调整。没想到的是，央视的这一期节目播出后，在社会上引起很大反响，我甚至接到多个邯郸市不认识的人的电话。然而，这个问题说起来容易，实施起来还是很难的。后来的实践也证明，我们在调动选举官员时，法律的权威并没有被真正得到遵循。浙江省为了给徐文光进一步发挥的空间，在他没有调离富阳之前，就给他解决了副厅级待遇。后来他升任杭州市副市长，又到衢州市担任书记，直至2021年提升为浙江省副省长。在富阳课题之后，我虽然没有再直接为徐文光领导的地区作过课题研究，但实际上还是一直在追踪研究这位改革人物。那就是通过国家发改委经济体制改革杂志社的课题，我作为课题专家参与其中，研究内容包括他在衢州推行的一系列改革等。直到目前，我与徐文光仍然保持着非常友好的关系。因为，我一直认为，在体制内的许多领导干部，都是在改革开放中成长起来的，他们的改革意识强烈，有极大的创新精神，只要有合适的土壤，他们就像金子一样一定会发光。

当然，就我个人承担的研究课题而言，在社会上产生广泛影响并成为国家政策的，当数“中国特色官邸制研究”了。该课题是时任国家行政学院常委副院长魏礼群提议我进行研究的。魏礼群来国家行政学院前，长期在国家发改委、中央财经领导小组办公室以及国务院研究室等重要部门任职，是中央的一个大笔杆子。2008 年 5 月，他从国务院研究室主任的岗位上调任国家行政学院党委书记、常务副院长。他根据长期在中央工作的经历和观察，针对领导干部住房方面存在的一些问题，建议我研究一下官邸制方面的问题，并要求我能够紧密结合我国领导干部住房的实际，从国内、国际多个视角对此问题展开研究，提出一些有针对性的政策建议。为此，我组织了课题组，展开研究，2013 年年初，课题组共形成了 3 份专题研究报告和 1 份给中央建议稿，包括《中国古代官邸制研究》《国外官邸制研究》《党政领导干部住房现状分析》以及《探索实行中国特色官邸制》建议稿。2013 年年初，建议稿出来后，魏礼群院长将此稿直接呈送到有关部门。没想到，2013 年 8 月党的十八届三中全会有关全面深化改革的决议中，直接写进去一句话：“探索实行官邸制”。这意味着，我们的政策建议已经被中央采纳。后来，中央办公厅法制局的同志要求我将课题的全部成果报他们一份，他们要在起草有关官邸制条例时予以参考。官邸制课题的政策建议内容，在全国各种媒体上得到了广泛的报道，我们的研究成果先后在《国家行政学院学报》《天津市委党校学报》等刊物上刊出，该课题研究也成为智库为国家建议的典型案例。当时，全国有数百家媒体予以报道。2020 年，中国特色官邸制课题，获得中国行政体制改革研究会 10 年优秀成果一等奖。

以下是 2013 年由我执笔的给高层建议稿的全文。

“官邸制”：遏制“以权谋房”的根本途径

中国行政体制改革研究会“中国特色官邸制研究”课题组

汪玉凯

党的十八大后，中央作出转变作风八项规定，在社会上产生了广泛影响。2013年6月，在中央政治局召开的专门会议上再次明确提出，要统筹制定领导干部办公用房、住房、配车、秘书配备、公务接待、警卫、福利、休假等工作生活待遇标准。我们认为，在统筹制定领导干部的生活待遇方面，一个重要举措是要建立中国特色的“官邸制”。

实行“官邸制”是国际社会的普遍做法

所谓官邸制，就是由国家为重要官员在任期内提供住房的一种制度。比如美国当选总统进驻白宫，英国首相进驻唐宁街10号，法国总统进驻爱丽舍宫已是人们熟知的常识。国外实行官邸制的范围、对象、标准等虽不尽相同，但对国家领导人以及高级官员在任期内解决他们的住房问题带有共性。

美国对民选的联邦、州、市主要官员，如总统、副总统、州长、副州长和市长（只有相当规模的大、中城市市长），法律规定政府应提供官邸，任职期间可享用，任职期满则应搬出。基于安全理由，总统、副总统、州长、副州长必须居住在官邸，市长则可选择自愿放弃居住官邸的权利，自购居所居住。官邸的购买、日常使用和维护费均由政府预算支出，居住者只需交纳象征性的年租金1美元。对邦、州当选议员（含参众两院）实施住房租赁津贴补贴制度，补贴的原则以“体面、舒适”

为基准，具体数额由议会的金融委员会审定。

德国实行“官邸制”的对象，主要是在任的高级公务员，包括总理、联邦政府各部部长。除了总理等必须进驻官邸外，各部部长则有一定的灵活性：可以进驻官邸，也可以自有或租用住房，国家为房间配备相应附属设备和承担相应的房租。所有的联邦官邸均由联邦政府出资，根据现有财力配备相应的设备和家具，进行维护保养，并对维护保养作出严格规定。

法国的官邸制范围比德国还要小，除政府领导人外，对部长也没有实行统一的官邸制度，而是实行住房补贴制度。国家资助的部长公寓最大面积限定为80平方米，部长家庭中每增加一个孩子，房屋的面积可以扩大20平方米，超标面积的住房费用必须由部长本人承担。2006年2月，时任法国财政部长盖马尔因用公款在巴黎黄金地段为一家十口租住600平方米豪宅被曝光后，因违反规定被迫辞职，在法国引起巨大反响。

日本的情况比较特殊。在小渊惠三执政时，除了首相和房屋长官保留官邸外，其余官邸一律废除。但是仍有两类官员可以免费使用住宅：一类是内阁大臣以上的政府高级官员和国会有关领导；另一类是特殊工作需要的官员。按照日本法律，国会参众两院正副议长、内阁总理大臣以及内阁大臣、最高法院大法官、检察总长、会计检查院院长、人事院总裁、国会图书馆馆长以及驻外使馆大使等人可以免费使用国家公务员宿舍。在这些享受免费居住公务员宿舍的高级官员住宅中，应配备桌、椅等日常生活必需的家具等财物，免费提供给他们及其家属使用。这些高级官员居住房屋所需的修缮、水电、煤气等各项费用全部由国家负担。

另一种免费使用公务员宿舍的人员是通常需要在工作时间之外，为保护国民生命或财产随时都有可能奔赴工作岗位开展工作的公务员，而且这些住宅必须建立在机关属地内部或者附近。

韩国只有总统、总理、国防部长、外交部长 4 个职位有专门的官邸。如韩国的青瓦台（原韩国总统官邸）和总理公馆。其他高级公务员如国务委员、国会议员、处长（指部级处，如企划预算处）、各院、部的次长（副部长）、政务次官、秘书室长和前总统秘书官、国会议长、国会副议长及国会议员的秘书室长、辅佐官、交涉团体的政策研究委员在任期间，政府提供官宅，卸任后搬出，让给继任官员居住。

通过以上介绍可以看出，一是当代主要发达国家几乎都实行了官邸制，虽然范围不一，但有一点是相同的，即任职期间入住，卸任后搬出；二是除了官邸外，多数国家对部长级以上高级官员普遍实行“官宅制”，即提供住房补贴，卸任后取消；三是所有的官邸和官宅都为国家所有，或者由国家租用，按照规定配置内部设施，费用由国家承担；四是很多国家规定官员住房、薪酬等待遇必须公开透明，接受社会监督，并建立严格的纠错机制，防止政府高级官员谋取住房特权。

实行“官邸制”是遏制领导干部“以权谋房”的根本途径

我国改革开放前，实行的是福利分配制度，国家按照公职人员的级别高低配置住房，即使党和国家领导人也不例外。改革开放后，随着住房制度改革的深入，除党和国家领导人之外，包括省部级领导干部在内的所有公务员都参加了住房制度改革，住房社会化、货币化的大格局基本形成。经过 10 多年的探索和实践，我国住房制度改革取得了重大突破，但在这个过程中，也暴露出一些比较突出的问题。

其一是领导干部违规建房、“以权谋房”成为腐败的新形式。其突出表现是房改后，不少地方不同程度地出现了一些领导干部利用职权违规建房现象，多占、低价套购或者超标准侵占国家公共资源的问题也很突出，有的地方甚至出现了官员建造别墅现象，在社会上产生了恶劣影响。有人把目前领导干部利用权力侵占住房的手段和特点概括为六个方面：一是超标建房，屡禁不止；二是乱拉资金，负债建房；三是压价购房，索要住房；四是集体决策，化公为私；五是手段翻新，由明转暗；六是倒卖出租，优惠住房。更为突出的是近年来一些贫困地区官员也纷纷建造官员别墅，成为社会关注的新热点。比如被《人民日报》曝光的广西柳州市柳江东岸，有一片专为市四大班子领导建设的高档住宅小区，每套320—340平方米，每平方米售价仅相当于周边商品房价的一半。河南省一位领导曾痛斥干部住房腐败问题：“一个县的科级干部住房超过300平方米，最大的达到600平方米，这是什么风气？这是奢靡之风！”

近来一些官员涉及房产腐败问题也令社会震惊。山东省原副省长黄胜有房产46套，杭州市原副市长许迈永有房产25套，广东茂名原市委书记罗荫国有房产67套，浙江省药监局原局长黄萌有房产84套，上海房管局原第一副局长陶校兴有房产30套，云南楚雄彝族自治州原州长杨红卫有房产23套。而原铁道部部长刘志军贪污腐败案中，仅涉及的房产竟然高达374套。

其二是干部交流、异地任职等，客观上为官员滥用权力“以权谋房”提供了便利。近年来，我国加大了领导干部交流和异地任职力度，中央与地方的上下互动也明显加强。目前县以上的党政主要领导人以及纪检、组织、公安等重要岗位的领导干部，一般都不能在本地任职，再加上进京领导干部人数的增加等，都可能为少数领导干部以权谋房、侵占国家财产提供机会，有的甚至处于失控状态。比如一个领导干部到某地任职，地方大都为其准备好了“住所”，这个“住所”往往就成了其个人资产（除机关的办公地方或者宾馆外）。调离后多数不退，实际上为永久占用，一些省部级干部多处调动多处占房。退休以后，“住所”也成了自己的或者变相成为个人私有财产，不仅可永久使用，还可留给后代。比如某省一个有29套省级干部住房的大院，现职省级干部住8套，占28%，调离干部家属住2套，占7%，离退休干部家属住17套，占59%，空2套（太大或太旧），占7%。这种现象在我国很多地方具有一定的普遍性。现在的问题是一些地方甚至连乡镇领导干部调动工作，也要给自己建一套房子，可见事态发展的严重性。如果中央再不采取严厉举措，还有进一步泛滥的可能。

其三是受享乐主义、奢靡之风的影响，包括高级领导干部住房在内的特权泛化，引起人民群众的强烈不满，损害了政府形象。共产党立党、执政的一个重要宗旨就是自身不追求特殊利益，而是要最大限度地为人民群众谋取利益，建立廉价政府。然而目前我国在高级干部待遇方面所形成的一些不合理特权，不仅助长了官僚主义、享乐主义和奢靡之风，而且也越来越引起公众不满，产生了一系列负面影响。这几年，人们普遍对我国政府管理活动中的行政管理费居高不下多有议论，这种现象的后面与高级领导干部退休后仍然享受在职期间的待遇等有直接关系，也给国家财政造成沉重负担。因此，重新研究制定领导干部的待遇标准，改革高级干部待遇终身制的问题，建立包括官邸制在内的领导干部待遇制度体系，显得十分紧迫。

建立“官邸制”的四点建议

第一，明确实行官邸制的适用范围和主体资格条件。从国外经验和我国的实际状况看，我们认为，在我国建立官邸制首先必须明确实行官邸制的范围。确立官邸制范围不一定只与官员的行政级别挂钩，主要是从国家尊严、工作性质、工作需要、有利于廉洁四个原则出发。鉴于此，我们认为合理的官邸制范围宜限定在：一是党和国家领导人中的总书记、国家主席、国务院总理、全国人大委员长、全国政协主席及其他政治局常委；最高人民法院院长、最高人民检察院检察长；二是省、自治区、直辖市的书记、省长（自治区主席、市长）、人大常委会主任、政协主席以及法院院长和检察院检察长；三是市、县（含县级市）两级的书记、市长（县长）、人大主任、政协主席、法院院长和检察院检察长；四是异地交流的领导岗位，如组织部长、纪委书记、公安局长等。如果不属于异地交流任职的官员，可以执行正常的房改政策，不属于适用官邸制的范围。

对其他党和国家领导人可以实行公宅制。实行公宅制度的官员群体，主要指那些不参加房改的正部级以上，但又不属于实行官邸制的党和国家领导人。国家为他们在任职期间提供公宅，卸任后搬出。具体来说主要包括除政治局常委以外的政治局委员、国家副主席、人大副委员长、国务院副总理、国务委员、全国政协副主席等。

在确定实行官邸制和公宅制的范围时，有两个问题至关重要：一是要坚持老人老办法，新人新办法。也就是重新担任领导职务的干部中实施，原领导人以及离退休的党和国家领导人可采取自然过渡的办法。二是研究建立原领导职务和新任职务之间的对接机制。比如原来一位参加过部长级房改的领导人如果提升为国家领导人了，那么可在保留原来房改房的同时，享受国家提供的官邸或者公宅，任期结束后应该搬出。可在保留现行正部级领导干部享受220平方米住房的基础上，再给予一定补偿。只有这两个问题解决好了，这项改革才有可能真正启动。

第二，要积极探索异地任职干部“官邸制”的改革路径。在异地交流任职的领导干部中，最高的只涉及正部级。鉴于我国正部级以下的领导干部都参加了房改，所以原则上在异地任职入住官邸时，不管其是否携带家属前往，领导人的原房屋都应该保留，但任职期满后必须从所住官邸搬出。考虑到房屋在不同地区间的价格差异很大，对那些从低房价地区交流到高房价地区的领导人（比如进京），就要考虑相应的补偿政策，如确保在原地的房屋出售之后，可以容许其在京购买相应面积的经济适用房。

在实行官邸制的过程中，还可以有一定的灵活性。比如考虑到未来绝大多数异地任职的年轻领导干部都没有参加过房改，因此这些人到新的任职地可以有多种解决住房的方式：一是可以选择由国家提供的公宅。二是可以按市场价租房或买房，国家提供租房补贴，不担任领导职务后就不能继续享受租房补贴。三是对一些退休后愿意回原籍颐养天年的官员，国家应该制定相应的鼓励政策。

第三，官邸和公宅一律由国家统一建造、购买或租赁，并按照严格的制度配置设施和修缮。按照国际惯例，绝大多数官邸和公宅都是免费入住，即使交费也是象征性的。按照我国国情，我们认为，对于国家拥有的官邸和公宅实行免费入住较为合适。这些官邸和公宅的内部设施配置与维修，国家要建立统一制度，予以规范。

我国过去虽然没有建立起官邸制度，但国家所拥有的公房数量还比较多。因此，在建立官邸制和公宅制的过程中，首先要按照实行官邸制和公宅制的范围、对象等，明确现有房源；对历史上形成的包括已经离退休的党和国家领导干部的住房现状等，进行详细的统计和调查。只有做好这些基础性工作，处理好多方面关系，才能减少建立官邸制的阻力。

第四，建立严格的住房监察制度。首先要全面清理领导干部的现有住房。特别对那些曾经在多地任职、交流、进京的领导干部的住房情况，进行认真清理，对多占住房的要限期清退，逾期不退的除按市场标准加倍收取租金外，同时按照干部管理权限及程序，交由纪检监察部门严肃处理。其次要建立领导干部住房申报制度及住房档案，加强动态管理。同时要建立和健全领导干部住房腐败问责制度，明确住房腐败的问责对象、程序、内容、方法和责任追究范围。最后要推进干部住房公开制度，自觉接受社会监督。一方面公开实行官邸制和公宅制的范围、对象，国家对官邸和公宅的配置标准、补贴标准，其他级别官员的住房标准，干部购买或建造住房的申报和审批程序，以及违规超标占有或建造住房处罚的具体规定等。另一方面要畅通群众对干部住房腐败的投诉、举报、反应机制，加大社会监督力度。

（原载《天津行政学院学报》2014 年第 2 期）

官邸制范围应限定4类官员

任职入住 卸任搬出
——国外官邸制的由来与现状

2013年12月12日《京华时报》对官邸制的报道

对汪玉凯的专访2013年11月25日《北京日报》

从后来的情况发展看，国家领导人的官邸制改革，推进情况没有向外界公开透露。记得在2015年6月左右，国家机关事务管理局的一个司局的领导人，带着下属专门与我有过一次交流，简要介绍了国家将要实行官邸制的一些基本情况。其大体思路是：一是在中央和地方，首先通过领导干部个人事项申报等方式，了解领导干部住房现状，属于多占或者超标的要求清退。二是对国家领导人，实行老人老办法、新人新办法；三是对那些犯错误或经刑事处理的领导干部，都要按照国家政策清退原来的住房或调整；四是在地方，实行流转房制度，对那些交流、挂职等外地来本地工作的领导干部，通过流转房的形式，解决领导干部的住房问题。应该说，这项改革，虽然没有广泛宣传，但在实施中解决了大量历史遗留问题。一个明显的例子，比如原任党的总书记胡耀邦的住房，在本人和配偶都去世后，已经按照中央的政策清退了原住房，而其子胡德华购置了一套房改房。尽管当时所实行的官邸制，还有需要完善的地方，但能迈出这样关键的一步，无论是对节约国家的财政资金、减轻老百姓的负担，还是遏制领导干部在住房方面的腐败等问题，都是一件利国利民的事情。

如果说建立官邸制的政策建言获得某些成功，给了我信心，那么后来的几个在我看来同样十分重要的对策性课题研究，以及报送到有关部门的建言，并没有像官邸制那样幸运了。这固然有些遗憾，但我至今认为，这些问题即使是在将来，也是绕不过去的，必须面对。其中，与公共治理、行政改革密切相关的，主要有两项研究课题值得一提：一项是“完善领导干部个人事项申报制度与推进干部财产公开制度研究”，另一项是“县域机构改革与降低行政成本研究”。

“完善领导干部个人事项申报制度与推进干部财产公开制度研究”是中国行政体制改革研究会 2017 年设立的重大年度课题。同年初，中央发布了《领导干部报告个人有关事项规定》和《领导干部个人有关事项报告查核结果处理办法》两个党内法规，对领导干部报告个人事项以及相关的查处工作作出了更加严厉的规定。基于中央的上述政策，中国行政体制改革研究会魏礼群会长，希望我能对这个问题进行实事求是的研究，并结合中国的实际，给中央提出政策建议。其实，官员财产申报和公开制度，在国际社会是一个比较普遍的做法，特别在发达国家更是如此。所谓的官员财产公开，并不是说，所有的官员都要公开财产，而是主要指那些地位比较高、职权比较大的民选官员，如国家元首、政府首脑、议会议员等。在我国，改革开放后，老百姓对这方面的诉求，还是比较强烈的，希望通过建立官员财产公开制度，遏制权力腐败。有的地方甚至还公开进行过一定的探索和试点。我带领的课题组，按照中央的政策，在对领导干部个人事项申报等研究的基础上，建议国家要增加一些个人事项的公开环节，增强社会公众的监督功能，降低内部监督的成本。但遗憾的是，这个政策建议，2017 年上报有关部门后，并没有引起重视，也没有变成国家的政策。

关于在领导干部个人事项申报中增加公开环节的建议

汪玉凯

2017 年 2 月，中央发布了《领导干部报告个人有关事项规定》和《领导干部个人有关事项报告查核结果处理办法》两个党内法规，对领导干部报告个人事项以及相关的查处工作作出了更加严厉的规定。与以往的相关制度相比，这两个党内法规的最大特点有三：一是突出了“关键少数”；二是突出了与领导干部权力行为最密切的家事、家产的申报；三是对抽查核实环节作出了系统的制度安排。可以预期，这一制度实施后，必将在新形势下从严治党，加强对公权力的监督产生深远影响。

但这一制度最明显的不足之处，就是社会最关注的公开环节似乎还没有涉及。我们认为，为了更好地打造制度反腐的笼子，在领导干部个人事项申报中增加公开环节，时机已经成熟，中央应该痛下决心，力争把这一制度写入党的十九大政治报告之中。

官员财产申报公开制度，是现代国家为防止权力滥用、接受社会监督的一项较为普遍的做法，素有“阳光法案”“终端反腐”之称

官员财产申报公开制度最早起源于230多年前的瑞典，1883年，英国制定了世界上第一部有关财产申报的法律，至今已有130多个国家和地区确立了财产申报制度。目前，世界上清廉指数较高的国家，大都来自最早实行财产申报公开的北欧。许多国家从贪腐到廉洁的转折，也与建立财产申报公开制度息息相关。纵观国外官员财产申报公开制度 ，大体呈现出四个主要特征：

第一，法律对财产申报公开有明确规定。绝大多数实行官员财产申报公开的国家，通过法律对公开的对象、公开的内容以及公开的方式等作出明确规定。主要有三种形式：一是全员公开，即公开所有申报人的资料。如加拿大、澳大利亚、新西兰、日本、巴西、南非、俄罗斯、白俄罗斯等。二是部分公开，即只公开一定级别以上申报人员的资料，如美国、法国、德国、韩国等。三是相对保密，即受理机构对申报资料保密，只向主管机构和依法调查者提供。如土耳其、阿根廷、新加坡、越南等。不管那种公开方式，国外对申报公开都有一些限制：比如美国将申报人员分为秘密申报和公开申报两类；南非等国将申报内容分为公开和保密两部分；美国、日本、新西兰、阿根廷等仅限查阅申报资料，并禁止用于非法目的。另外，各国对申报和公开的时间都有明确的规定：如韩国为30天，美国15天，俄罗斯、菲律宾14天，日本为申报截止日的第2天。

第二，国家最高领导层带头公开。从国际社会的多数做法看，不是所有的申报财产的公职人员都需要公开，而是让重要官员、特别是担任国家最高领导职务的人员首先要公开，如总统、副总统、部长、两院议员、法院院长、检察长等。另外，独立机构负责人、地方行政长官、地方议员，以及民选的官员和类似于中国省部级高级官员等。资料显示，多数国家需要公开的人员占申报财产人员比例比较低。在一些要求所有申报财产的公职人员全部公开的国家，往往因为成本高、阻力大等，反倒流于形式。

表一：几个有代表性国家公开财产官员的数量

国别	公职人员总数	公开财产人员数量
美国	400 万	2.8 万
西班牙	290 万	400
德国	200 万	500
韩国	100 万	1800

资料来源：张深远：《国外财产申报制度：经验与启示》，《中共天津市委党校学报》2013 年第 4 期

第三，在公开与保护官员的个人隐私之间找平衡。官员财产公开最大的难题在于，一方面要保障公众对行使公权力的官员有足够的知情权，从而发挥社会的监督功能；另一方面也要注重官员个人隐私权的维护。这也是国外之所以需要公开财产的官员占申报人员比例普遍比较低的重要原因。可以认为，目前国际社会中有关官员财产申报公开制度的设计，更多的是要维持监督和保护隐私两者之间的平衡，这是这项制度能够顺利实施并具有生命力的根本所在。

第四，公开制度对抑制腐败、约束公权力成效明显。以美国为例，在尼克松总统发生“水门事件”以前，美国虽然已经实施官员财产申报

制度，但因为主要是内部申报，因此，约束官员的力度比较有限。1974年，“水门事件”爆发以后，美国掀起了一场廉政风暴，并于1978年制定了《政府行为道德法》，由此正式确立了官员财产申报公开制度。按照这项法律的要求，美国公职人员只要年薪在5万美元以上都必须申报个人财产，并有2.8万名公职人员的申报资料需要公开。申报的期限，不仅包括任职前、任职中，甚至也包括离职后。比如，一个官员在开始任职的30天之内，必须申报本人、配偶及其所抚养子女的财产状况；在职官员和雇员，每年5月15日之前，需要申报上一个年度个人、配偶和抚养子女的财产状况；离职官员和雇员，则需在离职30天之内递交离职财产报告。同时，法律详细规定官员财产申报资料的接收、保管办法、保存期限、公开方式、查阅手续、审查，以及对拒绝申报和虚假申报的处罚办法。在美国，由于不严格执行官员财产申报制度而丢官的，也大有人在。1989年，美国众议院议长詹姆士·赖特被迫辞职，起因就是违反国会有关议员财产收入的法规，包括曾经超规定赚取讲课费，而他的妻子贝蒂曾经超额收取别人赠送的礼品等。由此，赖特也成为美国建国200多年来，首位因为财产申报问题而被迫辞职的众议院议长。

领导干部个人事项申报缺少公开环节，影响了社会对公权力的有效监督，成为少数官员敛财、腐败的重要原因之一

我国开始酝酿领导干部个人事项报告制度可以追溯到20世纪80年代，但一直没有结果。到1994年，全国人大常委会将《财产申报法》正式列入立法规划，但由于存在一定分歧被搁浅。1995年，中央颁布

《关于党政机关县（处）级以上领导干部收入申报的规定》，首次要求党政领导干部申报收入、接受监督，并将之作为一种制度。2000年12月，中央纪委决定，要在省部级现职领导干部中首先实行家庭财产报告制度。在此之后，中央有关部门又在多个文件、规定中予以重申。由于整体上缺乏法律依据，不少地方的贯彻执行不很得力。2010年，中央印发了《关于领导干部报告个人有关事项的规定》，使这一制度逐步被纳入制度化轨道。而2017年中央发布的《领导干部报告个人有关事项规定》和《领导干部个人有关事项报告查核结果处理办法》两项党内法规，则标志着这项制度正在趋于完善。

在充分肯定我国在建立领导干部个人事项报告制度所取得的长足进步的同时，也应该清醒地看到，目前该制度的最大缺失，就是缺少公开这个最关键的环节，而反腐败斗争中暴露出来的问题也恰恰说明，如果没有这个环节，就会使这项制度的“反腐利剑威力”大打折扣。原因有三：

第一，十八大后“少数关键”触目惊心的腐败以及攫取的巨额财富，再一次证明建立领导干部重要事项公开制度的重要所在。十八大后中央掀起了一场声势浩大的反腐败斗争，截至2017年6月，被查处的党政军高级领导干部超过200人，其中包括十七届政治局委员3人，十八届中央委员、候补委员29人。这些腐败官员的一个共同特征，就是借助手中掌握的公权力，通过配偶、子女、亲戚朋友或代理人大肆敛财。除了人们熟知的权钱交易、索贿受贿、买官卖官等外，大量的是借助权力影响力，通过权力与资本的勾结，让亲属或代理人暗中参与企业改制、资本并购、海外投资、企业上市的运作、稀缺资源的倒卖等，把巨额的国有资产或者老百姓的财富瞬间据为己有。有的甚至控制垄断了某个行业，久而久之就形成了一个个既得利益集团，或者以家族垄断为特征的垄断资本。与这种掠夺财富相联系，有一些腐败官员还有计划地把自己的配偶、子女、情人移居境外，用各种手段把巨额财富转移至国外，只要国内一有风吹草动就可以随时出逃，从而形成大量的“裸官”现象。这种以灰色权力、灰色资本、灰色暴利为主要特征的攫取国家财富的方式，以及事实上已经形成的以贪腐官员为代表的权贵既得利益集团，相互输送利益、团团伙伙、拉帮结派，形成一个个山头，极大地激化了官民冲突、劳资冲突和贫富冲突，加剧了社会的怨恨，成为依附在中共执政体制上的一个巨大的毒瘤，直接祸害着党和政府的形象，危害我们党执政的根基。可以说，十八大后中央强力反腐败，在一定意义上就是要清除依附在执政体制上的这个毒瘤。而这种局面的形成，固然原因复杂，但是与我国长期缺乏严格的领导干部个人事项申报和公开制度，使“关键少数”脱离公众的监督视野，是有直接关系的。这一点务必引起我们的高度重视，决不可掉以轻心。

第二，完善的内部监控段固然重要，但腐败官员最害怕的仍然是社会监督和公众的力量。应该说，2017 年中央发布的《领导干部个人事项报告规定》最大的亮点，就是增加了对申报者的查核环节，并且建立相应的查核制度。如查核比例不低于 10%，通过重点查核和随机抽查等方式，对申报者申报的真实性进行查核，如发现问题，按照不同的属性和类型进行严厉处理。同时，该规定中也明确相关机构如组织纪检部门、司法部门因公办案或工作需要，按照干部管理权限，可以对申报者的申报资料进行查阅等。所有这些规定与过去相比无疑是一个很大的进步。但是我们认为，这些查核的手段和制度，整体上仍然没有摆脱体制内监督的范畴，不仅费时费力，增加行政成本，而且最终能否达到预期目标，还有很多制约因素，如不同机构领导者的责任性、具体工作人员的工作态度等。反过来看，如果增加了公开环节，情况会大不一样：一是公开制度本身就会对申报者产生比较大的威慑作用，使其不敢轻易抱有侥幸心理，能大大降低错报或漏报等方面的问题；二是能够极大地调动社会公众的参与热情，充分发挥民众、媒体等社会监督的作用，因为所有贪官最害怕的就是公开和透明；三是通过一定的公开环节，可以保障在重要官员选拔任用中，最大限度地杜绝边腐败、边提拔现象的出现；四是外部监督作用发挥得好，也能有效降低内部监督的成本。

第三，过去一些地方的探索实践，之所以不了了之，也与整体上缺少公开环节的制度安排有直接关系。从 2008 年以来，我国的一些地方在领导干部个人事项报告方面不断有新的探索。如 2009 年 1 月新疆维吾尔自治区阿勒泰地区和浙江省慈溪市都进行有关领导干部个人事项申报和公示的实践。阿勒泰地区的 55 名县（处）级领导干部所填报的个人财产申报表，在网上进行了公示；浙江慈溪的 700 多名副局级以上的党政干部和国有企业领导人，将“四类廉情”也进行了公示，两地的社会反响热烈。后来由于国家总体上缺乏这方面的制度安排，因此都自生自灭了。这也说明，社会公众在这方面的期待还是很高的，问题的关键都取决于我们高层是否有这方面的决心。

五条具体建议

基于此，我们建议中央要下决心在领导干部个人事项申报中增加公开环节，并对公开的对象、内容、方式等作出具体制度安排。

（1）公开的范围。我们以为公开的面不宜过宽，要体现中央提出的“关键少数”原则。按照目前我国领导干部个人事项申报范围，我们认为公开的领导人主要应当包括：党和国家领导人；省部级领导干部；一般地厅级领导干部中的正职；副省级城市和计划单列市的党委班子成员以及政府领导副职、法院院长、检察院检察长，各部门正职；地级市的常委班子成员和政府领导副职，法院院长、检察院检察长，各部门正职；县和县级市党委常委和县级政府副职，法院院长、检察院检察长；央企、中央事业单位、省市两级主管的国有企业和事业单位领导班子成员。

（2）公开的内容。目前国家规定领导干部申报的个人事项总共有14项，涉及领导人的家事共8项，家庭财产共6项。我们认为在8项家事方面，应该公开领导干部的配偶、子女移居国（境）外的情况；在6项家庭财产方面，应该公开2项：一是领导人个人所拥有的不动产和动产如股票、债券等投资事项；二是领导人的配偶、子女共同拥有的不动产、动产以及他们所从事的职业情况。这样既保障了公众的知情权，也保护了领导干部的个人隐私。

（3）公开的方式。公开方式的设计对这项制度的成败会有很大的影响。基于我国的国情，我们认为，领导干部个人事项的公开应该从最高层开启，也就是党和国家领导人应该在全国公开，接受全国人民的监督；省部级领导干部应当在其任职的管辖范围内公开；其他应公开的领导干部可以选择不直接公开的方式，只提供社会公众的查询即可。这样就把直接向社会公开的范围只限定在党和国家领导人这个比较小的范围，也比较符合国际社会的普遍做法。

（4）为了保障这项重大改革举措的顺利实施，减少公开带来的阻力，也为了防止由于某些领导干部个人财产数额过大和民众的财富形成的巨大反差，在建立领导干部个人事项公开制度前，首先应该动员所有公职人员向国家上缴不义之财，只要是主动上缴并且是组织上不掌握的，一律免于处罚，这样就可以使更多的领导干部轻装上阵。另外，为了彰显中央反腐败的决心，可以在十九大上让新选出的中央委员、候补委员以及中纪委委员，按照前面所设定的公开事项，率先在全国进行公示，接受全国人民的监督，也可以将这项制度常态化，以此显示中央从严治党的决心。

（5）在实施领导干部个人事项公开制度的基础上，可以考虑把此项制度纳入全国人大的立法计划，使其最终变为国家的法律。

中国行政体制改革研究会“完善领导干部个人事项申报制度与推进干部财产公开制度研究”课题组

课题指导：魏礼群（国家行政学院原常务副院长）

课题组长：汪玉凯（国家行政学院教授）

本建议执笔：汪玉凯

2017 年 7 月 7 日

（本文的主要论点，刊于《深化改革要敢于触动既得利益——建立官员财产申报制度的几点思考》，《中共中央党校（国家行政学院）学报》2009 年第 2 期）

在改革开放的进程中，有关精简政府机构、降低行政成本始终是一个热门话题，也是公共管理学界不断追踪研究的重要领域。特别是随着

中国城镇化的加快，大量农村人口涌向城市，给国家治理带来许多新挑战。与此同时，行政管理费用大幅上升，财政供养人员以及拿财政补贴的人员也不断增加，都给国家的财政带来一定压力。为了进一步深化对这一问题的研究，又是魏礼群会长提议我对此展开研究，并希望我能够紧紧抓住县这个层面，进行深入调研，拿到一些真实的第一手资料，写出有说服力的政策建议。我对他的提议非常认同，因为中国的许多问题如果能在2844个县级层面得到解决，整个国家的治理就等于稳住了基础。通过近两年的调查研究，我主导的课题组完成了多个报告，发表了数篇论文，如和袁启华合作完成的《新发展格局下如何优化政府组织结构，降低行政成本》(《国家治理》，2021年第1期)、《省直管县改革关键要解决好四大问题》(《中国党政干部论坛》，2014年第7期）等。2022年4月，我执笔撰写了一份给高层的建议，经过魏礼群会长修改，报送有关部门。

机构设置上下一般粗、财政负担重导致的行政成本过高的现状分析和政策建议

汪玉凯

机构设置上下一般粗以及财政供养人员过多，是导致我国行政成本居高不下、民众负担过重的关键性问题之一，也是社会反响比较强烈的社会现象之一。作为坚持以人民为中心的执政党和政府，我们不仅要高度重视，而且要拿出切实可行的举措予以解决，这样才能得到广大人民群众的真正支持。

为了深入了解这一问题的真实情况，中国行政体制改革研究会“县

域机构改革与降低行政成本”课题组，在全国的东中西部选择了5个有代表性的县域进行深入调研、分析比较，得到一手真实数据，在对这些数据分析的基础上，提出一些政策性建议，供有关方面参考。

选取的5个县域的基本情况

选取的5个县域，包括东部经济相对发达的南北各一个：温州龙港市和济南历城区、中部陕西南部的佛坪人口小县和关中平原的眉县人口大县、西部甘肃老工业城市玉门市。我们比较的主要指标包括人口规模、机构数量、财政供养人员、经济总量以及地方财政收入等。以下是5个县域的基本情况：

温州龙港市是2019年国务院批准由龙港镇升为龙港市的，赋予其县级管理职能，面积183.99平方公里。龙港是全国第一个由镇设市的改革试点。设市前的2019年人口规模为38万人，2021年常住人口464 695人。全市除人大、政协外，党政共设15个机构，其中党委6个，政府9个。行政事业编共5300人，其中行政编制770人，事业编制4600人。2020年地区生产总值316.4亿元，地方财政收入17.5亿元。人口总数与有编制财政供养人员比例为87.6∶1。

济南历城区是一个县改区的城区，面积1 298.57平方公里，常住人口1 112 022人。除人大、政协外，区委下设14个党务部门，区政府下设26个政府部门，另外还有17个街道办事处。全区行政事业编制共11 000名，其中行政编制1 431名，事业编制9 600多名。2020年地区生产总值1 020亿元，一般预算收入111.3亿元。总人口与有编制的财政供养人员比例为101∶1。

陕西佛坪县地处秦岭南麓，是相对比较贫困的人口小县，总面积 1 279 平方公里，常住人口 26 597 人。除人大、政协外，县委下设 12 个党委部门，县政府下设 25 个委办局、2 个中心、1 个街道办事处和 6 个镇。

2019 年实现地区生产总值 11.8 亿元，地方财政收入 3 661 万。财政支出 7.97 亿元，上级转移支付高达 7.66 亿元。截至 2020 年年底，全县有各类编制 2 194 名，其中行政编制 640 名，事业编制 1 554 名。2019 年机关事业单位养老人数为 2 991 人。总人口与有编制的财政供养人员比例为 12.1∶1。

陕西眉县位于关中平原西部，县域面积 863 平方公里，2019 年人口 324 608 人。除人大、政协外，党政机构 41 个，辖 7 个镇 1 个街道、86 个行政村，事业机构 256 个。2019 年，实现地区生产总值 161.21 亿元，地方财政收入 3.41 亿元。上级补助收入 17.849 8 亿元。

全县财政总支出 23.261 6 亿元。 2020 年度财政供养人员共计 8 230 人，其中行政人员 1 107 人，参公人员 242 人，事业人员 6 866 人，离休人员 15 人。总人口与有编制的财政供养人员比例为 39.9∶1。

甘肃省玉门市是酒泉市管辖的县级市，总面积 1.35 万平方公里，下辖新老 2 个市区、3 个工业园区、12 个乡镇。常住人口 137 736 人。除人大、政协外，2020 年共设置党政机构 37 个，包括市委工作机关 11 个，市政府工作部门 26 个。玉门行政和事业编制共有 5 383 人。2020 年玉门完成地区生产总值 187 亿元，一般地方预算收入 3.06 亿元，财政总支出 29.29 亿元。总人口与有编制的财政供养人员比例为 25.5∶1。

经济发展、机构数量与财政供养人员之间的比较分析

（1）机构设置的比较

从5个县域的机构设置情况看，总体上与经济发展的水平几乎没有实质性联系。尽管我国在历次机构改革中，把县域按照人口规模、经济发展等划分为不同类型县，并对不同类型县的机构数量上限作出具体规定，但现实中，这一政策的贯彻实施是有很大差异的。比如，温州龙港市，全市常住人口超过46万人，党政机构只有15个，是5个县域中机构最精干的一个县级市。陕西佛坪，全县常住人口只有2.6万多人，人口规模是龙港的1/17，但党政机构共设置了37个部门，几乎是龙港的2倍还多。经济比较发达的济南历城区，常住人口超过百万，党政机构共40个，只比佛坪县多了3个。而常住人口超过30万人的陕西眉县和常住人口只有13万人的甘肃玉门，党政机构设置，也几乎与佛坪接近，前者设置41个，后者37个。从以上5个县域机构设置的数量，至少可以看出以下三点：

一是目前我国县域机构设置的数量，总体上与人口规模甚至地域面积等，似乎没有必然联系，大体处于上下一般粗的状态。

二是党政机构数量与编制规模也没有明显的关联，只是与行政编制有一点关系。5个县域的行政和事业编制由于经济社会发展水平不同，编制规模有明显差异，如经济相对发达的济南历城区，事业编制多达9 600人，而陕西佛坪只有1 554人，前者是后者的6.17倍。但两者的行政编制却差别不大，前者1 431人，后者640人。而陕西眉县的事业编制为7 108人，行政编制1 107人；龙港市的事业编制4 600人，行政编制770人。上述现象说明，5个县域的编制规模差异较大，但对党政

机构设置似乎没有明显影响。即使只有640名行政编制的佛坪，党政机构总数也达到37个。这说明，编制差异主要表现在事业编制方面，而行政编制方面差异相对较小。

三是龙港机构设置是一个亮点。5个县域机构设置中，最值得关注的是温州龙港市。其人口规模在5个县域中处于第二，超过46万人，但党政机构只设置了15个。调查发现，有两个原因导致了这一令人兴奋的结果：一是龙港建市时，确立了新的理念和思路，即“大部制、扁平化、低成本、高效率”，通过数字化和行政改革双轮驱动，从而实现了机构的简约、高效，一举打破了传统的机构上下一般粗的窠臼。二是由于龙港管辖的地域面积相对较小，总共130多平方公里，因此，没有设置中间管理层级，如乡镇、街道等，直接管理了92个社区。究其原因，一方面是人口多、编制少，不允许设立那么多层级；另一方面借助数字化可以实现扁平化管理。两年实践下来，龙港的经济社会发展不但没有受到影响，而且三项主要指标，都处于温州市前三位。这个创新值得高度关注。

（2）财政供养人员的比较

财政供养人员与总人口的比例，是衡量一个地区民众财政负担的重要指标，也是影响行政费用最重要的因素之一。5个县域由于经济社会发展水平方面有明显的差异，反映在财政负担方面以及与上级的财政关系方面也有很大的不同。

一是经济欠发达县域财政供养人员与总人口的比例更高，财政支出主要靠转移支付维系。以中西部三个县域为例，2020年佛坪的地区生产总值为11.8亿元，地方财政收入只有3661万元，而当年财政支出

7.97 亿元，上级转移支付 7.66 亿元。财政转移支付占总支出的比例高达 96.1%，也就是说，该县的运转几乎完全靠财政转移支付来支撑，而该县总人口与有编制的财政供养人员的比例竟高达 12.1：1。

陕西眉县 2019 年地区生产总值 161.21 亿元，地方财政收入只有 3.41 亿元。当年的财政转移支付收入 17.849 8 亿元，与全年财政总支出 23.261 6 亿元相比，财政转移支付占比高达 76.7%。该县总人口与有编制的财政供养人员比例为 39.9：1。

甘肃玉门地处西部相对落后的地区，也是一个资源枯竭型城市。2020 年实现地区生产总值 187 亿元，地方财政收入 3.06 亿元，与 29.29 亿元财政总支出相比，仍然需要大量财政转移支付来维持，当年上级转移支付总计超过 20 亿元，其总人口与有编制的财政供养人员比例为 25.5：1。该市 2020 年的财政供养人员费用高达 5.5 亿元，机关运行费用 0.76 亿元。

通过以上分析可以看出，财政供养人员占比高、主要靠财政转移支付维持政府运转，是经济欠发达县域的一个重要特征。

二是编制外隐形财政供养人员问题比较突出。调查中发现，财政供养人员，不论在经济欠发达的县域还是经济相对发达的地区，还有许多编制外的财政供养人员以及各种隐形的拿财政补贴的人员。这部分人员，全国缺乏统一的标准规范，人员数量、补贴支出等，各地也有明显差别。如协警、协管、临时聘用人员以及网格员、社区工作人员和村干部等。如济南市历城区共有 1 296 个普通网格和 2 600 个专属网格，网格员 2 600 人。城区的网格员平均每人每月 3 000 多元，费用由街道来承担，仅 2020 年这方面的支出就达 5 000 万元。另外，历城区还有 99 个社区，每个社区平均有 6 个工作人员，平均工资在 4 000—5 000 元不等，高的达 8 000 元。每年支出约 3 200 多万元。此外还有 266 个行政村，平均每个村有 5—6 人拿财政补贴，每人每月补贴 4 000—6 000 元不等，高的可达 8 000 元。每年村干部补贴接近 1 亿元。这就是说，历城区仅网格员、社区工作人员、村干部三个群体享受工资或财政补贴的人员约 4 657 人，快占到现有编制的少一半了，每年补贴的费用大约在 1.8 亿元。如果再加上协警、协管以及其他临时聘用人员，这个数目就更大了。

与历城区的补贴相比，眉县的补贴标准要低得多。调查发现，2020 年，全县 86 个行政村享受财政补贴的村干部共 544 名，发放补贴 108 万元，平均每人每月不到 200 元。2020 年，8 个街镇临时聘用的社区工作人员 108 人，其中社区专职工作人员 40 人，“两委”成员 68 人，共拨付工资待遇 317.41 万元，平均每人每月 2 938 元。其中村干部的补贴与历城区相比，相距甚远，几乎是象征性的。

甘肃省玉门市按照村干部工资每人每年 37 000 元发放，村党组织书记和村委会主任“一肩挑”的村干部按照每人每年 45 000 元标准发放，组工干部工资每年 11 000 元，村务监督委员会主任误工补贴按照每年 9 000 元。2015 年以来，共计安排村干部补贴和村、组、社区干部工资等支出共计 5 650 万元，公安辅警人员共计 1 890 万元。此外，临聘人员的工资全部由各单位从经费中支出。

通过以上比较可以发现，县域编制外享受财政补贴或者拿工资的人员结构大体是相同的，但发放标准由于受本地的财政实力的影响，其补贴的数额也有很大的差别。如济南历城区由于地方财政相对较好，补贴就比较高，而陕西眉县由于地方财力有限，补贴的数额相对较低。

改变上下一般粗、减轻国家财政负担的政策建议

虽然我国的财政供养队伍较为庞大，但迄今为止尚没有任何权威部门发布过我国财政供养人员总量的具体数据和支出费用。根据财政部网站上的往年数据进行加总计算，有的专家得出三个数据很值得我们关注：一是2012年我国公务人员的开支为30 737亿元，到2017年上升到54 509亿元，五年增幅高达77.5%；二是2012年我国公务人员支出占公共预算总支出的24.4%，到2017年上升到26.8%；三是2012年公务员人均支出水平为19.9万元，到2017年达到31.6万元，人均支出增幅达到58.8%。上述三个数据警示，我国的财政供养人员的支出在快速上升，对国家财政压力也越来越大。如何通过机构改革、管理层级和治理模式调整，降低行政成本，减轻财政负担，成为一个亟待解决的重要问题。

（1）在省级以下，坚决打破上下一般粗的机构设置惯性思维，开创新格局

降低行政成本，破解机构设置方面的上下一般粗问题可以从四个方面入手：一是中央对全国地级市、县域按照经济发展、人口规模等，进行科学分类，对不同类型的地市、县域的机构数量、编制进行总体控制，五年进行动态调整，并将之上升为法律。二是给地方政府在机构设置方面更大的自主决定权，严格限制中央和省级对地市、县域必设机构的数量。三是鼓励有条件的地方按照温州龙港市的“大部制、扁平化、低成本、高效率”和数字化以及行政改革双向驱动的模式推进机构改革，并从政策上给予鼓励。四是对人口和经济规模小的县域人大、政协的机构设置、人员编制、运作等进行探索，使其更加简约、有效。

（2）加快县域政府的数字化转型，推进扁平化的纵向结构优化

围绕扁平化管理，可以从以下三个方面推进：一是对那些经济发达、地域面积相对较少的县域和区，探索实行类似于温州龙港市的党政部门直接管理社区的模式，撤销街道办事处或镇的建制；也可以在一个县域实行纵向方面的不同治理模式，如设立乡镇等。在社区和行政村层面，在相近的地域若干个社区设立联合党委和政务服务中心，建立标准的政务服务机制，具体承担对本区域内社区的政务服务、社会治理等事项。二是要继续推进省直管县改革，除了少数情况比较特殊的县域之外，没有改为区的县域，一般应由省级直接管理，回归宪法规定的地方三级管理结构。这方面的改革，要充分考虑到政府数字化转型带来的支撑条件，以便更好地激发县域经济活力，加速乡村振兴。三是要把更多资源向县域和基层下沉。要合理分配省、市、县域三个层面上的治理资源，适当压缩省级党政机构的人员规模，将更多的人力、财力、物力资源向县域下沉，在政策上对长期在基层任职的公职人员给予倾斜。

（3）探索新的县域、基层治理模式，尽量减少财政供养人员的数量

财政负担重除了上面分析的财政供养的行政事业人员较多之外，还表现在编制之外拿财政工资或补贴的各类人员。从大的数目看，全国目前的专职网格员约有500万；根据民政2020年第二季度统计的数据，全国共有51.7万个行政村，11.1万个社区，如果按照每个行政村、社区平均拿财政补贴或工资的人员5人计算，总共有314万人；根据公安部2020年公布的数字，全国公安干警总数为480万人，如果除去有编制的200万人，协警的数量达到280万人；城市管理中的协管人员全国究竟有多少，很难找到统一的数据。国务院2015年发文明确要求协管不能

超过城管正式人员的数量。北京2010年公布的城管协管人员为5400人，武汉2009年公布的协管人数为4 300人。如此估算，全国的协管人数也不会少于150万人。上述情况说明，目前我国仅网格员、村干部、社区人员以及协警、协管，这些编制外财政供养人员就达到1 244万人，再加上在职的730万公务员和3 200万事业单位人员以及离退休的2 000万行政和事业单位人员，财政供养的人员总共高达7 174万人，全国总人口与财政供养人员比例达19.5:1。

解决财政供养人员过多的问题，可以从以下三方面进行：一是在51.7万个行政村和11.1万个社区层面，按照宪法规定的自治原则，实行基层自治。村干部的待遇原则上应由村级经济发展来支撑，不应该由国家财政保障。对于社区自治组织，可以通过社区第三方服务的方式，解决社区人员的待遇，国家财政也应该退出。在所有的行政村和社区，党组织不配备专职人员，实行兼职，不拿国家财政补贴，其待遇可通过村干部、社区主任等行政职务予以解决。二是对于500万网格员，一方面要打破政府部门在网格治理方面各自为政的局面，实行融合治理，减少专职网格员的数量；另一方面政府可以通过购买服务的方式，扩大兼职网格员的数量，改变目前由政府直接提供服务的方式，降低网格管理的成本。三是取消公安协警、城管协管这样的岗位，根据工作需要转为正式的公安干警和城管，国家通过增加编制予以解决，从根本上改变正式编制的不出力，不干活，一线执勤的多数是协警协管的局面。

（4）在县域、基层全面推行党政融合的治理模式

目前我国自上而下都是四套班子，机构臃肿、人浮于事多与此有关，因此，可以考虑在县域探索新的党政融合的治理模式，这样不仅可以提

高效率，而且还可以大大降低行政成本。具体思路：一是在县域、地级市管区、乡镇，探索党政一把手一肩挑的治理模式，在机构设置方面党委政府的机构全面融合，实行一套人马多个牌子，类似于当年广东顺德的实践。二是县、区人大常委会主任不再由书记兼任，由专人担任，强化县域人大的地位以及对党委提出的政府人员任命以及对政府工作的监督。三是在党管干部的原则下，县域全面推行领导干部差额选举和任命制。党政领导班子成员和党委提名的政府部门领导人的任命，实行差额制，给党代会、人代会以及人大以一定范围的选择权。

中国行政体制改革研究会“县域机构改革与降低行政成本研究”课题组

课题指导：魏礼群（国家行政学院原常务副院长、中国行政体制改革研究会创会会长）

本建议稿执笔：汪玉凯［中共中央党校（国家行政学院）教授、本课题组组长］

（原载《改革内参》2022年第24期）

见证中国电子政务的发展

（一）一次偶然的专家座谈会让我进入电子政务研究领域

1999 年中国启动政府上网年，可以说是电子政务的元年。在此之前的政府办公自动化只是政务信息化的起步阶段，没有对外服务的功能。而政府门户网站的建立，则完全改变了政务信息化的格局。此时，电子政务作为一个全新的概念也开始在社会上兴起。其间，有一件事促成我比较早地进入到这个全新的研究领域。

大概在 2000 年年初，中软国际公司曾在中软大厦组织召开了一次有关电子政务的专家座谈会。会议由中软国际总裁陈宇红主持，参会的人员除了少数 IT 技术的专家外，多数是公共管理领域的一些专家学者，如北京大学政府管理学院的谢庆奎教授、周志忍教授，中国人民大学的赵国俊教授，中国行政管理学会的张学栋等。我当时虽然在国家行政学院任教，但由于北京大学与国家行政学院通过两校合作办学，我已被北京大学聘为兼职教授，并在政府管理学院招收博士研究生。在此次座谈会上，专家们更多是从政府管理的角度对电子政务建设展开讨论。我在会上也谈了一些对电子政务的粗浅理解，并对未来中国电子政务的发展趋势等提出一些展望。不知是时势召唤还是兴趣使然，在这以后我便进入了在我的学术生涯中很陌生的领域，从打基础开始，展开了比较系统的有关电子政务的学习和理论研究。经过不到 1 年的学习钻研后，我开始在一些刊物上发表有关电子政务方面的论文。

2001 年国务院发展研究中心主办的《新经济导刊》发表了我的首篇电子政务论文——《我国电子政务的目标选择》，围绕我国电子政务的发展目标进行了一些探讨。紧接着又在另外的刊物上发表了 3 篇文章：由国务院办公厅主办的《信息化建设》2001 年第 12 期发表了《中国政府信息化与电子政府》；该刊 2001 年第 21 期又发表了《我国电子政务的公共管理目标》；由中编办主办的《中国机构》2001 年第 3 期发表了《电子政府：政府管理方式的一场深刻变革》。

如果说发表学术论文开启了我不断深化对电子政务的理性认知，那么，在全国性的电子政务起步阶段，通过大众媒体等阐述电子政务的理念和基本知识，更具传播意义。从 2002 年至 2004 年我先后接受了《人民日报》、《光明日报》、《经济日报》、《中国经济时报》、中央人民广播电台、《计算机世界》等主流媒体的专访，比较系统地阐述了我对电子政务的观点。其中有代表性的访谈包括：2002 年 12 月 14 日，《人民日报》的《火热的情怀，冷静的选择》，阐述了我对电子政务建设的一些重要思考，强调电子政务建设要立足于国情，政府要向企业学习，借鉴企业的信息化经验；2002 年 6 月 3 日，《中国经济时报》的《一哄而起，电子政务建设有过滥势头》；2002 年 9 月 4 日中央人民广播电台的《一小时对话》节目里，以《让政府门户网站活起来》为题，与主持人展开对话；2002 年 12 月 12 日《经济日报》的《发展中国电子政务应注意化繁为简》；2003 年 4 月 16 日，《光明日报》的《电子政务不可盲目建设》；2003 年 6 月 6

日,《人民日报》的《电子政务在中国：理顺关系，把握分寸》；2004 年 3 月 21 日,《科技日报》的《热点聚焦：电子签名如何立法？》；2004 年 12 月 3 日，在中央人民广播电台，以“政府信息公开条例可以带来什么”为题，与主持人展开对话；2005 年,《信息化建设》杂志的《电子政务需要“顶层设计”》；2006 年 1 月 8 日,《新京报》的《中国政府网：政府与公众互动的新平台》。这些访谈，不仅仅关注电子政务的理论研究，也关注电子政务在中国的实践和发展，特别对电子政务发展中暴露出的突出问题进行一些思考，尝试用电子政务的理论解决快速发展中遇到的难题。

光明日报
GUANGMING DAILY
信息化周刊 第54期
我国电子政务二〇〇四年新趋势
国际合作推动中国软件产业
唐骏出任盛大总裁
“勇气”号掀起 IT
大连海事大学的“智能心脏”
思科一山容百

2004 年 2 月 11 日,《光明日报》刊出预测电子政务发展趋势的文章

光明日报 2007年12月23日 星期日

2008年电子政务发展展望

汪玉凯

互联网论坛

文化也一定要全球化吗

2007 年 12 月 23 日，《光明日报》刊出预测电子政务发展趋势的文章

（二）主编出版国内第一本电子政务培训教材

进入电子政务研究领域的最初几年，也正是中国电子政务起步的关键时间段。那个时候，对于 700 多万党政官员、3 000 多万事业单位人员而言，绝大多数人对电子政务应该说还很陌生，也了解甚少，因此，加快电子政务知识的普及，让更多的公职人员了解这方面的知识就显得尤为重要。为此，我联络人事部高级公务员培训中心、中国人民大学等单位的专家学者，依托中软股份电子政务中心，组织编写了电子政务培训教材。由我与中国人民大学赵国俊教授共同担任主编，于 2002 年 4 月由北京中软电子出版社出版了国内第一本有关电子政务

方面的著作——《电子政务基础》。参与该书编写和审核的有对外贸易经济合作部国际电子商务合作司司长王新培、人事部中国高级公务员培训中心杨新义、中软股份电子政务中心李明浩等。该书共分为7章，包括：政府信息化与电子政务；国外电子政务发展状况；电子政务的应用；电子政务的技术基础；电子政务的管理基础；电子政务的规划与实施；电子政务的系统安全管理。该书比较系统地介绍了有关电子政务的基础知识，共发行了1万册，对早期传播电子政务方面的知识，起到了一定的推动作用。

2002年8月，我又受约担任了由信息产业部计算机技术培训中心组织编写的《电子政务基础知识读本》的主编。该书是“中国电子政务系列丛书”中的一本，由电子工业出版社出版，编写规格也很高。系列丛书的编委会主任由全国政协副主席王文元担任，副主任包括李勇、陈肇雄、怀进鹏等。本丛书共分为上中下3篇：上篇为基础篇，包括《电子政务基础知识读本》《电子政务行政与社会管理》《电子政务使用技术读本》；中篇为建设篇，包括《电子政务建设的规划与实施》《电子政务信息共享管理》《电子政务安全互操作》；下篇为实务篇，包括《中央政府的电子政务实务》《地方政府的电子政务实务》。参与由我主编的《电子政务基础知识读本》的人员是来自国务院发展研究中心、中国行政管理学会、国家行政学院等单位的专家学者。该书的主要内容是从公共管理角度介绍电子政务的相关知识。书中比较详细地介绍和分析了经济全球化对政府管理的影响及电子政务发展的必然趋势；中国电子政务发展历程、现状及其存在的问题；国外电子政务发展的现状及趋势；电子政务的相关概念、范畴；电子政务发展对政府管理所产生的影响；电子政务与传统政务的差异；中国电子政务建设的指导思想、目标、原则、未来发展战略；中国电子政务发展的风险、信息安全等。本书共发行了1.8万多册，在传播电子政务知识特别是党政公务人员培训的方面，发挥了一定作用。

2002年4月出版的国内第一本电子政务教材

2002年8月出版的电子政务教材

2006年7月，国家行政学院出版社出版了我的电子政务专著《电子政务在中国——理念、战略与过程》一书。这本书收录了我从进入电子政务研究领域后发表的论文、访谈等，进一步扩大了影响。

2006年国家行政学院出版社出版的电子政务专著

2010年5月，国家行政学院出版社出版了由我与成都发改委信息研究院李金兆共同主编的《中国电子政府：模式与选择》一书。该书实际上是我承担了成都市经济信息中心一个研究课题的最终研究成果，该书以成都市发展电子政

2010年5月国家行政学院出版社出版

务的时间为基础，比较系统地研究了中国电子政府发展的模式及其路径选择，带有理论探讨和实践运作的双重目标。本书明确提出电子政务发展的数字化和智能化的趋势，研究电子政府的推进理念和实现方法，探索具有中国特色的电子政府发展之路。参与本书写作的除了成都市经济信息中心的专业人员外，更多的是我在北京大学政府管理学院和大连理工大学管理学院带的博士研究生团队，包括杜治洲、张勇进、唐志、樊健康、刘芳、商维庆、梁荣等。

在研究电子政务的同时，我的学术视野得到进一步拓展。原因很简单，研究电子政务离不开对互联网发展的关注，换句话说，如果没有互联网技术的发展就不可能有电子政务。

因此，只有对互联网本身的发展有深入研究，才能进一步提升电子政务的研究水平和能力。2012年11月，由我与高新民共同主编的《互联网发展战略》一书由学习出版社出版发行。该书是“十二五”国家重点出版项目——“国家发展战略研究丛书”中的一本。该丛书编委会顾问包括王梦奎、高尚全、张卓元等国内学界大家，由中国（海南）改革发展研究院院长迟福林任主编。与我合作的另一位主编高新民，系中国互联网协会副理事长、国家信息化专家咨询委员会委员。参与本书编写的成员包括信息领域和公共管理领域一些知名专家，如时任北京邮电大学校长的方滨兴院士、后来评为院士的清华

2012年11月学习出版社与海南出版社联合出版

大学吴建平教授、清华大学公共管理学院的孟庆国教授、中国信息通信研究院总工程师余晓辉研究员、中国科学院毛伟研究员、国家行政学院的祁述裕教授、中国社会科学院的汪向东和姜奇平研究员以及国家信息中心的于施洋研究员、北京航空航天大学的杜治洲教授等。

（三）为地方政府制定电子政务发展规划，提出了“低成本、集约化、见实效”的电子政务建设思路

在从事电子政务理论研究的同时，我也开始参与一些电子政务的实践。记得2002年年初，山西电信为太原杏花岭区政府作了一个电子政务方案，大概因太技术化使这个方案的制定遇到了一些困难。就在此时，我在中国行政管理学会的一位朋友对我说，太原有一个电子政务规划项目需要完善，山西方面希望我能够参与其中，把这个方案做好。其实我对电子政务的实践并没有多少经验，只是从公共管理视角对电子政务作了一些理论研究而已。不过山西的项目，使我有了一个学习的机会，于是我就欣然答应。记得山西那位前来约请我的女士不仅十分热情，而且要求很紧迫，她包了一辆专车，把我接到太原，使我快速投入紧张的工作之中。经过与山西电信的一段时间的合作之后，我们终于顺利完成了该项目规划，我也将我对电子政务研究的一些心得和理解，充分反映在这个方案中了。通过这个方案的制定，使我看到了一个基本的认识，这

就是电子政务是一个知识密集、必须多学科协作的领域，需要培养更多复合型人才。以往我们的文理工科分得很细，这是必要的，但是面对电子政务这样的系统工程，单靠某一领域的专业人才是很难完成的，只有既懂技术又深入了解公共管理业务，才能把电子政务规划好、实施好。

继山西项目之后，我先后又主持过两个城市的电子政务总体方案的制定。一个是 2003 年为辽宁省盘锦市制定的电子政务总体规划，另一个是 2005 年为贵阳市制定的“十一五”电子政务发展规划。特别是贵阳市“十一五”电子政务发展规划，即使现在看来，也还有一定的特色。第一，规划突出了电子政务必须与政府管理创新相结合，强调重塑政府业务流程的重要性和紧迫性，并对贵阳市各部门重塑业务流程作出具体部署。第二，规划明确提出了贵阳市电子政务顶层设计的思路和方案。第三，对行政审批事项，明确提出要在按照《行政许可法》对现行审批事项进行清理的基础上，按照大集中的思路进行建设，设立电子政务协同推进组织。第四，突出信息资源的整合、业务协同和信息安全保障。第五，确立实施电子政务建设的方针，即加强领导，分级负责，统一标准，整合资源，突出应用，强化服务，政府启动，市场运作，稳步推进，分段实施等。第六，在制度保障方面，贵阳市要建立包括《政务资源共享管理办法》在内的十项制度规范。

在为地方政府制定电子政务发展规划的过程中，结合我参与国务院电子政务示范工程的一些实践，我逐步形成了对中国电子政务发展思路的看法，这就是我后来在多篇文章中所阐述的中国电子政务建设必须遵循“低成本、集约化、见实效”的建设思路，并逐步被业界所认同。所谓低成本，就是指中国电子政务发展不能贪大求洋，一定要坚持低成本切入，只要能满足电子政务需求即可，决不能动不动就要上最先进的设备。所谓集约化，就是电子政务建设一定要防止各自为政、多头投入，对于基础网络设施、应用平台、业务平台、数据共享交换平台等必须统一规划、统一标准、统一建设，各单位的业务应用系统，可以自行开发，但要纳入政府的统一规划中，最终要在政府的统一平台上对接。所谓见实效，是指政府在电子政务建设中要最大限度地防止出现失败的系统，在统一规划下，一个系统一个系统建设，不要以政府领导人更替而轻易改变规划，这样经过不断努力，添砖加瓦，就可使电子政务建设真正取得成效，提高政府的管理和服务能力，满足公众的需求。中国电子政务后来的发展实践，在一定意义上也证明了我的上述思路是经得起检验的。

（四）进入国务院办公厅组织实施的“电子政务示范工程”总体专家组

就在中国电子政务稳健起步的关键时刻，科技部启动了国家“十五”重大科技专项——电子政务试点示范工程。该工程于 2002 年 8 月经科技部批准，由国务院办公厅和科技部共同组织实施。经过各方面 3 年的艰苦努力，于 2005 年 6 月顺利完成。作为一项国家级的示范应用工程，该项目的跨地区、跨部门幅度之大，涉及的应用范围之广，是以往的重大科技示范项目少有的。

电子政务试点示范工程是我国电子政务建设中的一项重大应用工程。共包括 23 个子课题。除了综合性、专题性研究如电子政务战略研究、电子政务地理信息系统等外，还涉及中央和地方16个试点示范单位。中央包括国务院办公厅、发展和改革委、国资委、商务部、劳动与社会保障部、科技部以及国家税务总局、工商总局、海关总署；地方政府包括北京、上海、浙江、深圳、青岛、四川绵阳、广东南海等。国务院副秘书长徐绍史、科技部副部长马颂德亲自担任示范工程领导小组的正副组长，并设立了由国务院办公厅与科技部高技术司共同组建的办公室。参与办公室的领导及工作的人员主要有国务院办公厅的段国华、王吉军、胡佳、尹智刚，科技部的李武强、武平、任静滨等。示范工程组建了总体专家组，组长由时任北京航空航天大学副校长、国家863计算机首席专家的怀进鹏担任，成员除了我还有：大连理工大学管理学院教授王延章、上海交通大学信息学院院长李建华、中国科学院研究员冯登国、北京市委市政府信息中心主任王元京、中国科学院软件所研究员刘澎、原总后勤部信息化专家何义大、解放军少将和信息安全专家袁文恭。

在历时3年的工作中，总体组召开了许多会议，不断研究解决示范工程进展中遇到的各种技术问题，同时也开展了一系列重要的软课题研究。在此过程中，大连理工大学的王延章教授，还通过学校聘任我为学院兼职教授，并允许我在大连理工大学管理学院招收博士研究生，后来我在那里招收的博士研究生中，北京电子科技学院的刘芳，最后通过了博士论文的答辩，顺利拿到了博士学位。

根据总体专家组的分工，我承担了“中国电子政务法律法规环境研究”课题，配合总体组组长怀进鹏教授，担任“中国电子政务发展战略研究”课题组副组长，开展相应的研究工作。

在我主导的“中国电子政务法律法规环境研究”课题中，参与研究的成员包括中国政法大学的郎佩娟、北京大学政府管理学院的博士生杜治洲以及中央国家机关政府采购中心的汪雁等。最终形成的研究报告主要包括五个部分，即国外电子政务法律法规环境、中国电子政务运行的法律环境、《行政许可法》与我国网上行政审批系统的建设、电子政务示范单位法律法规建设的情况、完善我国电子政务法律体系的若干建议。在最终建议中，报告强调电子政务法律环境建设关键要解决好三个关键性问题：一是电子政务立法的模式选择问题；二是电子政务建设的阶段性和电子政务立法阶段性相协调的问题；三是应当考虑电子政务立法的法律层级问题，即对于某一方面的事项是制定法律还是制定行政法规或者部门规章的问题。在具体立法建议中，对未来我国电子政务的法律、法规和规章的相关立法和修订都提出了一系列具体建议。从后来的实践看，研究报告中提出的《电子政务安全法》《政府信息公开条例》《政府数据信息资源管理条例》等的立法建议以及修订《中华人民共和国科学技术进步法》《中华人民共和国保守国家秘密法》《中华人民共和国刑法》等，都具有一定前瞻性。该研究报告的主要内容被收入 2005 年发布的《中国电子政务发展报告》一书中。应该说，不管是“中国电子政务发展战略研究”还是“中国电子政务法律法规环境研究”，都既是示范工程的重要研究成果，也成为示范工程的实施支撑。

在实践方面，示范工程自 2002 年 8 月正式启动以来，得到了有关方面的极大关注和密切配合。温家宝总理和陈至立国务委员分别到研发现场听取汇报，视察工程进展，对工程给予积极评价并作出明确指示。示范工程总体专家组也多次赴地方和中央相关部委进行调研，经过几年的努力，工程建设和研究、开发等都取得了可喜成果。现在回想起来，示范工程所发挥的作用可以概括为五个方面。

1. 安全和应用支撑平台在试点示范单位成功部署。两个平台的研制、建设和部署是试点示范工程的重点，也是最主要的成果之一。13 家副省级以上试点示范单位都能够较好地遵循国务院办公厅提出的总体思路，成功地部署了两个平台，从而形成一个完整统一的体系，为政府专网信任体系的建设奠定了基础。目前，国办已基于两个平台，成功加载了公文管理、公文办理、档案管理、督查管理、会议活动管理、政务信息管理等 6 个新业务系统和值班信息管理等老业务系统，实现了业务系统在可信网络环境下的安全运行。发展改革委的投资项目监测系统、科技部的内网网站、国资委的国有重点企业信息共享系统、浙江省的决策分析系统、青岛市的金宏办公系统等应用也已完成基于平台的加载工作，运行效果良好。

2. 重点推进了应用系统和信息资源建设。各试点示范单位遵循“以需求为导向、以应用促发展”的原则，高度重视关键技术的工程化实现，突出应用实效，在不同领域推进重大应用：

——公共监管和服务系统初见成效，对促进政府职能转变、依法行政和方便人民群众具有重要意义。工商总局的经济户口与企业信用分类监管系统实现了总局与地方局之间的网络互联和数据共享，降低了违法企业跨地域注册的可能性，提升了工商部门的执法力度和效率。深圳市的行政许可电子监察系统通过对业务流程和工作人员的实时监控管理，实现了与单位和个人的绩效考核相挂钩，显著提高了政府办事效率，提升了服务质量，系统的使用得到了中央纪委有关领导同志的充分肯定。

——宏观决策服务系统取得积极成果，为政府的科学民主决策提供了有力支持。国办的空间辅助决策系统2004年暑期为国务院领导提供汛情信息服务，共出刊66期，近1 000份。系统开通后，国务院领导同志办公室给予了很高评价并提出了重要的建议。国资委的国有重点企业信息共享系统，为国务院和国资委领导了解国有重点企业生产经营情况及发展趋势，掌握国有重点企业和国有经济发展状况，指导国有企业资产监督和管理发挥了积极作用。税务总局的税收宏观辅助决策系统在税收经济专家和计算机专家的高效协作、具体指导下，借助数据挖掘和统计计量工具，建立了一批先进、实用的税收宏观经济分析模型，并已在税收宏观经济分析系统中得以实现，为定量分析税收与经济的关系提供了有效手段。

——内部办公系统整合成效明显，对提高行政效率、促进政务公开和公务员自身建设具有重要意义。商务部研究建立了统一应用整合框架，实现了工作流、物流、信息流的整合和统一管理，突破了物理公文和电子公文难以融合的局限，解决了物理公文电子化管理问题，实现了部内现有政务应用系统的整合和一站式服务。海关总署的电子公文传输、信息采编发、公文处理、督办、档案、会议、值班等10个核心政务办公应用，当时已在总署机关及全国9家海关单位应用，每天近2万用户使用，日均处理事务7.2万件，公文传递速度由3天降为3分钟。系统的应用使海关系统管理能力、决策能力、应急处理能力以及工作质量和效率显著提高。北京市的领导办公服务系统根据领导的工作需要和分工、负责的领域，对资源进行有针对性的整合配置，并在此基础上为市委、市政府80多位领导提供个性化办公服务，为领导日常办公、管理和决策提供了及时、准确、全面的信息服务，显著提高了政府决策能力和行政办公效率。

——一批信息资源库得以形成，并不断充实。工商总局的经济户口数据库在课题执行期间，共清理、补录了企业数据590万条，注（吊）销企业数据100多万条。科技部的科技档案数据库有超过40G的各类档案数据。其他试点示范单位也积累了大量的信息资源。为提高政府监管水平、促进科学民主决策提供了有力支撑，为进一步的信息共享奠定了坚实基础。

3. 积极应用国产软硬件，有效带动相关产业发展。示范工程充分发挥政府机关、科研单位、大专院校以及民营高科技企业的优势，强强联合，开展有效的协同攻关。参与项目研制建设的单位100余家，许多国内企事业单位在参与试点示范工程期间，开发研制出一系列相关电子政务产品，满足了政府需求，开拓了市场空间，提升了自主研发能力。项目中应用了大量国产的关键技术产品，特别是大规模使用具有自主知识产权的软件和信息安全关键技术和产品。突破很多国际上的关键技术，摆脱了受制于人、受控于人的局面。科技部基于国产NC建立的科技档案查询检索系统采用了大量我国自主技术，从CPU到操作系统均为自主技术产品。

通过关键技术的产品化和产品的产业化推广应用，促进了国内自主知识产权的软件、信息安全产业以及我国信息服务体系的建设与发展，增强了企业的市场开拓与竞争能力，带动了一批国内软件公司、系统集成商、网络集成商、内容服务提供商、互联网服务提供商的蓬勃发展，促进了我国信息产业的整体发展，也带动了九洲国际软件园、深圳软件园等一批高科技产业园区的壮大，推动了一批专业孵化器建设，取得了显著的产业化成果。

4. 为国家电子政务相关工程的实施奠定了基础，积累了经验。在参与试点示范的单位中，有些还分别承担着相应的国家电子政务重点工程，这些部门都将试点示范工程课题与承担的重点工程有机结合，特别是将两个平台的标准和开发的应用系统纳入到各自工程的总体方案中。劳动保障部取得的成果为“金保工程”中的劳动和社会保险应用系统，该系统进一步采用基于密码技术的网络信任服务体系，奠定了技术和实践的基础，同时也为包括就业服务和社会保险在内的劳动保障领域的各项业务开展积累了宝贵经验。发改委的《投资项目管理系统指标体系和数据交换规范》已应用到其牵头的、有 8 个部门参加的“金宏工程”中。广东省利用南海在课题中建立的信息安全基础设施和电子政务应用支撑平台作为广东省外网和互联网唯一的电子政务认证平台，以提高和推动全省政务业务和信息安全融合程度。

5. 试点示范工程产生了广泛的社会影响和积极的社会效益。首先，促进和深化了政府、公众和企业对电子政务的理性认知，明晰了一些相关的概念，为进一步的理论研究奠定良好的基础；其次，促进了政府职能和业务流程的系统化梳理以及业务管理的科学化；然后，安全和应用支撑平台的研制和建设，使人们对电子政务的安全理念、管理与技术体系有了较系统的认识；此外，工程的实施动员和引领了社会力量推进电子政务，促进了电子商务的发展和社会经济的全面信息化。

在电子政务刚刚在全国起步的时刻，示范工程在电子政务建设中某些关键环节上所进行的探索，是很有意义的。比如，当时我国电子政务建设中遇到的普遍难点是，部门各自为政，分散建设；需要互联互通的时候，不能互联互通；资源共享程度低，重复建设；电子政务的使用效率低等。针对电子政务建设中这些带有共性的难点问题，示范工程主要从以下几个方面进行了有益的尝试和探索。

1. 运用顶层设计的思想理念，建立统一的电子政务架构。电子政务示范工程的一个突出特点就是，各参加示范的单位，不能各行其是，必须在统一的电子政务总体规划、框架下进行。在电子政务应用示范项目启动的过程中，电子政务示范领导小组根据该项目的特点，决定由信息技术、系统工程、行政管理等多方面的专家组成总体专家组，承担电子政务示范工程的总体方案的制定。这个方案的核心思想，实际上就是提出了“依托一个公共体系，构建两个支撑平台，重点推进三种类型的应用”，从而达到提升政府管理、服务能力的目的。所谓“依托一个公共体系”，是指遵循国家统一的技术标准和业务规范体系，依托国家电子政务的统一的网络框架，建立目录服务系统、域名管理系统等；所谓“建设两个支撑平台”，是指通过建设可信的安全服务平台和业务支撑平台，为电子政务的应用提供保障；所谓“重点推进三种类型的应用”，就是按照参与示范单位的不同情况，将电子政务的应用分为三种主要类型，即上层重点推进决策支持、应急指挥等；部门之间主要是推进网上协同办公，并联审批；在相对基层的政府如四川绵阳、南海等政府，主要推动利用网络为公众提供便捷的各种服务。与此同时，总体方案还规定了所有参与示范单位的组织实施策略等，如政府主导、技术支持，规范管理，注重培训等。

应该说，在2002年全国性电子政务建设刚刚起步的背景下，尽管国家还没有提出顶层设计的明确主张，电子政务统一规划、统一建设的思想还没有被更多的人所接受，但示范工程从开始的起步到后来的实施，整体上贯穿的顶层设计思想、理念是十分清楚的。正因为有这样的指导思想，在电子政务示范工程的实施过程中，建设统一、可信的电子政务安全支撑平台和应用支撑平台，就成为构建统一电子政务的核心，也是直接关系到此次应用示范工程是否成功的关键。尽管当时提供的这两个平台，在应用的加载方面，由于时间等原因，还有待进一步加强，但是这样的探索以及所取得的效果，在一定程度上反映了电子政务建设的某些内在规律和价值，这对我国电子政务建设无疑具有重要的实践意义和指导意义。

2. 应用牵引，整合部门内部的业务流程，推进政府的管理创新，提高政府的管理能力和服务能力。在电子政务示范工程中，能不能突出应用，如何推动电子政务各类应用系统的构建，不仅会影响到政府管理活动的过程，而且也反映着政府管理创新的动力。在这方面，参与示范的单位在三个方面进行了有益的探索。

一是重视系统建设中业务流程的整合，使政务与技术有机地融合。这突出地体现在重视应用系统开发和行政业务流程梳理的结合，加强业务规范和技术标准的研究，提升电子政务的应用效能；通过管理组织创新，打破业务部门条块信息资源的封闭和分割，解决中央垂直管理的部门与地方政府之间“条块对接”问题，实现资源的共享；将部门领导、业务人员和技术人员三者紧密结合，政务人员深度参与，保证应用系统更加符合业务需求；加强电子政务制度建设，建立长效机制，保障电子政务健康发展；建立统一高效的技术服务的支撑体系，降低电子政务的建设和运营成本等。

二是通过电子政务的流程化应用集成，提高资源共享的程度。在这方面各试点示范单位都进行了有益的探索，也积累了一些新的经验。如国务院办公厅、商务部、海关总署和北京市、青岛市等示范单位，普遍新建或完善了电子公文办理、流转交换、督查督办、政务信息、值班会议等管理系统；有些示范单位如深圳市和绵阳市分别建设了覆盖全市各部门、各区（县）的网上公文交换与流转系统、电子邮件管理系统等。这些应用系统有力地推进了政务公开，提高了行政效率，加强了公务员自身建设。在信息资源的开发利用方面，以国办为核心的政府专网网站初步建成，发改委的投资项目数据库、科技部的科技档案数据库、海关总署的业务数据库、工商总局的经济户口数据库等均积累了大量的信息资源。这些数据集成，不仅为社会经济监管和科学民主决策提供有力的支撑，也为进一步实现协同办公和信息共享奠定坚实的基础。

三是通过完善政府门户网站，构建网上审批和服务系统，提高政府公共服务能力。电子政务的核心理念，是要运用现代信息网络技术，改善政府的公共服务方式，为公众提供便捷、优质的政府服务。因此，在电子政务的应用方面，突出对社会、公众的服务，提高政府的公共服务能力，就成为整个示范工程最重要的组成部分。在这方面，各个参与示范的部门，都进行了大胆的尝试和探索。如劳动保障部构建的网上公共职业介绍应用系统，工商总局构建的企业信息采集、传输、处理系统，上海市的社会劳保卡系统，绵阳市建设的行政服务网上申报并联审批系统，深圳市的市民中心等，都集中了便民服务的理念和价值，充分发挥网络、系统在公共服务中的作用和功能，受到了广泛赞扬。特别是深圳市政府的市民中心，通过统一的窗口服务，完成了由“集中办公”向

“联网办公”、“串联审批”向“并联审批”、“分散监管”向“系统监管”的重大转变。这些应用当时均已初见成效，对促进政府职能转变、依法行政和方便公众等政府自身建设具有重要意义。

3. 积极探索符合中国国情的电子政务建设模式。中国的电子政务建设应该走什么样的道路，坚持什么样的模式，这是一个必须高度重视并需要认真探索的重要课题。如果我们的电子政务建设不注意总结这方面的经验，就可能走很大的弯路，付出巨大的成本。在这方面，电子政务示范工程负有重要的使命，力求能在这方面总结出一些对其他地方的建设有重要借鉴的经验，真正发挥示范的作用。

在电子政务建设中，以青岛市等为代表的示范单位，在电子政务的建设模式，以及解决“条块分割”等方面，取得了重要突破，他们提供的经验，当时已经引起了各方面的重视。青岛市在电子政务建设模式方面的最大贡献，就是确立了“四统一分”的建设思路，即全市党政机关统一规划、统一机构、统一网络、统一软件，分级管理。这就从根本上杜绝了各自为政、重复建设的可能性，也比较容易实现互联互通和资源共享。据测算，这种建设模式，已节省部门一次性投资 5 000 多万元，每年还可节省管理维护费 500 多万元。随着应用范围的不断扩大，形成的节约效益将更为显著，要是全国 300 多个地级市，都以这种模式建设电子政务，按每个城市节约 1 000 万元计算，可直接节省投资 30 多亿元。而作为西部地区唯一参加示范的绵阳市，也在电子政务建设中的资金多元投入方面进行了有益的尝试。为解决建设资金不足，绵阳市信息办和信息中心与本地信息技术企业相结合，共同建设电子政务系统，并以较低的建设成本，为全国其他中小城市的电子政务建设，开辟了一条具有推广应用价值的道路。

4. 通过科技攻关，解决了电子政务应用中的一些共性关键技术。在电子政务建设中，除了要关注电子与政务的融合，重视业务应用的逻辑抽象等政务层面上的问题外，还有一个十分重要的问题，就是要重视解决电子政务应用系统开发中的关键技术。为此，各参与单位，结合自身的实际和项目的特点，对一些关键技术进行了攻关和研究。比如围绕两个平台的研制，解决的关键技术就有：通过制定文件交换标准和业务流程管理规范，利用条码技术和流程管理技术实现跨应用的文件电子流和物流的集成和文档一体化；采用统一目录服务、统一门户技术，通过标准接口与两个平台集成，建立资源目录体系，实现可信授权、鉴权的单点登录以及个性化界面定制和资源配置；采用 Web 服务技术和制定 XML 元数据标准，在两个平台上实现了跨网络支持多种媒体格式的可信信息交换；利用支持多种形式终端设备的消息中间件技术，实现了对移动办公的支持；利用数据仓库的数据挖掘和模型分析技术，建立宏观管理的分析模型等。通过这些关键技术研究和系统开发应用，不仅培养锻炼了队伍，而且对提升电子政务技术实现水平，也发挥了重要作用。

在示范实践中，总体组也对未来我国电子政务建设提出了一些政策建议。这些建议包括：一是把电子政务建设的推进战略放在政府改革战略的大格局中思考问题，实行管理导向型的推进策略，而不是技术导向型的策略，最大限度地规避体制风险；二是在地方党政机构，必须坚持电子政务一体化的整体推进方针，实现“一体化的基础建设，多元化的业务应用”，最大限度地实现资源共享，避免因重复建设、各自为政有可能带来的巨大浪费和潜在风险，一体化推进，必须在一体化的电子政务建设的组织框架下来实现；三是重新界定电子政务网络结构的边界、范围乃至名称，尽快改变当时网络结构、名称较为混乱的状况，避免网络政策的模糊和不确定性，对电子政务基础设施建设造成不必要障碍；四是各级政府，特别是国务院要加快建设统一门户网站的步伐，尽快改变当时门户网站分散的局面；五是高度重视电子政务环境建设，特别是电子政务的法律制度环境的建设。

从后来我国电子政务发展的实践看，无论是示范工程所作的一些探索，还是提出的一些重要建议，都在一定意义上对后来我国电子政务健康发展起到重要的作用。

（五）进入国家信息化专家咨询委员会

2001 年 8 月，为了加强对信息化工作的领导，中央决定成立国家信息化领导小组，由朱镕基总理担任组长，同时决定组建国家信息化专家咨询委员会，与国务院信息化工作办公室共同为国家信息化领导小组服务。

国家信息化专家咨询委员会是国家信息化领导小组的决策咨询机构。国家信息化专家咨询委员会的宗旨是：增进国家信息化战略决策的科学化和民主化，积极有效地推动国家信息化发展进程。其主要职责包括：按照国家信息化领导小组要求，就提交国家信息化领导小组审议的重要文件进行会前咨询评议；负责组织有关专家，接受国家信息化领导小组的咨询，就我国信息化发展中的重大问题提出建议；根据国务院信息化工作办公室委托，对国家信息化发展战略、政策和规划提出意见和建议；对国内国际信息化问题进行跟踪和超前性研究；积极促进中外专家和咨询机构间的交流，开展信息化国际合作研究。

第一届专家委于 2002 年 2 月成立，首批聘请了 38 名委员，后增补 6 名委员，共 44 名委员。由时任国务院信息化工作办公室副主任刘鹤担任主任，副主任有吴敬琏、周宏仁、何德全，任期 2 年。内设 3 个专业委员会，分别为政策规划专委会、推广应用专委会、网络与信息安全专委会。

第二届专家委于 2004 年 3 月成立，聘请了 48 名委员，由时任国务院信息化工作办公室副主任曲维枝担任主任，副主任有周宏仁（常务）、吴敬琏、何德全，任期 2 年。内设的 3 个专业委员会与上届相同。

第三届专家委于 2006 年 4 月成立，聘请了来自各个方面，专业覆盖经济、社会、技术、公共管理、法律等领域的 55 名委员。由时任国务院信息化工作办公室副主任曲维枝担任主任，副主任有周宏仁（常务）、吴敬琏、何德全、邬贺铨，任期 3 年。内设 4 个专家委员会，分别为政策规划专委会、电子政务与信息化应用专委会、网络与信息安全专委会、技术与产业专委会。

第四届专家委于 2010 年 1 月成立，聘请了来自各个方面，专业覆盖经济、技术、公共管理、法律等领域的 60 名委员和 5 名特邀委员，任期 3 年。内设 4 个专家委员会，分别为政策规划与电子政务专委会、两化融合与信息化推进专委会、信息技术与新兴产业专委会、网络与信息安全专委会。

2008 年 8 月出席在天津召开的国家信息化专家咨询委员会暑期工作会议
前排左起：李国杰院士、吴敬琏副主任、周宏仁副主任、曲维枝主任、杨学山副部长；前排右起：邬贺铨院士、何德全院士；后排左起第六位：汪玉凯

专家委秘书处是国家互联网信息办公室直属参公管理事业单位。专家委委员由有关部门推荐，经国家信息化领导小组批准，由国家信息化领导小组颁发聘书。

我是从 2006 年 4 月成立的第三届专家委开始进入这个机构的，所有专家根据每人的研究领域与特长，划分到一个专委会。第三届专家委任职期间我在电子政务和信息化应用专委会。第四届专家委任职期间我在政策规划与电子政务专委会。

第四届国家信息化专家咨询委员会名单

主任：

奚国华（工业和信息化部副部长）

副主任：

周宏仁（常务） 吴敬琏 邬贺铨（院士） 何德全（院士） 杨国勋

委员：

云晓春　方　向　方　瑜　方滨兴（院士）毛　伟　王　力　王长胜　王安耕　王金平　宁家骏　龙　全　乔　阳

刘　鹤　刘小英　刘希俭　刘海涛　刘韵洁（院士）曲维枝　朱　炎　朱森第　吴　澄（院士）吴建平（院士）吴建会　张尧学（院士）

李　明　李　强　李伍峰　李国杰　李晋奇　李德毅（院士）杜　链　杜百川　杨海成　汪玉凯　沈昌祥（院士）苏金生

邹　生　陈　静　陈国青（院士）陈清泰　周子学　周汉华　郑京平　郑敏政　赵　林　饶克勤　郭　为　高世楫

高新民　曹淑敏　程　旭　董友梅　谢子明　蔡吉人（院士）戴定一

特邀委员：

张复良　怀进鹏（院士）杨伟民　陈肇雄　胡启恒（院士）

第四届专家委的成员，包括后来成为中共中央政治局委员的刘鹤，以及何德全、胡启恒、邬贺铨、蔡吉人、李国杰等13名院士。

2010年1月，第四届国家信息化专家咨询委员会成立时，在中南海，张德江副总理颁发聘书

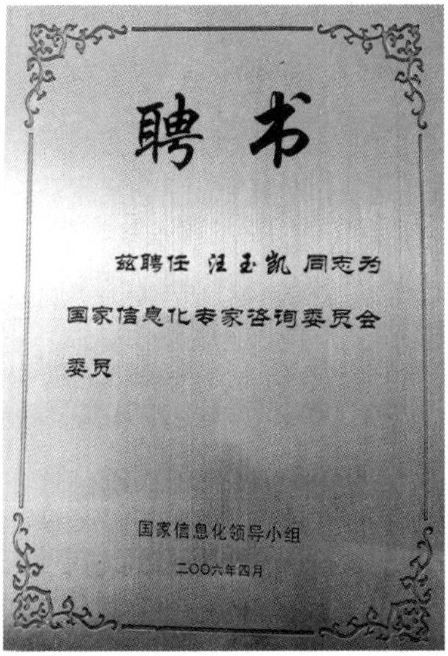

2006 年第三届信息化专家咨询委员会聘书

从 2006 年 4 月进入国家信息化专家咨询委员会后，我参与了许多专家委组织的各类咨询和学术活动。其中最令我难忘的是 2010 年 1 月第四届专家委组建后在国务院的一次会议。这次会议是温家宝总理委托张德江副总理听取专家委的工作汇报，并由张德江副总理亲自为每一位新入选的专家委委员颁发聘书。出席会议的领导除了张德江副总理外，还有时任工业和信息化部部长李毅中等。其中张复良特邀委员在汇报中的一席话，震撼了在场的许多人。他发言的主题是有关国家信息领域关键技术受制于人的话题，并结合他几十年的工作经历，谈了他对这个重大问题的一些看法。他说，他在电子信息领域工作了 60 多年，现在是一个 80 多岁的老人，他觉得自己一生有三大遗憾：一是中国到目前为止还没有形成自主可控的计算机技术体系；二是也没有形成自主可控的软件技术体系；三是没有形成自主可控的微电子技术体系。他认为，在这三大技术方面，我们长期跟在美国屁股后面亦步亦趋学美国，而俄罗斯在这三个方面总体比我们要落后一些，但是他们基本自主可控，不太受美国人的控制。因此，他向张德江副总理建议，要像当年毛泽东、周恩来时代实验原子弹那样，组织国家梯队，攻克信息技术领域受制于人的技术，否则，国家安全都难以保障。张复良老人发言很激动，说到关键时候还流下了眼泪。其实，当时还没有发生斯诺登事件，中美更没有发生贸易战，现在回想起来，当年张老的发言还是非常有先见之明的，令人难以忘怀。

（六）两次主持“国家信息化管理体制机制研究”课题，提出由党和国家最高领导人担任信息化领导小组组长的建议

2008 年 3 月，国务院信息化工作办公室在全国“两会”期间出台的机构改革方案中被撤销，其职能并入新组建的工业和信息化部，保留了国家信息化领导小组和国家信息化专家咨询委员会。这样一来，国家信息化的领导组织架构就发生了比较大的变化。本来，国家信息化领导小组是信息化的最高决策机构，专家咨询委员会是咨询机构，而国务院信息化工作办公室则是一个办事机构，在国家信息化工作格局中扮演重要角色，大量事情都需要这个机构来组织和协调，比如国家信息化领导小组召集会议的主题的选择、筹备等。这个机构被撤销后，虽然业务并入工信部，但主要由内设的信息化推进司来负责，其协调能力和力度都受到比较大的限制，特别是对电子政务的影响更加直接。为了加强对国家信息化组织领导体制的研究，2009 年国家信息化专家咨询委员会设立了一个软课题——“大部制背景下国家信息化领导体制机制研究”，并由我与高新民担任课题组长，具体由我组织实施。课题组的成员主要包括我在北京大学政府管理学院在读或者毕业的几位博士研究生：吴昊 、于施洋、樊健康、张勇进。经过近 1 年的工作，最后形成了一个研究报告，并提出了推进当时信息化体制机制的 8 点建议。其主要内容有：

第一排左二起：邬贺铨院士、何德全院士、周宏仁主任、奚国华副部长、曲维枝副部长、吴敬琏副主任、胡启恒院士；第二排右二起：李国杰院士、汪玉凯委员、吴建平院士、方滨兴院士

第一，要树立国家信息化发展战略的权威性，以此作为我们推进信息化的目标和依据。

国家信息化发展战略站在国家战略高度，把信息化作为覆盖现代化建设全局的战略举措。它评估信息化发展的全球趋势和我国信息化的发展现状，明确国家信息化发展的指导思想和战略目标，进一步提出国家信息化发展的战略重点和行动计划。国家信息化发展战略是指导国家信息化发展的纲领性文件，在全国贯彻实施国家信息化发展战略的大检查；随着形势的发展，需要进一步修订、完善信息化发展战略。

第二，强化国家信息化领导小组的权威性，保证国家信息化领导小组对国家信息化发展重大问题的决策的科学性、及时性。切实加强领导，凡涉及信息化的重大政策和事项要经国家信息化领导小组审定。领导小组下设办公室，办公室设在工业和信息化部，办公室主任由工业和信息化部部长担任。办公室负责承担领导小组的日常工作，提出信息化推进的政策建议，督查落实领导小组的议定事项，承办领导小组交办的有关事宜。每年要围绕信息化发展的全局性问题，召开一次会议，对相关问题作出决策和部署。

左起依次为：汪玉凯、周宏仁、刘希俭、曲维枝、奚国华、胡启恒

为了加强国家信息化领导小组对我国信息化全局的领导，也可以考虑进一步健全完善领导小组内的组织。可以考虑在国家信息化领导小组下面设立若干虚拟的工作小组，与一些政府部门的职能相结合，这样就可以有效加强对信息化领导小组领导和决策的针对性。如信息化与工业化融合推进小组（挂靠工信部）、行政体制改革与政府管理创新小组（挂靠中编办）、中央部委和地方政府信息化协调小组（挂靠中办和国办）、公共服务创新推进小组（挂靠发改委）、国家信息安全管理协调小

组（挂靠公安部），这些依托部门的工作小组分别负责领导小组闭会期间的日常工作。其中，中央部委和地方政府信息化协调小组负责中央和地方条条块块之间在信息化管理事权上的界定。

2010 年与工信部副部长、国家信息化专家咨询委员会主任奚国华在吉林市

第三，要更好地发挥国家信息化专家决策咨询委员会的作用。国家信息化专家咨询决策委员会汇聚了信息化各个领域的专家，研究国内外先进信息技术和信息化发展方向，为国家信息化领导小组和国家信息化领导小组办公室提供各类决策咨询服务。国家信息化专家咨询委员会要结合国家信息化发展的实际，为国家信息化领导小组提供会议议题的参考性意见，并为重要议题进行调查研究，提供相关的对策建议。国家信息化专家咨询委员会的工作还可以更实一些，在当时的体制机制下，国家信息化专家咨询委员会可以直接为信息化领导小组提出领导小组会议的主题，在战略性、全局性、政策性的信息化建设和布局方面发挥更大作用。

2010年与国务院原信息办副主任曲维枝在吉林市

第四，在工业和信息化部加挂国务院信息化工作办公室的牌子。根据工业和信息化部定职能、定机构、定编制的“三定”方案，工信部担负着管理通信业、指导推进信息化建设、协调维护国家信息安全等方面的职责。工业和信息化部要按照国家信息化领导小组对重大问题作出的决策和部署，负责具体实施。这种实施，既包括国务院行政系统，还包括党中央的党务系统、全国的人大和政协系统、军队系统等。很显然，工信部作为国务院的一个职能部门，很难承担起这样的责任。与此相联系，2008年机构改革中，只是明确国务院信息化工作办公室的职能划转到工信部，并没有取消。因此，比照中央成立的高层议事协调机构——国家能源委员会，并将该委员会的办公机构设在国家能源局，我们建议，可以考虑在不增加编制的情况下，恢复国务院信息化工作办公室的牌子，加挂在工信部，并将信息化推进司作为其日常的办事机构。工信部部长兼任信息办主任，中办、国办以及发改委、财政部、公安部等部门的领导兼任副主任。这样会有利于从全局推进我国的信息化工作。此项工作的操作，建议由中编办具体出面协调解决。

2010年与胡启恒院士在吉林市

第五，建立信息化部门联席会议加强跨部门协调。在决策、咨询、管理、执行、监督五个环节中，当时最薄弱的环节之一，就是缺乏部门之间的有效协调。在国务院信息办撤销以后，这个问题更加突出。一种解决的思路，就是通过国家信息化领导小组授权，由工信部具体承担起在中央层面上信息化相关问题的协调工作，行使信息化的跨部门协调权力。具体方式，可以考虑由工信部与发改委、财政部等相关部门之间，建立固定的协商机制。从而保证国家信息化投资立项、财政资金投入的合理性和有效性。另一种思路，就是在信息化领导小组下面设立信息化部际联席会议制度。成员包括：中办、国办、发改委、财政部、工信部、公安部、科技部、国家保密办等部门，其中中办、国办、发改委、财政部、工信部、公安部为常任单位，牵头单位可以定期轮流。在此下面可以分设电子政务部际联席小组、电子商务部际联席小组、信息安全部际联席小组、信息产业部际联席小组、信息监管部际联席小组、技术创新和产学研联席小组等。

第六，加强对信息化投资项目的审计和监督。按照《国家建设项目审计准则》，由国家审计署相关部门对项目的活动用科学的方法和程序进行审核检查，包括项目的文件记录、管理方法和程序、预算和支出情况以及项目完成情况等，判断其是否合法、合理和有效。同时，建立相关的责任追究制度。要在政府机构调整中，注意将信息化的管理机构与监督机构职能分离，使二者之间既相互协调，又相互制约。

前排左起：吴建平院士、汪玉凯委员、李国杰院士

第七，可以考虑设立政府部门的首席信息官制度。建立政府部门CIO制度。在国家信息化管理协调体系中设立CIO委员会，作为信息化推进的常态协调机制。由国务院信息化领导小组办公室进行CIO认证，并决定在部分信息化依赖程度很大、有大项目的中央部门、各省市信息化主管机构、部分国有大型企业设置CIO领导岗位，负责各单位信息化规划、重大项目实施、信息安全等。

第八，地方信息化推进体制机制建议。在省级以及以下地方行政改革过程中，要选好机构的名称，向“经济和信息化委员会”的方向靠近。因为“经济”的含义比“工业”大得多，“委员会”比“厅或局”负责的面宽得多，特别是“委员会”是综合部门，“厅、局”是行业部门，不仅在地方机构中排位相差很远，而且工作职责的覆盖面也相差很大。争取保留地方“信息化领导小组办公室”。原来设置的地方信息化领导小组办公室多数是虚设机构，与信息产业厅两块牌子，一套人马，还有的地方没有信息产业厅，只有信息化领导小组办公室，改革中不增加实体机构，应该争取保留。规范地方信息化推进联席会议制度。在常设机构降格，虚设机构难保的情况下，规范和理顺信息化推进的联席会议制度，不失为一个现实的选择。由地方信息化推进部门牵头，形成整体推进信息化的组织和机制，对地方信息化的共性问题，由牵头部门通过联席会议的方式协调解决。

应该说，这些建议现在看来尽管有一定的合理性和可行性，但在大部制改革刚刚结束的环境下，很难有比较大的改革举措。

为了解决信息化管理体制特别是电子政务管理方面出现的问题，确保电子政务能够健康顺利地推进，在党的十八大前夕，国家信息化专家委员会再次设立了有关信息化管理体制机制的课题。这次设立的课题名为“关于完善国家信息化管理体制机制研究”，2010 年年初立项。作为国家信息化专家咨询委员会的年度重点课题，专家委对本课题极为重视，除确定我担任课题组组长之外，还确定由专家委常务副主任周宏仁、国家信息化专家委原主任、国务院信息办副主任曲维枝、国家信息中心原主任高新民担任顾问，另有国家信息化专家委的两位委员王长胜、周子学参与研究。课题组成员主要包括：国家信息中心的于施洋、杨道林，国家行政学院电子政务中心的江原富、丁艺、唐建武，北京大学政府管理学院的张勇进等。课题组经过半年多的紧张工作，形成了初步研究报告。2012 年 8 月，国家信息化专家委在贵州的黄果树举办暑期工作会议，我作为课题组组长也参加了本次会议。在会议期间我向与会的国家信息化专家委及各专业委员会的领导介绍了本课题的研究思路、研究方法以及给中央的初步建议稿，引起了与会专家和领导的热烈讨论。这个建议稿的核心内容其实简单说就两条：一是请国家最高领导人出面担任国家信息化领导小组组长，这样就可以解决长期困扰我们的有关信息化跨部门的协调问题。特别是中央层面的党政军等的协调问题。二是重新组建国家信息化工作办公室，作为新的国家信息化领导小组的办事机构，这个办事机构不要放在国务院，而是类似于中央编制委员会办公室那样，实行双跨，即既是党中央的机构，也是国务院的机构，这就使其有比较大的协调能力。

因为这两条建议都事关重大，在黄果树会议上难以形成共识和定论。会议结束返京后，课题组根据专家委暑期工作会议提出的意见抓紧对课题进行了修改完善，并形成一份完整的有关完善国家信息化管理体制机制的研究报告，并作为结项成果上报国家信息化专家咨询委员会。专家委收到课题组的报告后，在专家委主任、工信部副部长奚国华的主持下，由专家委常务副主任周宏仁领衔，对报告进行了多次讨论，并在课题组提交的研究报告基础上，重新以专家委的名义起草了给中央的建议稿。

2012 年党的十八大后，专家委将此建议稿报送中央，受到主要领导人的重视，并作出重要批示，直至后来组建了以习近平同志为组长、李克强、刘云山为副组长的中央网络安全与信息化领导小组，并在中央新闻办设立了中央网络安全与信息化领导小组办公室，与国家互联网办公室一套人马两块牌子。至此，中央层面的国家信息化管理体制机制的整体架构已经确立。在第一次中央网络安全与信息化领导小组会议上，习近平总书记讲话中提出的没有网络安全就没有国家安全、中国要由网络大国走向网络强国、没有信息化就没有现代化等判断，对后来包括政务信息化在内的整个国家信息化进程产生了重要影响。

在我主持国家信息化管理体制研究课题的前前后后，与许多信息化专家委的许多权威专家都有过不少的交流，尤其是与国家信息化专家咨询委员会副主任吴敬琏，私下交流就更多。吴老，思维敏捷，看问题直指要害，他作为我国经济改革领域的领军学者，不仅对经济问题有很深的造诣，而且对政府方面问题的思考也很深入，因此，不管是经济领域

2012 年 8 月在贵州黄果树参加专家委暑期工作会议期间与吴敬琏合影

的体制机制问题，还是信息化领域的体制机制问题，往往都和政府有关，在这点上，我们是有高度共识的。我也很庆幸，能在信息化这个平台上与吴老长期相处，令我受益匪浅。

现在回过头来看，当初课题组提出的大的建议方向应该说是被中央采纳的，如最高领导人出任信息化小组组长，设立“双跨”的信息化办事机构等，但中央最终的决策与我们的建议是有很大差别的。比如，这个小组直接归属党中央系列，而不是国务院系列；办事机构没有单独设立，而是放在国务院新闻办公室（中央新闻办），这样的机构设置对其运作必然会产生重大影响。

需要说明的是，在课题组提出的改革方案中，除了领导小组——办事机构模式外，还提出两种备选方案：一是组建国家信息化委员会，作为国务院的一个组成部门，以此提升信息化的地位；二是将信息化的职能从工业和信息化部剥离出来，整合到发改委，组建国家信息化与改革发展委员会，并在下面设置相应的信息化与网络安全办公室。当然我们建议的第一备选方案，还是信息化领导小组——信息化与网络安全办公室——信息化专家咨询委员会管理模式。

为了准确地记载这段历史，有必要将课题组报送给国家信息化专家咨询委员会有关调整国家信息化管理体制机制的具体建议附后，供未来研究这一问题的研究者参考。

1.明确总体思路

国家信息化管理体制机制的改革，要与信息化的时代特征和战略定位相适应。总的来看，信息化管理体制机制，要从实现覆盖现代化建设全局的角度思考问题，抓住顶层统一管理这个关键环节，在中央层面设置专门的信息化管理职能部门和协调部门，理顺国家信息化管理的重大关系，减少分散、交叉、重复管理，实现信息化的战略性、连续性、整体性管理，有效应对信息时代的挑战。

具体而言，完善我国信息化管理体制，要按照有进有退（体制设计中要明确哪些是需要强化政府管理的领域，哪些是政府要逐步退出而只起引导作用的领域）、有统有分（体制设计中要明确哪些是需要中央集中统筹管理的领域，哪些是要中央和地方及主管部门分工协作管理的领域）、有主有次（体制机制设计要有重点，先解决主要问题）的原则，重点解决顶层无人管、跨部门协同难、条块分割严重三大问题，实现“四个有利于”，即一要有利于中央信息化决策的执行和监督；二要有利于国家信息化统筹规划，中央部门和各地方一盘棋；三要有利于中央和地方信息化协调沟通；四要有利于形成信息化和信息产业良性互动、工业化和信息化相互融合的局面等。

2. 完善管理体制

根据上述思路，完善我国信息化管理体制的总体方案是：我国信息化实行“统一领导、统筹协调、分级负责”的管理体制，即在国家信息化领导小组统一领导下，由国家层面的信息化管理机构进行统筹协调，中央和省（部）两级负责。

（1）进一步加强国家信息化领导小组的职责，提升国家层面信息化的领导力。为了加强国家信息化的领导工作，中央在 2001 年成立了由朱镕基总理担任组长的国家信息化领导小组，中央和国务院的主要部门领导人，都是这个小组的成员。2003 年后，国家信息化领导小组组长一直由温家宝总理担任。国家信息化领导小组，担负着制定国家信息化战略以及推进电子政务、网络建设、信息安全等一系列重大决策使命，在整个信息化管理体制中发挥着重要的领导作用。

随着信息化重要性、全局性地位的凸显，未来在中央决策层面，要继续加强国家信息化领导小组的领导。按照国际社会的通常做法，国家信息化领导小组组长一般由国家的最高领导人担任。因此，由党的总书记担任新一届国家信息化领导小组组长，国务院总理担任副组长，也许更有利于从战略层面统筹协调党政军等全局性的信息化工作。

国家信息化领导小组，作为国家信息化顶层领导机构，其主要职责是，研究制定国家信息化发展战略，提出重大战略举措，通过战略决策统筹信息化全局，横跨党政军各个方面，指导国家信息化发展，加强国家层面信息化的领导力。

（2）成立国家信息化委员会，提高信息化的综合管理和协调能力。工信部是政府的职能部门，不具备协调党委、人大、政协等各方的权威性。信息化建设涉及党政军和社会各领域，除国家信息化领导小组外，迫切需要建立一个顶层管理协调机构，在国家信息化领导小组的领导下，统筹协调推进全国信息化发展工作。这个管理协调机构应当具备两大特征：一是具有足够的权威性和综合性，能够总体管理协调和统筹推进信息化各方面的工作；二是具有战略性，能够站在全局高度规划国家信息化发展蓝图，提出科学的发展思路，制定合理的发展目标，确定主要任务和重点工程，出台行之有效的政策措施。为此，我们建议，在中央层面组建国家信息化委员会，作为国务院具有综合管理协调功能的组成部门，在国家信息化领导小组的领导下，形成完整的国家信息化管理体系。

国家信息化委员会要在充分发挥市场机制的基础上，从政策层面加强对信息化各个关键环节的有效管理，如电信基础设施、信息产业、互联网内容、信息网络安全、两化融合、三网融合、国家信息化项目、信息技术创新、互联网IP地址和域名登记等。信息产业之所以要从工业管理部门中独立出来，交由国家信息化委员会来管理，在于信息产业作为一个先导性的关键产业，信息技术作为第三次工业革命的技术基础，其成败决定我国整个信息时代产业的成败。重点突破信息产业核心技术和共性关键技术，逐步形成国家可控、相对完整的信息产业体系，是我国成为信息时代新强国的重大战略举措。只有采取这样特殊的战略措施，才有可能主要依靠自己的力量，打好信息技术的翻身仗，真正壮大我国的信息产业。

国家信息化委员会的组建，将涉及多个部门管理权限的调整，虽有一定的难度，但我们必须痛下这个决心，否则我们真有可能失去信息化最关键的战略机遇，甚至犯历史性错误。要通过合并中央部委现有分散的信息化管理职责，使之相对集中。其中主要涉及工信部、国家发改委、国办、科技部、国务院互联网信息办公室、广电总局、科技部、商务部、公安部、保密局、中科院、中编办等部门。

在国家信息化委员会内设机构中，设立电子政务司，专门管理全国政务部门信息化，并与省级地方的机构相对接。

为了提高信息化管理的有效性和科学性，建议组建国家信息化工作的支撑机构——国家信息化研究院。通过整合改造现有信息化研究机构，使之承担起国家信息化工作的支撑功能。

备选方案一：成立隶属中央、跨党政的国家信息化与信息安全办公室。

如果组建国家信息化委员会的方案不能付诸实施，可以选择第二种改革方案，即在国家信息化领导小组下面，组建国家信息化与信息安全办公室。该机构应该是国家信息化领导小组的常设办事协调机构，在国家信息化领导小组的领导下负责统筹协调推进全国信息化工作。国家信息化与信息安全办公室的主要职责是：负责全国信息化统筹协调管理工作，指导、协调、督促信息化投资、信息化基础设施保障和产业主管部门及其他相关部门涉及信息化的管理工作。

国家信息化与信息安全办公室下设国家电子政务办公室，负责全过程管理中央和地方电子政务建设，强化政府职责。

国家信息化与信息安全办公室隶属党中央，加挂国务院信息化办公室的牌子。由于信息化、特别是电子政务是跨党政系统的，因此，信息化工作办公室应该既是党中央的机构，又是国务院的机构，管理上可以列入中共中央机构序列。考虑到中央办公厅、国务院办公厅是党中央、国务院的综合办事机构，在中央、国家机关和地方党委、政府的整体工作体系中，起着承上启下、联系左右的中枢作用，建议在国家信息化领导小组的统一领导之下，由中央办公厅、国务院办公厅牵头组建，但组建后应该独立运作，类似于目前中编办工作性质。

为了提高信息化管理的有效性和科学性，建议组建国家信息化工作的支撑机构——国家信息化研究院。通过整合改造现有信息化研究机构，使之承担起国家信息化工作的支撑功能。

备选方案二：将信息化整体职能从工业与信息化部中剥离出来，放在国家发改委，将国家发改委更名为国家发展与信息化委员会，并将国家信息化领导小组的办事机构——国家信息化办公室的牌子，设在国家发展与信息化委员会。其整合的思路，可以参照第一种方案中有关加强信息化顶层管理的方案进行。同时要组建国家信息化研究院，作为信息化工作的支撑。

3.关于改革方案的选择

在上述三种改革方案中，我们认为第一种改革方案最理想，应该成为我们的首选，也是上策。之所以如此，原因有三：一是国家信息化领导小组——国家信息化委员会的管理体系，从整体上解决了信息化的领导能力薄弱问题，为信息化作为覆盖现代化全局的重大战略举措的落实，提供了体制和机制保障。二是通过组建国家信息化委员会，可以从政策和规划层面大大提高信息化的整体协调能力和整体推进能力，解决长期困扰信息化的协调难、各自为政的问题。特别对整体推进电子政务十分有利，扭转信息化碎片化管理的格局。三是通过组建国家信息化委员会，有利于提高国家信息产业的市场化水平，有利于集国家之力，打好信息技术的翻身仗，把市场的作用和国家的意志有机结合起来，从根本上改变目前我国信息化领域的核心技术受制于人的被动局面。

当然，如果在国家信息化领导小组下面组建国家信息化委员会难以实施，我们认为，第一种备选方案，即在国家信息化领导小组下设立跨党政军的国家信息化和信息安全办公室，也是一种不错的选择。这种选择，从表面上看，似乎又回到了2008年以前的状态，其实不然。第一，2008年以前的国务院信息化工作办公室是隶属国务院的，而备选方案一的国家信息化与信息安全办公室，是双跨的，既属于中央，又属于国务院，而且从组织上隶属党中央后，其协调统筹能力将更强，也与由党的总书记担任国家信息化领导小组组长相对应，工作更加顺畅。第二，组建国家信息化与信息安全办公室，体现国家把信息安全放在了更加突出的地位。第三，在国家信息化领导小组领导下的国家信息化与信息安全办公室，只要工作机制得当，同样能够担当起对信息化工作的协调和推动的职责。基于以上分析，我们认为，在2013年的机构调整中，组建隶属于党中央、跨党政的国家信息化与信息安全办公室，是加强国家信息化工作领导的重要选项，虽然不及组建国家信息化委员会的力度大，但也是一项重要的改革，必将对未来我国信息化的发展产生重要影响。

对于备选方案二，即将国家信息化管理职能从目前的工信部整体转移出来，放在国家发改委，主要考虑有三：一是这种方案，是在前两种方案都被否定的基础上的一种无奈选择，其本身并不是我们认为比较理想的方案。二是考虑到发改委是我国部委中最具权威的综合协调部门，因此，如果能够把信息化的管理协调职能放在发改委，并将发改委更名为国家发展与信息化委员会的话，也在一定意义上等于加强了信息化的综合协调职能。三是由于国家把改革的职能放在国家发改委后，引起社会的一些质疑，我们认为把发改委中有关改革的职能整体从发改委转移出来比较合适，所以将发改委更名为发展与信息化委员会，也体现了国家宏观上对发展规划以及信息化的高度重视，并以此，对目前的发改委的职能重新进行鉴定，使其的整体运转发生重大变化。

（七）提出“让信息多跑路，让群众少跑腿”，力主推进行政审批局改革

在亲历中国电子政务的发展过程中，除了理论研究、参与各种有关信息化特别是电子政务方面的论坛外，在电子政务建设的实践中参与各类项目的咨询，也是我十分重要的一个领域。其中有三件亲身经历的事情，值得记述下来。

第一件事，在参与湖北巴东县的“村民办事不出村”项目中，我提出了“让信息多跑路，群众少跑腿”，后来流行全国。大概在 2012 年 10 月，时任湖北巴东县委书记陈行甲在北京举办过一次聚餐会，通过朋友约请了一些专家及相关人员聊天，为巴东发展建言献策。约请我的朋友告知，陈行甲毕业于清华大学，获得公共管理硕士，是湖北最年轻而且有改革意识的县委书记，很想干一番事业。记得那次聚会是在王府井附近一个餐厅，大概来了有七八个人，其中有好几位从事社会扶贫以及信息化方面的官员和专家。席间，这位年轻的书记告诉大家，他从湖北一个经济发达县的县长调任来到湖北最贫困的巴东县做县委书记，希望大家能够围绕脱贫等出主意想办法。陈行甲介绍了巴东的情况后，大家围绕他提出的话题各抒己见。我当时提出，可以针对巴东山大沟深、交通不便，老百姓在政府办事难的问题，构建一套村民办事不出村应用系统，为百姓办好事，而社会扶贫委办公室的荻森明确说，如果要实施信息化扶贫，他可以申请捐助计算机、打印机等设备。这个想法得到了陈行甲书记的认可，并初步决定，由我组织中国（海南）改革发展研究院政府改革研究中心（我担任该研究中心主任）的团队承担方案的制定和设计，

由国家社会扶贫创新协作办公室的荻森负责筹措相关的信息化扶贫设备以及相关软件的开发和实施。就这样，一个全新的村民办事不出村的信息化扶贫项目在巴东落地。

2013年年初，我带领的团队赴巴东调研，让我对巴东的贫困、特别是老百姓出行、在政府办事的困难有了亲身感受。巴东地处湖北西部边界，县域面积3 354平方公里，南北最大纵距400公里，号称“八百里巴东”，境内大巴山、武陵山、巫山三山盘踞，长江、清江“两江分割”，山高坡陡路远，最偏远的金果坪乡距县城单程长达200公里，农民到县乡办事极为不便。村民经常为办一个证、盖一个章、签一个字而往返折腾数次，走数十里上百里路，花数百元钱，跑“冤枉路”，花“冤枉钱”。

2012年湖北巴东村民办事不出村系统上线时，汪玉凯与陈行甲在现场
左一：汪玉凯；右二：陈行甲

在调研中，我注意到中组部的党员教育网一直延伸到行政村，而且多数行政村都有大学生村官。我建议方案组在设计方案时，充分利用这两种资源，在这个网上跑老百姓的办事项目，让大学生村官具体操作，负责收件、传递等具体事务。这两个建议都得到了陈行甲书记的认可。在调研期间，巴东县还举办过一次研讨会，我在会上针对巴东的实际状况，提出了“让信息多跑路，让群众少跑腿”的观点，得到大家的认可。

经过几个月的紧张工作，“村民办事不出村”的方案设计和软件开发都如期完成，按照方案要求，这个项目的实施需要县政府相关部门、乡镇政府向村里授权，才能落地。为此，陈行甲在县里进行了广泛的动员，改革力度很大，县乡两级政府将许多与老百姓密切相关的办理事项通过授权的方式，下放到村和乡镇办理。首批共开通 125 个行政村，可以办理 50 多项事项。记得 2012 年 4 月在第一个行政村上线时，还举行了隆重的上线典礼，由我和陈行甲书记共同剪彩。

后来，主管宣传工作的中央政治局常委刘云山到湖北恩施考察，发

在中央电视台《焦点访谈》节目中谈“村民办事不出村”

现了巴东“村民办事不出村”项目，要求新华社等主流媒体进行宣传报道，中央电视台还在《新闻联播》中报道了巴东村民办事不出村的做法，于是，“让信息多跑路，让群众少跑腿”就在全国逐步流传开来了。

第二件事，在中兴通讯启动银川智慧城市项目时，我和银川市领导座谈的时候，力主用改革精神推动信息化，深化行政审批制度改革，设立行政审批局。2014 年，中兴通讯与银川市签订合作协议，共同推动银川市智慧城市建设，并在银川组建了智慧城市研究院，为银川市编制智慧城市规划方案。在此期间，中兴通讯的有关领导希望我能与银川市领导座谈一次，讲一讲我对智慧城市建设的一些看法和思路，供他们参考。那些年来，我作为电子政务研究者，与国内一些大的 IT 企业和互联网公司都有一些合作，中兴通讯就是合作比较多的一家公司。于是我欣然答应，赴银川与市领导有过一次比较深入的座谈和讨论。主导银川市智慧城市建设的分管领导是副市长郭柏春。这位年轻的副市长曾长期在金融投资领域工作，到银川市任职后分管智慧城市建设等方面的工作，有比较强的改革进取意识。我在座谈会上，除了介绍国内其他地方智慧城市建设的一般做法外，我特别提出，银川整体信息化水平比较薄弱，也可以说是一张白纸，只要用改革的思维推进智慧城市建设，把便民服务放在重要位置，大刀阔斧地推进行政审批制度改革，就能见到实效，获得老百姓的支持。我的一些建议，得到郭市长的认同。后来，中兴通讯为银川市设计了“三个一”的智慧城市整体架构，受到了国内各方面高度关注。特别是一张图的方案，就是将党政部门的电子政务建设纳入一张图的解决方案，整体谋划，设立了银川市行政审批服务局（政务服务中心）作为市政府的工作部门，将包括发改委在内的 26 个部门的行政审批职能、153项审批事项划入行政审批服务局，实现了过去由53个印章管审批到一个印章管到底的转变。作为省会城市，银川市的改革在社会上产生了很大反响，也得到了公众的认可。2016年2月2日，国务院总理李克强到银川进行考察，他对银川市行政审批“一个窗口、一枚公章”的改革做法予以肯定。他说，要以群众是否满意、市场主体办事是否便利、社会创造力是否得到激发为标准，切实做到简政放权到位、放管结合到位、优化服务到位。

第三件事，江苏盱眙——全国首家县级行政审批局改革。如果说银川是全国第一个省会城市实行审批局的城市，那么，江苏可以说是全国第一个县级行政审批局改革的典范了。盱眙的这项改革是中央编办抓的县级行政审批局改革试点，也是江苏省委、省政府的重大改革项目。在项目启动时，大约在2013年，我受江苏省编办的邀请，赴盱眙进行调研，并与省、县相关领导进行座谈和研讨，在此基础上，我作为专家组组长，主持了方案编制的启动工作。项目实施完成后，我再次赴盱眙，在省编办、县级领导的参与下，仍然由我作为专家组组长，主持了项目验收工作。盱眙行政审批制度改革的最大亮点有三：一是通过改革，将区域内分散在不同部门的审批权，全部集中划转到这一新部门实施，实现了“一枚公章管审批”。二是搭建“互联网+政务服务”的高效平台、共享平台，让审批在阳光下运行。三是积极构建现代基层政府治理新模式。推动县域治理体系和治理能力的现代化、便民化。

2020年5月，在全国一体化政务服务平台上线一周年之际，国务院办公厅约我写了一篇有关全国一体化政务服务平台的文章，由新华社刊发。其后，在国务院办公厅电子政务办公室召开的“十四五”数字政府规划专家座谈会上，我再一次谈了对未来中国数字政府发展的建议，并提供了一份对完善一体化政务服务平台的书面建议文稿。

我在建议稿中充分肯定了一体化政务服务平台建成和试运行后取得的成就。我概括了四点：

第一，一体化政务服务平台的建成和运行，为建设人民满意的服务型政府奠定了坚实的基础。一体化平台初步构建了七个支撑系统，即统一门户服务、统一身份认证、统一电子证照、统一服务事项、统一投诉建议、统一好差评价以及统一搜索服务。在这一框架下，截至 2019 年年底，全国一体化政务服务平台已经与 31 个省区市及新疆生产建设兵团和 40 余个国务院部门连接，形成了覆盖省、市、县（区）三级的互联平台，服务功能延伸到乡镇、街道、村落社区的服务网，初步实现 300 余万项政务服务事项和一大批高频热点服务应用的标准化服务。这对建设一个人民满意的服务型政府，改善政府形象，提升政府的公共治理能力提供了强大的支撑。

第二，一体化政务服务平台的建成和运行，改善了政务服务的整体格局。传统的政务服务，对企业和老百姓而言是并不陌生的，“门难进、脸难看、事难办”是社会上的流行说法。而全国一体化政务服务平台的建成和运行，颠覆了各自为政的传统政务服务模式。目前，在一体化平台上，企业、老百姓不仅可以在当地办事越来越方便，有些地方还可以通过全国政务服务平台这个总枢纽，实现跨区域、跨部门、跨层级更大范围的网上办理。这对政务服务的供给而言应该是一种历史性的变革，也可以说是政府提供产品的一场深刻革命。

第三，一体化政务服务平台的运行，促进了营商环境的改善。这两年中国营商环境便利度的国际排名大幅上升。个中原因很多，其中基于全国一体化政务服务平台的“互联网＋政务服务”的普遍推行，无疑功不可没。如浙江的“最多跑一次”，江苏的“不见面审批”，广东佛山、长春的“一门式服务、线上线下融合”等，极大地丰富了一网通办的内容，所有这些对改善营商环境，发挥了重要作用。

第四，一体化政务服务平台的建成和运行，也为提高行政效能、降低行政成本开辟了新路径。提高政府治理效能，降低行政成本，是政府公共管理永恒的话题。在这方面我国同样面临诸多问题。全国一体化政务服务平台的建成和运行，为提高行政效能、降低行政成本开辟新路径。一方面通过全国一体化政务服务平台整合不同层级、部门的公共服务，通过流程再造和服务模式创新重塑政府职能，克服以往各自为阵、分散独立带来的问题，优化办事流程，提高服务效能；另一方面，通过一体化政务平台的上下左右的互联互通，推进政府公共服务模式的变革，实现更深层次、更大范围的一网通办，可以减少机构和人员，降低政务服务的成本。

在充分肯定全国一体化政务服务平台建设运行中取得的成就的同时，我也指出了暴露出来的主要问题：

第一，政务数据中心的重复建设比较突出。政务大数据中心是信息时代政府部门日常运转的重要基础设施，也是一体化政务平台的重要支撑。特别在5G、人工智能、大数据等在政府治理中不断深化应用的趋势下，更是如此。但从政务数据中心建设的实际情况来看，出现了明显的重复建设、投资浪费、产能过剩等问题。据调查，全国31个省、市、自治区中，全部都在建设政务大数据中心，当时多数已经建成。其中24个设计为单一的政务大数据中心。从投资模式来看，已基本建成的省级政务大数据中心，多数由政府直接投资。许多地级市，甚至一些县区，也在大手笔上马政务大数据中心项目。当前，中央的新基建布局把数据中心仍作为数字化新基建的重要组成部分，我们以为，在对以往政务数据中心建设存在重复建设等问题没有得到很好解决的前提下，如果继续按照原来的思路和模式上马更多的政务数据中心，就会面临新的风险，也会极大地增加政府在这方面的投入，导致一体化政务服务平台运行成本的上升。

其实，政务大数据中心的重复建设问题只是问题的一个方面，整个数据中心建设规划可能都存在这方面的问题。资料显示，截至 2020 年 3 月底，环京数据中心机柜 17.35 万台，在建机柜 32.55 万台，规划机柜 27.62 万台，共计 77.52 万台。从实际应用情况看，一线大城市，机柜上架率相对较高，大体在 50% 左右，而三四线城市上架率多在 10%—20%，资源浪费问题十分突出。政务大数据中心建设导致行政成本上升的另一个重要因素就是耗能惊人。尽管政务大数据中心的能耗还难以精准计算，但整个数据中心的耗能是有精确统计的。资料显示，2018 年全国数据中心总耗电量 1 500 亿千瓦时，达到了社会总用电量的 2%，专家们测算，照此下去，到 2025 年占比将超过一倍，达到 4.05%。而三峡 2017 年的总发电量只有 976.05 亿千瓦时。一个可以参照的指标是，2020 年 2 月 28 日，美国《科学》杂志发表了一篇《全球数据中心能源使用在需求快速增长下仍然放缓》的论文，该研究计算出 2010 年至 2018 年间，全球数据中心需求增长了 550%，而数据中心能源使用仅增长了 6%。比照我国目前的耗能状况，明显太高，应引起有关方面注意。

第二，互联网政务服务模式缺乏规范性，导致行政成本过高。导致一体化政务服务平台建设运行成本过高的另一个突出问题，就是服务模式缺乏规范性，各种不同服务模式之间差异较大。全国一体化政务服务平台构建的七个支撑系统是这一平台能够在全国运行的重要条件。但要降低政务服务成本，还必须在规范服务模式方面做文章。在政务服务的具体实现形式方面，各地有许多创造，也产生了很好的社会效果，得到了民众的认可，如“一口办理”“最多跑一次”“不见面审批”“一网通办”等。但在提供服务的后台系统以及投入的人力、物力、财力等有很大差异，从而直接影响政务服务的成本。目前全国的 4 300 多个县级以上的政务服务中心的运行成本，还没有比较准确的数据，不过，我们通过对吉林省、长春市两个政务服务中心服务模式的解剖分析，可以验证这方面存在的问题。

2015 年 1 月 4 日，吉林省政府政务大厅新址启用，政务大厅新址整体建筑面积 2.4 万平方米，根据行政审批及公共服务事项关联性，将大厅内部划分成 11 个功能区，集中办理中直、省直 42 个部门除涉密及特殊要求外的所有行政审批等与企业和群众密切相关的公共服务事项，共设办事窗口 157 个，办事人员 200 多名。

2017 年 4 月，长春市对政务服务中心的服务模式进行了改革，由“单位窗口”变为“综合窗口”，一个窗口可以办理不同部门的数百项事项，即“一门式、一张网”服务，政务中心从 8 个分厅 112 个窗口，缩减到 2 个分厅 30 个综合窗口，原有 376 名办事人员也缩减到 50 人，人员压缩 86.7%。

从吉林省和长春市两个政务服务中心的两种服务模式的比较可以清

楚地看出，同样是在政务服务大厅或者在网上提供服务，由于其系统服务模式和服务规范不同，其花费的人力、物力、财力会有很大的差别。从长远看，我们必须重视互联网政务服务的行政成本问题，也就是说，政务服务既要追求公众的满意度，也要追求政务服务的效率和成本，只有将二者完美结合，才是全国一体化政务服务平台应该真正追求的目标。

针对一体化政务服务平台建设中暴露出的问题，我提出三点建议：

第一，组建国家数据中心，加强对政务大数据中心建设的统筹、评估和监管。随着5G、大数据、人工智能、物联网等在政务活动中的应用以及数据资源的快速增长，对数据中心的需求是必然的。从以往的经验看，由于有些地方政府对于政务大数据中心建设前期缺乏实际、深入的调研，并且对大数据及云计算应用的特点、规律了解不够，使得政务大数据中心建设出现了盲目现象。未来，要加强对政务大数据中心建设的统筹，主要应从两方面入手。

一是要改变数据中心建设的理念。云计算的本质与核心是数据、软件和服务，而不仅仅是硬件和数据中心，云计算绝不等同于遍地建数据中心。国外，云计算主要是整合现有服务器，把闲置资源整合起来，建立一个虚拟的数据中心。以美国为例，在经历互联网、云计算高速发展和低谷期后，在综合考虑数据中心建设资源浪费和资源重新整合的前提下，从2011年到2015年，美国共关闭800多个数据中心。但是在国内很多地方，一提到“云”，就是规划大量的建设用地，建设超大规模的大数据或云计算园区，动辄几十亿元的投资和上百万个新增服务器，存在很大的盲目性。因此，改变理念，对决策层至关重要。

二是通过组建国家数据中心，加强数据中心的建设、运营和管理。

要从战略的高度将三大运营商的存量数据中心资产进行整合和重组，实现数据中心的共建共享。在此基础上，参照铁塔公司的模式，组建国家数据中心（公司）。其主要职责是：编制政务大数据中心投资建设指南，为各地建设政务大数据中心提供建设规模测算、造价评估、体系架构、安全保障等方面的参考与经验借鉴；建立政务大数据中心项目立项审查工作机制，严格审查项目建设需求和规模，杜绝同类项目的重复投资建设，确保基础设施类和基础资源类项目统建共享。

第二，要在规范政务服务模式上下功夫，增强政务服务的规范性。在一体化政务服务平台建设中，各地的创新热情十分高涨，也产生了许多鲜活的案例，在全国产生了很大影响，受到了企业、公众的肯定。但我们认为，随着一体化政务服务平台的完善，下一步要在一体化政务服务模式的规范性方面做文章，要重点推广那些既能为企业、民众提供便捷、优质的服务，又能节约人力、物力、财力，降低行政成本的服务模式，这样经过若干年不懈的努力，就能在这方面取得重要进展。为了实现这一目标，建议从三方面着手。

一是把降低服务成本、提高行政效率作为一体化政务服务平台建设和完善的重要指标，并在实践中纳入考核和评价体系。

二是要逐步淘汰那些以“单位窗口”出现的单一服务模式，尽量向综合性窗口转换，特别对于市、县、街镇、社区等基层服务大厅来说，更应该如此。国家一体化政务平台的主导单位，应该通过市场机制等手段，遴选出这方面的好的系统，向地方推荐，最大限度地避免在商业利益的驱使下，不同系统遍地开花，各自为政局面的出现，给国家人力、物力、财力造成浪费和重复投入等现象。

三是要对各种不同类型的政务服务中心逐步在机构属性、体制机制以及运营方式等方面予以规范，使其逐步完善成熟、定型。

第三，提高数据共享和数据治理能力，为全国的一网通办创造条件。实现跨部门、跨层级、跨区域的全国一网通办，是全国一体化政务服务平台的最高目标，也是我们必须为之努力的方向，在这方面国家已经制定出明确的时间表。但从根本上说，实现这一目标最重要的前提，就是要提升数据共享和政府的数据治理能力，破解阻碍数据共享的各种体制机制障碍。解决这一难题当前应从两方面着手。

一是要进一步加大政务服务事项的整合、对接和融合。主要包括三方面：即解决好中央部委行业内部政务服务整合，地方以省级政府为中心的政务服务整合以及纵向行政层级的行业服务应用与地方不同层级服务应用之间的整合。这就是说，如果不能从根本上解决好政务服务中不同部门、层级、区域的政务服务融合问题，就很难真正实现入口的统一管理和“三跨”服务。

二是大力提升政务数据的共享能力。政务服务之所以能够一体化，或者“三跨”能够顺利实现，很大程度上都是建立在数据资源共享和数据治理有效性的基础之上，如果没有统一规范的政务服务数据资源共享机制和制度，没有自下而上的数据资源共享交换体系，政务服务一体化也是难以实现的，在全国实现一网通办也会受阻。因此，解决数据资源的共享，确保政务服务的跨区域、跨部门、跨层级的有序协同、共享和安全，就成为更大范围一网通办的前提和保障。

（八）建议加快操作系统的国产替代

2021年，受中科红旗的委托，我承担了有关操作系统国产替代的第三方评估研究。为了把此项研究做好，课题组约请中国标准化研究院，共同完成有关我国市场国产操作系统应用现状的调研，并根据调研的第一手资料，作出第三方评估报告。针对操作系统这个关键技术的短板，课题组在评估的基础上，提出了加快操作系统国产替代的政策建议，先刊于《改革内参》2022年第4期，后通过相关渠道，报送有关部门，引起了有关方面的注意。

国产操作系统的应用生态已经形成
加快推进国产替代应成为国家信息安全的重大战略选项

汪玉凯

操作系统是我国在信息化领域最重要的卡脖子技术之一。在过去的几十年间，微软、谷歌、苹果等巨头始终霸占着操作系统的王国。截至2019年8月，在中国的桌面操作系统市场，微软和苹果的占有率超过94%。随着国内外形势的变化，卡脖子的风险还在上升：一方面微软从2020年起已经停止了对Windows 7系统的更新；另一方面免费开源的操作系统策略也发生了一些重要变化，如开源 Linux 8将于2021年年底终止；Linux 7也将于2024年6月停止维护。这些变化，客观上对加快我国国产操作系统的替代，保障国家信息安全都提出了新的挑战。基于此，我们通过对国产操作系统应用现状的评估、调研和研究，对如何推进国产替代、降低国家安全、特别是信息安全的风险，提出一些政策性建议，供有关方面参考。

国产操作系统第三方评估的结果喜忧参半

2021年9月至11月，中国行政体制改革研究会《国产操作系统第三方评估课题组》约请中国标准化研究院对目前我国国产操作系统的应用及生态系统等进行了第三方评估。评估小组通过召开专家座谈会、发放调查问卷、访谈以及利用网络数据等多种方式，对目前在市场上占有率比较高且进入国家政府采购目录的麒麟、统信和红旗三款国产操作系统从用户体验、关键性能测试、生态系统构建等三个维度进行了评估。从测评的结果看可以说是喜忧参半。喜的方面是，桌面国产操作系统以及服务器操作系统在国家政策的大力推动下，已经在党政机关的办公等领域大面积部署，并实实在在地用起来了。目前国产操作系统应用的领域已经涵盖了党政机构、军队、国防、金融、保险、交通、物流、教育、能源、制造、媒体诸多领域。有的还走向世界，如由红旗主导的开源国际合作，与日本、韩国、泰国、越南、斯里兰卡共同创立了亚洲最大的操作系统品牌——Asianux，并远销东欧和南美，在全球销量超过2000万套。忧的是国产操作系统无论是用户体验度、系统功能，还是生态系统建设都还存在明显的差距。

从用户体验来看，国产操作系统虽然普遍过了“能用”这一关，但是距离“好用”还有较大差距。评估结果显示，绝大多数用户对国产操作系统的安全性认可度比较高，但对使用的友好性、适配性以及运行的稳定性和速度等还有较多保留，认为需要提升。

从系统功能来看，目前几款代表性的国产操作系统，多数都能满足党政机关以及重点行业等办公和一般需求。但从操作系统的自主创新的角度看，多数都是在Linux内核的基础上进行二次开发，保持了固有的内核框架模式，创新之处比较少。这说明，我国自主操作系统还任重道远。

从国产操作系统的生态系统看，不管是红旗、麒麟还是统信，在市场化的驱使下都建立起一定应用生态系统，并与多种软硬件相适配，在应用方面取得了重要进展，有的操作系统如红旗，还建立比较完善的配套软件体系，但和微软等国外成熟的操作系统相比，还有很大差距，要想真正成为全球第四大有影响力的操作系统，还有很长的路要走。

源于中科院的红旗操作系统有望成为维护国家信息安全的重器

（1）红旗操作系统是第一款正统的国产操作系统，实现了我国在操作系统零的突破。1994 年，中国科学院软件所根据国家发展芯片和操作系统的战略要求，在学习考察国外先进经验的基础上，以中国科学院为平台，在中国科学院、中国工程院、工信部赛迪等部门联合下，经过 5 年的研发，于 1999 年成功开发出以“红旗”赋名的我国第一个国产操作系统，随即组建中科红旗平台，开始在党政机关、国有企事业单位部署，并围绕关键技术展开深入研究。到 2009 年，以中科院为主组成的研究团队，共承担了 5 项国家核高基（核心电子器件、高端通用芯片及基础软件产品）重大项目：红旗桌面操作系统研发及产业化、高可信服务器操作系统研发及产业化、农业智能系统平台国产操作系统优化与产业化、基于国产基础软件的江西省电子政务综合应用平台与集成环境以及面向保险应用的红旗操作系统优化升级。

与此同时，中科院以及中科红旗以红旗操作系统为平台，参与了多项操作系统国家标准的制定。从 2010 年至 2016 年，共发布 7 项：信息技术中文Linux桌面操作系统技术要求；信息技术中文Linux用户界面规范；信息技术中文Linux服务器操作系统技术要求；信息技术中文Linux应用编程界面规范；信息技术基于Web服务的IT资源管理规范；信息技术中文Linux操作系统运行环境扩充要求以及信息技术中文Linux操作系统应用编程接口（API）扩充要求等。

围绕红旗操作系统展开的一系列重大课题研究以及制定的标准，对国产操作系统的完善和推进，奠定了重要的基础。

（2）红旗操作系统的发展，坚守了正确的发展思路。对于国产操作系统的发展思路，国内一开始就存在某些不同意见。有的认为中国必须从头做起，走完全自主研发的道路。但更多的专家认为操作系统发展到今天，从头完全自主研发难度极大，而且也没必要，应该基于开源Linux这个开放平台，自主研发，不断完善。目前国产操作系统基本是按照这一思路推进的，并在实践中取得了重大进展。

之所以如此，一方面在于开发国产操作系统最主要的目的是保障国家信息安全，为国内、特别是党政军等重要部门的办公管理提供基础软件支撑；另一方面，以Linux为代表的开源软件，本身就是开源共享的，不归属于任何国家和公司，以此为基础进行自主研发，同样能够达到国家信息安全的目标。从全球看，基于Linux的内核进行软件开发，已成为国际社会软件开发的普遍做法。

（3）红旗操作系统已形成了较为完整的应用生态，为担当起维护国家信息安全的重任，奠定坚实基础。国产操作系统能否实现安全可靠、自主可控的关键，是操作系统能否形成一个完善的应用生态。国内外一些操作系统之所以惨遭失败，就是无法与市场各类应用软件适配，导致用户根本无法使用。而红旗操作系统自1999年发布以来，中科红旗一直致力于产业链上下游和自主软硬件应用生态的构建，目前已完成3 500余家，上万款硬件设备（包含整机、服务器、外设等）、几万款软件（包含数据库、中间件、应用软件等）的兼容适配，能够充分满足日常办公及休闲娱乐需求。

更重要的是，红旗操作系统经过多年努力，已经构建起一套自主研发、相互配套的独立产品体系，有望从更基础的层面对国家信息安全提供重要保障。这些自主研制的产品包括红旗输入法、红旗浏览器、红旗应用商店、红旗办公套件、红旗即时通讯、红旗云以及红旗开源社区等。如红旗应用商店中的应用已经超过1 500款；红旗办公套件可以在Windows和Linux等不同操作系统上无障碍切换；红旗即时通讯，是国内首款基于自主操作系统生态研发的跨平台、多终端、多协议支持的即时通讯软件，可以满足党政军及关键行业对即时通讯安全性的要求；红旗开源社区是全球最大的中文开源社区。目前，国际开源软件的中文化项目2/3是由红旗开源社区组织完成或参与下完成的，为中国开源软件的发展作出了奠基性的贡献。

（4）红旗操作系统的应用实践，也证明其在国家信息安全的保障方面扮演着重要角色。红旗操作系统从1999年开始在国内部署以来不断改进，2021年7月发布了为建党100周年献礼的第11版。在应用方面已经形成了云边端一体化协同的全栈产品应用体系，从关键基础设施的政策和自主可控的技术要求上，满足了国内关键领域和行业对安全保障的要求。截至2020年年底，红旗桌面操作系统累计装机量超过1.2亿台（套），在国内处于第一。其应用领域涉及党、政、军核心体系和关乎国计民生的金融、电力、电信、石油、交通、教育、医疗、航空航天等八大关键行业，累计服务客户近3 000家。其中党政军机关包括中央办公厅、中央编办、外交部、工信部、科技部、财政部、发改委、人社部、公安部、国家税务总局、总参、总后等数十个中央部委、军队以及北京、广东等数十个省级地方政府。经过27年的努力，红旗操作系统不仅解决了中国操作系统从无到有、能用、可用的问题，而且还创立了亚洲操作系统的标准，成为亚洲最大的操作系统，并通过一带一路销售服务全球。目前红旗操作系统正在努力实践着由可用到好用的跨越。

推动操作系统国产替代的政策建议

习近平总书记指出，要紧紧牵住核心技术自主创新这个“牛鼻子”，抓紧突破网络发展的前沿技术和具有国际竞争力的关键核心技术，加快推进国产自主可控替代计划，构建安全可控的信息技术体系。并强调要推动高性能计算、移动通信、量子通信、核心芯片、操作系统等研发和应用取得重大突破。总书记的这些论述，再一次为我国建设网络强国、解决卡脖子技术指明了方向。从全球来看，一方面数字化浪潮正在席卷世界，大数据、人工智能、5G、区块链等新技术持续发展，应用领域不断拓展；另一方面，为了维护国家信息安全，许多国家如俄罗斯、法国、印度、德国、韩国、朝鲜等国家都在大力推进操作系统的国产替代。在这样的背景下，加快我国操作系统的国产替代，就显得更加紧迫。

第一，对国内现有的桌面操作系统进行必要的整合。

从技术上看，操作系统是计算机硬件与软件资源的管理者和控制者，任何软硬件如果离开操作系统都无法运行，在计算机系统处于特殊地位。

中国是否拥有自主操作系统技术与产业实力，对信息化全局都将产生重要影响。

从战略上看，操作系统是建设网络强国的关键基石，对提升国家网络空间竞争力，实现网络强国战略目标具有重要意义。作为世界第二大经济体和最大的数字市场，如果中国不拥有自主可控的操作系统，不仅会直接影响网络强国目标的实现，而且也很难对国家的信息安全从基础上提供保障。

从国产操作系统的现状看，目前我国虽然拥有了多款自主操作系统，但整体处于各自为战的局面。即使影响力比较大、在党政军以及国民经济关键领域有广泛应用的麒麟、统信和红旗，总体规模都比较小，在国际上还没有形成强大的竞争力。造成这种局面的一个重要原因是，操作系统研发技术难度高、资金投入大、回报周期长，存在着明显的“做的公司不大，大的公司不做”的现象。操作系统的上述市场特性，使有意愿做此事的公司往往受到资本、人才等因素的制约，很难做大做强。根据业内权威专家的分析，要想从根本上解决“卡脖子”问题，自主创新、实现国产化替代，打造统一的国产操作系统及配套软硬件生态环境是必然选项。为此，我们建议，国家要通过统筹谋划，将红旗、麒麟、统信为代表的三大国产操作系统进行战略整合，使其在有序竞争的格局中良性发展，改变各自为政、单打独斗的局面，为最终形成一体化拳头创造条件。

第二，战略整合要把国家信息安全作为优先选项。

正像前面分析的那样，国产操作系统如果没有一定的市场应用生态是无法使用的，但培育市场应用生态也必须服从于国家信息安全和网络安全这个大战略。在培育应用生态方面，可能有两种选择的思路：一是把重点集中在适配市场应用方面，完全走市场化道路；二是在注重市场适配的同时，把主要精力放在完善与操作系统自身配套的关键软件产品方面，我们以为，对于以保障国家党政军等重要领域信息安全为己任的国产操作系统，无疑要把这个目标放在首要位置，在此前提下，再逐步扩大市场适配的范围，发展壮大市场产业。由此我们建议，国家应该通过制定和完善相关的法律规范，为国产操作系统企业提供必要的支持，对目前几款代表性的国产操作系统，按照自身的优势，作出适当的定位和分工，并给予政策支持，以此促进卡脖子技术的突破。

第三，维护红旗这个品牌，更具有全局意义。

之所以如此，原因有二：一是举红旗这面旗帜，更符合我国国情。我国的国旗就是五星红旗，当初中科院开发出国内第一个操作系统时也是以红旗赋名的。经过22年的发展，红旗的品牌效应已经形成，继续举红旗这面旗帜，无论是展现我国的国际形象还是让更多的人了解和使用我国的操作系统，都具有强大的号召力。如果我们能够以红旗操作系统为基础，通过整合形成合力，举国家之力大力推进红旗操作系统的完善和发展，就可能真正形成继微软、谷歌、苹果之后全球第四大操作系统。这对未来我国的网信事业发展无疑具有长远的战略意义。

二是从目前三大国产操作系统的应用生态看，红旗在自身的软件配套方面优势明显。从中国标准院提供的第三方评估结果看，在操作系统的市场适配方面，三家操作系统各有千秋，都取得了实质性进展。这是这三大操作系统能够在我国的党政军机关以及国民经济的重要领域广泛应用的根本原因。当前的主要问题是，如何从能用、可用到真正好用的转变。

不过从对国家信息安全更加重要的系列配套软件产品看，红旗的优势就很明显。如与操作系统相配套、同样以红旗命名的浏览器、输入法、办公套件、即时通讯、应用商店、开源社区等。这个问题之所以重要，在于大量的事实证明，保障国家信息安全绝不是仅仅有了自主开发的操作系统就可以了，而更容易造成数据泄露的往往是浏览器、输入法、办公套件、即时通讯等，如果一个操作系统不能形成完整的软件系列生态，一味地只去关注市场适配，反倒会对国家信息安全造成威胁。从这个层面看，红旗在维护党和国家核心系统信息安全方面的优势是比较明显的。特别是红旗拥有全球最大的中文开源社区，目前有35万名会员和200多名管理人员，中科红旗则处于调动和运用这个巨大资源的指挥中心。在已经发布的“十四五”规划中，“开源”也首次被明确列入我国国民经济和社会发展五年规划纲要，强调要支持数字技术开源社区等创新联合体发展，完善开源知识产权和法律体系，鼓励企业开放软件源代码，硬件设计和应用服务。所有这些，无疑为未来红旗操作系统的完善和深度应用，提供了重要的政策支撑。

中国行政体制改革研究会“国产操作系统第三方评估课题组”

课题组顾问：

倪光南院士

课题组长：

汪玉凯［第四届国家信息化专家咨询委员会委员、中共中央党校

（国家行政学院）教授、中国行政体制改革研究会学术委员会副主任]

课题组主要成员：

许正中[中共中央党校（国家行政学院）经济学教研部副主任、教授、博导]

张欣亮（中国标准化研究院研究员）

江　澎[中共中央党校（国家行政学院）电子政务研究中心研究员]

本建议稿起草：汪玉凯

（2021 年 12 月 14 日）

（九）参与信息化的各种论坛，为数字化提供咨询服务

这些年来，我在参与电子政务的各种活动中，参与频率最高的，是讲学和出席有关信息化和电子政务的各类论坛。

2016 年出席贵阳数博会，接受媒体采访

从出席论坛研讨会并发表演讲来看，从21世纪初以来由《计算机世界》和《中国计算机报》每年举办的信息化大会，到后来由国家信息化专家咨询委员会举办的全国信息化论坛，再到十八大以来贵阳的《世界数字博览会》、福州的《数字中国论坛》、中国互联网协会举办的有关互联网大会，直至许多大型IT企业如华为、中兴通信、浪潮、清华紫光等举办的行业会议，地方政府举办的各色有关信息化、智慧城市、数字政府、数字经济等专业性会议和论坛。从讲学来看，围绕电子政务、智慧城市、数字政府、“互联网+政务服务”、放管服改革等都是最集中的讲授内容。讲授对象包括国家行政学院的省部级专题研

2018年在钓鱼台国宾馆参加“12345服务热线”论坛，与全国政协副主席王钦敏等一起合影

究班、市长电子政务培训班、地方的省委中心学习组、市委中心学习组以及许多大型企业等，再加上清华、北大、人大等高等院校举办的有关电子政务的培训班、讲习班，足迹遍布全国各地，在传播电子政务、信息化以及行政改革等知识方面，不停地耕耘，也迫使自己不断地学习和思索，掌握新知识。

如果把 1999 年中国上网年看作是真正意义上的电子政务建设的起点，那么在随后的 20 多年发展中，全国对电子政务的需求是非常旺盛的。特别是最初的政府门户网站建设，如何有序推进，少走弯路，对绝大多数地方政府而言，都是一个难题。正是在这样的背景下，一批从事电子政务的咨询机构应运而生。这些年来，有 3 个电子政务咨询机构与我个人关联度较高，特别予以记载。这 3 个机构分别是：国家行政学院电子政务研究中心、工信部所属的赛迪研究院下面的中国软件测评中心，以及中国社科院信息化研究中心与国脉互联合作所主导的电子政务年会。

国家行政学院电子政务研究中心原本是国家行政学院领导人员测评中心，电子政务兴起后，在这个中心的基础上又加挂了一个牌子，实行一套人马两个牌子。早在 2000 年年初，就开始从事电子政务方面的研究，并举办相关的论坛，开展咨询服务。2009 年，国家行政学院办公厅发文决定成立国家行政学院电子政务专家委员会，由我院副院长弘毅任主任，工业和信息化部副部长杨学山、倪光南院士任顾问，作为学院的工作人员，我也被学院聘任为专家委员会副主任。其他副主任还包括中央办公厅信息中心主任任守信、国务院办公厅电子政务办公室主任段国华、国家信息中心主任王长胜等。那些年，几乎每年一次电子政务论坛，规模都很大，全国各地参与的人数也很多，我在论坛上一般都会作一个主旨演讲，传播电子政务的相关知识和理念。同时，电子政务研究中心还承担了国务院办公厅等中央部委和地方政府的一些咨询服务项目，开展了一些国际合作，同时，与国家信息中心联合，每年出版一本电子政务蓝皮书，搞得有声有色。蓝皮书中几乎每年都收录有我撰写的文章。

赛迪中国软件测评中心，参与电子政务咨询服务，主要是基于他们的业务优势，做政府门户网站的评价，每年发布一个对全国政府门户网站的测评结果，并同时举办一次规模较大的电子政务论坛，有几次是在人民大会堂举办。我作为电子政务研究者，经常在这个发布论坛上作有关电子政务的演讲。2020 年尽管有疫情，但是测评中心仍然举办了第十九届论坛，不过主题随着政务信息化的发展，有了比较大的改变，目前他们的测评重点已经不限于电子政务，而是转向对数字政府的全面测评，在社会上产生的影响也越来越大。

在这三家电子政务咨询机构中，只有国脉互联是典型的民营企业，他们也是从政府门户网站评价开始起步的，至今已经有 20 多年的历史。其业务范围也从门户网站测评扩展到数字政府、营商环境、智慧城市、数据治理等多个领域，在业界有比较大的影响。特别是国脉年会，多年前就与中国社会科学院信息化研究中心合作，规模越来越大，吸引参与的机构包括党政机构、企业等，人数由起初的一两百人，发展到目前的近千人。各方面参与热情很高。国脉互联从起步，就聘请了工信部副部长杨学山、国家信息化专家咨询委员会常务副主任周宏仁、中国互联网协会副理事长高新民等一批国内知名专家参与其中，作为顾问，我也从一开始就参与了国脉的许多活动，如政府门户网站评价的指标体系设置、评价权重、评价方法、评价的公正性等。后来几乎每年的国脉年会上，都邀请我作一个主旨演讲。在一定意义上说，国脉年会，成为我每年发表最新研究成果的一个重要平台，也成为我了解全国政务信息化发展状况的一个重要窗口，对我的研究颇有裨益。

难忘的国际学术交流与合作

国家行政学院建立后，国际交流与合作是其职能中的重要一环。因为，学院的创立就是适应国家公务员制度的建立而设立，而国家公务员制度又是世界许多国家普遍实行的一项制度，特别是欧美发达国家更是如此。1996 年我进入学院后，正是国际交流合作全面开展的起步时期，再加上国家行政学院刚刚正式挂牌，许多国家都想和国家行政学院建立合作关系，他们看中的是国家行政学院培训高中级官员的这个资源，以此加强与中国的经济文化合作。记得，当时国家行政学院的司局级任职班的学员，在结业前，可以到国外进行短暂的学习考察，目的地包括美国、德国、法国、日本，后来又加上加拿大，学员们只承担出国的机票费用，落地后都有当地国家的有关机构承担相关费用。这种形式，对当时来国家行政学院学习的学员来说，还是相当有吸引力的。与此同时，国家行政学院也与许多发达国家开展了各种学术交流与合作，作为一名老师，我也有幸参加了一些比较重要的学术交流与合作项目。

（一）中美公务员制度比较合作项目

我到国家行政学院参加的第一个国际合作项目，是中美公务员制度实施案例比较。这个项目，是在中美两国先后分别实施的。该项目背景是，1993 年《国家公务员暂行条例》开始实施，全国性的国家公务员制度正在构建过程之中。为了更好地借鉴发达国家实施国家公务员制度的经验，国家行政学院与美国雪城大学马克斯韦尔学院设立了此项目。马克斯维尔学院的全称是马克斯韦尔公民与公共事务学院，位于美国纽约州中部的锡拉丘兹市。马克斯维尔学院成立于 1924 年，是全美国第一所公共管理学院，以公共管理学科闻名于美国。从 1995 年《美国新闻与世界报道》首次为公共管理硕士项目排名以来，一直名列前茅。项目由国

1997 年 5 月 13 日华盛顿与美国联邦公务员署负责人交流后合影
前排左一徐锦林、左二张德信、左四汪玉凯；后排右起：刘旭涛、王闻、马力宏、马逢春、孙学玉、尤京文

家行政学院行政管理教研部具体组织实施，中方项目由学院国际部牵头，负责人是行政管理教研部主任张德信教授，我担任中方联络人，并协助张德信教授组织会议，开展学术研究。

经过双方准备，项目组于1997年1月20日至24日在北京举办了第一阶段案例研讨会。中美双方专家学者、政府官员近60人参会。收到了比较好的效果，中美双方合作得很愉快。第二阶段研讨会在同年5月6日至16日在美国举行。中方共派出一行12人的代表团，包括国家行政学院的专家、地方政府官员以及地方行政学院的学者。主要成员除我之外还有：张德信教授，刘旭涛副教授，江苏行政学院的孙学玉教授（后来出任中组部干教局局长），浙江行政学院马力宏教授（后来出任浙江行政学院副院长），黑龙江行政学院尤京文教授，上海市人事局徐锦林处长，陕西省人事厅马逢春处长等。国家行政学院国际合作交流部的王闻担任翻译，童海燕作为美方联络人，全程陪同。美国马克斯韦尔学院对中方代表团来美给予了高度重视，并作了精心安排。

在美国的活动大体分为三个阶段：第一阶段从5月6日中方代表飞抵华盛顿后，主要活动在马克斯韦尔学院设在华盛顿的培训中心进行，主要是了解美国联邦政府公务员制度改革的最新情况。在此期间，美国联邦人事总署、交通运输部、联邦民航总署、劳工部、马里兰大学等11位官员或者专家详细介绍了美国的改革。第二阶段主要在马克斯韦尔学院和纽约州政府所在地奥尔巴尼进行，重点了解美国州、县、市公务员制度改革以及联邦、州、县、市之间的行政关系等方面的问题。第三阶段重点考察了解美国一些重要企业如IBM公司、柯达公司等现代管理等情况。整个活动安排的内容丰富，大家普遍感到很有收获。

1997 年 5 月 9 日马克斯韦尔学院华盛顿培训中心
前排左起：刘旭涛、张德信；前排右起：孙学玉、汪玉凯、童海燕

此次美国之行，是我第一次跨出国门，而且又去的是世界上最发达的国家——美国。一路下来，感触颇深，引出了我的很多联想。记得这次赴美学术交流，主要活动在美国东部的华盛顿、纽约州地区，返程时在洛杉矶停留，等于横跨了美国东西海岸，其间遇到过许多有趣的事情。记得在华盛顿期间，当时美国的地铁站已经实行了自动检票的设施，每次快速插入车票后，可以通过一人，为了试验美国设备的精准性，我们在插入一张票后，瞬间通过两人。到了出站口，真的被工作人员拦了下来，我们说明来意后，大家哈哈一笑，我记得那个大个子黑人，笑得格外开心，给我留下了极深印象。还有一次在纽约，我们去联合国大厦和奥斯卡颁奖典礼的礼堂参观，当时，张德信老师曾在中

国人民大学带的一名研究生，在美国兰德公司任职，他开着车，拉我们去参观。到了奥斯卡颁奖礼堂后，他就将车停在路边，我们一起进去参观了。待我们出来后，发现车的玻璃窗上贴了一张停车违规的小纸条。他说，他以为没到上班时间，不需要往自动投币机中投币，没想到就被罚了。我后来在一篇文章中写道，这一个小小的处罚，让我看到了一个来无踪、去无影的现代化城市管理的场景。这样的场景放在数字化发达的今天，也许不算什么，但当时是 1997 年，还真的是让我感到有些震撼。

1997 年 5 月在华盛顿白宫前合影
左起：徐锦林、汪玉凯

在纽约期间，代表团在交流考察之余，还浏览了曼哈顿国际贸易中心，乘船观看了自由女神像。在国际贸易中心，大家一直乘电梯上到 100 多层的楼顶，俯瞰曼哈顿，十分壮观。听陪同我们的导游介绍说，双子塔在地面向上看，一直在摇摆，我们还真的近距离感受了一下，我感觉左右摇摆的幅度有 1 米多。当年这个全世界最高的建筑也曾遭受过人为破坏，恐怖分子用了半车炸药，只是对一根柱子略有损害，并无大碍，没想到后来被飞机撞击，造成世纪性灾难！

给美国朋友赠送中国礼品
左起：王闻、张德信、美国朋友、汪玉凯

另外，那次美国之行，让我真正感受深刻的，不仅仅是学术交流，而是美国立体式现代化给我留下的整体印象。在美期间，我们多次乘坐长途汽车，途经美国一个个城市和乡村的时候，到处看到的都是一片又一片的停车场，应验了人们把美国称为一个车轮上的国家的说法。我当时也想，未来中国如果小汽车真的进入普通人的家庭，我们一年要消耗多少汽油，国家有这样的能力吗？后来中国现代化的进程特别是加入世界贸易组织后的进程，远远超出了我的想象。这大概与我去的城市主要集中在美国东部有关。20 多年后，我再一次来到美国，与上次不同，2019 年的美国之行，不是学术交流，而是陪太太参加旅行团游览美国。除了在美国东西部的一些重要城市参观外，还看了美国的五大国家公园，也去了美国中部一些地方，这使我对美国这个国家有了更多的真实感受。

1997 年 5 月，在美国锡拉丘兹大学与刚刚获得博士学位的童海燕女士合影
左起：马逢春、童海燕、汪玉凯

从美国返回后，由我执笔撰写了赴美学术交流和考察报告，后来这个报告得到了时任国家行政学院院长、国务委员李贵鲜的批示，并要我进一步完善后，可以向更高层领导报送，我按照领导的批示进一步完善了考察报告，并再次上报。与此同时，我先后在有关报刊上发表了多篇有关国家公务员制度的文章，在国内最早关注非领导职务设置以及倡导领导干部的能上能下变革。

理论经纬

论非领导职务设置

国家行政学院教授 汪玉凯

1997 年 6 月 3 日在《中国人事报》发表《论非领导职务设置》

中国人事报

理论经纬·国际瞭望

完善公务员管理制度的思考

要在干部能上能下方面取得进展

理论经纬

迎接人才流动

1997 年 11 月 25 日在《中国人事报》发表关于“领导干部能上能下”的文章

为了进一步深化对市场经济条件下，政府职能优化配置与机构改革的研究，中美双方于1998年6月22日至26日在北京举办了《中美市场经济条件下政府职能与机构改革案例研讨会》。美国马克斯韦尔学院组织了全美有名的行政管理专家和一些政府官员参会，并在会上介绍了美国的一些优秀案例。中方参会人员包括中央编办、人事部、国家行政学院以及全国地方行政学院约40人与会。本次学术研讨会的顺利召开，为中美合作项目画上了圆满的句号。而在此过程中，代表美方的童海燕博士，从始至终都发挥了重要的作用，因为我作为中方的联络人，更多的是与童海燕女士联系，包括我们考察美国返回后，我写考察报告过程中，遇到了一些问题，如美国的公务员方面的一些具体数字、联邦与州之间的关系等，都是通过童海燕女士联络美方提供的。

（二）中葡学术交流

在澳门回归之前，国家行政学院加大了对澳门官员的培训和学术交流。1998年国家行政学院与葡萄牙签订了《中葡21世纪公共行政与公民参与》国际合作项目。该项目由国家行政学院国际合作交流部与行政管理教研部组织实施，前者负责协调联络，后者承担有关学术方面的内容准备。该合作项目，先后在澳门和葡萄牙的里斯本，分别召开了两次国际学术研讨会。

1998年在澳门参加学术会议

澳门的国际研讨会，于1998年12月2日至4日在澳门大学举行。来自葡萄牙行政学院、澳门特区政府以及澳门大学的专家学者、政府官员与会。国家行政学院也组织了一个专家代表团赴澳门参会，代表团团长是国家行政学院主管外事工作的副院长张修学，副团长为国家行政学院行政管理教研部副主任刘熙瑞，成员包括国际合作部主任陆林祥、中编办靳永龙副司长和陈锋处长、我以及深圳行政学院的卞苏徽副教授和傅小随副教授、上海市人事局徐景林处长等。会议围绕“公共行政现代化”这一主题，展开了深入研讨和交流。我在大会上也作了题为《中国社会中介组织的发展与公共服务市场化》的演讲。会议期间，大家浏览了澳门的一些景点。由于当时澳门还没有回归，所以内地去澳门还是比较难的。通过浏览，大家感受到经历了400多年沧桑变迁的澳门，殖民文化对其社会生活形态的影响清晰可见，再加上澳门一些历史古迹，给我们留下了深刻的印象。在澳门期间，张修学副院长的一位朋友担任澳门中联办的主任，他专门设宴，宴请了国家行政学院几位领导和专家学者，他向我们介绍了澳门的一些情况以及面临的复杂社会问题，我印象最深的就是澳门的黑社会非常猖獗。

1999 年 12 月在葡萄牙国家行政学院中葡学术交流会上演讲

1999 年 12 月，中方又组织了一个学术交流考察团，赴葡萄牙里斯本参加第二次国际研讨会。代表团团长仍然由国家行政学院副院长张修学担任，副团长为国家行政学院行政管理教研部副主任刘熙瑞教授，代表团主要成员除我还包括：国家行政学院国际合作交流部陆林祥主任、董明博士，北京行政学院行政管理教研部主任张勤教授，上海行政学院公共行政教研部主任李奇教授，辽宁行政学院行政管理教研部主任顾爱华教授等。里斯本国际研讨会是在葡萄牙国家行政学院举行，比起中国的国家行政学院，葡萄牙国家行政学院规模很小，设施条件也很一般，大大出乎我们的预料。不过学术会议讨论得还是很深入的，这与葡萄牙一些著名的专家学者参会演讲有直接关系。本次研讨会的主题是“21 世纪公共行政现代化与公民参与”。我在会议上主要围绕未来公共行政发展的趋势以及公民参与这一主题，作了演讲。对于葡萄牙而言，他们的专家学者、政府官员对中国的改革开放非常感兴趣，对于中国学者结合中国的改革实际，讨论公共管理话题，也尤为关注。而葡萄牙的专家、学者们，更多是讨论欧盟内部的平衡发展问题，特别是作为欧洲相对欠发达地区，他们希望能从欧盟一体化的发展进程中，获得更多机遇。

1999 年 12 月与国家行政学院国际部主任陆林祥在里斯本中国驻葡萄牙大使馆前合影

里斯本之行是我第一次赴欧洲。去的时候，我们取道德国，在德国的法兰克福转机飞往里斯本。返程时我们先乘坐火车到西班牙的马德里，然后取道法国巴黎，转机回国。本次欧洲之行虽然时间比较紧凑，但给我的印象是极为深刻的。首先，通过在德国法兰克福和法国巴黎的短暂停留，使我真实地感受到了欧洲的近代文明和现代化场景，我很注意从一些微小的事情上观察欧洲的文化和工业文明。比如我们住在法兰克福宾馆时，我注意到他们的窗户竟然是那样的厚重和精致，使人很快就会

1999年12月葡萄牙里斯本

想到德国工业制造精细和高超的工艺，这与我们的某些工业品制造形成巨大反差。还比如，在葡萄牙，我们参观一些百年酒窖，充分展示了葡萄牙在酿酒方面悠久的历史和储藏的工艺。但他们讲，由于葡萄牙人的市场经济意识淡漠，不太会宣传自己，因此，许多法国人把葡萄牙的红酒买去后，贴上法国的标签，就可以卖上大价钱。我们在葡萄牙的一些城市参观考察，似乎也感受到葡萄牙人生活习惯的散漫，再加上那里伊斯兰文化有着深厚的影响，不管从人种还是建筑风格上，都和法国、德国有明显的不同。记得我们当时对葡萄牙人形象地概括为："男人长得比女人帅，办事拖沓不见怪。"从里斯本乘火车到马德里过程中，也感受到了欧洲火车与中国的差异。比如基本没有什么像样的候车室，大多数顾客都是来了就上车，车站很少滞留人群。而且火车比中国的火车要小，但车厢内部设施比较好，应有尽有。而马德里给我留下的最深刻印象，除了著名的斗牛场外，就是西班牙政府与巴斯克地区的冲突。我们在马德里期间，看到大批巴斯克人组织声势浩大的游行活动，反映他们的诉求。游行队伍五花八门，人们的装饰、举止都很奇特，给人留下深刻印象。像这样的游行示威活动，在西方国家可以说是家常便饭，与中国的政治有很大的差别。当时，我正在开设新的课程——非营利组织管理，我知道，在欧美发达国家，公民社会是很发达的，社会自身发育程度比较高，因此，民间自发的各种诉求表达，在一定意义上为政府的公共政策制定起到了一种矫正的功能和作用。

1999 年 12 月 23 日在马德里塞万提斯像前留影

（三）主持“中韩行政体制改革比较研究”合作项目

国家行政学院成立后，许多国家都与学院建立了国际合作交流项目，其中韩国尤为积极。合作对象，主要是韩国行政研究院。韩国行政研究院是韩国唯一从事行政研究的国家级研究机构，在全球有一定的影响力。1998年国家行政学院就与韩国行政研究院签订了合作协议，在此之前，双方已经围绕行政伦理有过一个合作项目，国家行政学院行政管理教研部的王伟教授，主持该项合作，后来还出版了一本中韩行政伦理比较方面的专著。此次合作内容，主要集中在行政体制改革方面，学院决定由我担任该合作项目的课题负责人。韩国行政研究院的项目负责人则是该院资深研究员梁现模先生。在第一个阶段，双方进行了互访，主要是开展学术考察，了解行政体制改革的实际状况，作一些基础性的工作和准备，为深化研究做铺垫。韩国代表团一行5人来中国后，由国家行政学院国际部和我一起陪同他们在国内进行实地考察，如了解古城西安、召开座谈会、参观浏览等，实地了解中国行政改革的进程、现状等。

1998年5月，由我带队，赴韩国进行了为期7天的考察和学习。代表团的成员包括行政管理教研部的马庆钰教授、科研部的史美兰处长以及北京行政学院一位副院长和一名教授、中国青年政治学院的李秀峰翻译。在韩期间，代表团成员走访了韩国规划委员会等多个政府部门、汉城大学，以及一些地方政府等，并与韩国行政研究院举行了学术交流，对金大中政府的行政改革有了比较深入的了解。

除了学术交流之外，另有两件事给我印象比较深。第一件事是参观了韩朝“三八线”。从汉城（现名首尔）前往“三八线”的途中，我特

1998 年 5 月在韩国行政研究院研讨会上

别注意观察韩国的城乡差距，从沿路看到的韩国农村的实际情况，感觉韩国的城乡差距还是比较大的，尽管被称为亚洲四小龙的韩国，崛起得比较快，但要在短时期内缩小城乡差距无疑是有很大难度的。到了“三八线”后，我发现从韩国这边可以看到，朝鲜那边的高塔上悬挂着巨型标语，韩国的朋友告诉我们，上面写的字是“我们是世界上最好的国家”，并开动高音喇叭，不断地向韩国方面喊话。第二件事是在韩期间，我们还考察了两个知名企业，一个是浦项制铁，一个是现代汽车。前者是韩国国有企业，后者是一个著名的私人企业。当时，韩国在经历了 1998 年金融危机后，开始大规模地推行私有化进程，将大多数国有企业都民营化了，其中就包括浦项制铁。浦项制铁公司在韩国企业中，作为继三星、现代、LG、SK、现代汽车、韩进之后的第七大企业，自从创立以来，一直承续着黑字经营的传统，没有出现过一次赤字，其卓越的创收能力在世界钢铁业界出类拔萃。在厂里我们看到，从最初的铁锭进入设备，到终端产出来各式各样的最终产品，其现代化程度令人叹服。当然，浦项制铁的民营化经历了漫长的过程，直到 2000 年 10 月，才最终

完成 。而现代集团，则是韩国的五大财团之一，在世界五百强企业中，排名前一百位。创始人郑周永，从 1946 年至 1951 年先后创建了现代汽车、现代土建、现代建设等公司，70 年代又建立了现代重工业公司，从而使现代集团成为以建筑、造船、汽车行业为主，兼营钢铁、机械、贸易、运输、水泥生产、冶金、金融、电子工业等几十个行业的综合性企业集团。我们当时参观的是现代汽车位于蔚州的生产基地。工厂就在海边，生产出的汽车可以直接上船运往全球各地。汽车制造的自动化程度在当时就已经达到很高的水准，这是韩国人一直紧盯着欧美发达国家的技术，不断提升自身现代化水平的结果。我们去工厂参观那天，正好遇上一些维权的工人，通过工会组织维权，厂里还专门向我们介绍了企业职工维权的情况。那个时候，我们国家正在推进国有企业的改制，朱镕基总理对此很是上心，也引起外界的广泛关注，因此，我们在考察中，对韩国的企业改制还是相当关注的，也得到了许多启发。

1999 年 10 月韩国行政研究院
后排左一李秀峰、左二汪玉凯、右一刘熙瑞

在双方都进行了认真调研准备的基础上，1999年10月，在首尔的韩国行政研究院，中韩两国的专家学者举行中韩行政体制改革比较学术研讨会。出席本次研讨活动的中国学者除了我还包括：中国国家行政学院行政管理教研部副主任刘熙瑞教授、杜钢建教授、马庆钰教授、宋世明副教授，中国青年政治学院的李秀峰等。韩国行政研究院参会人员除了院长锦荣枰和项目研究负责人梁现模研究员外，还有许多研究人员以及韩国政府多个部门的政府官员。当时在中国青年政治学院任教的李秀峰老师，担任翻译，后来还将中方提交的中文研究论文，翻译为韩文，供韩国用韩文出版；将韩国专家提供的韩文研究报告，翻译成中文，供中方出版。

代表团与韩国朋友合影

韩国当时的行政改革之所以受到各方面关注，首先在于金大中总统是韩国实行民主制度以来，第一位通过民选上任的总统。其次，这位新总统上任后，推出了一系列政府改革举措，在社会上引起很大反响。在西方新公共管理思潮的影响下，金大中要对政府规模进行大幅缩编，试图建立一个小规模有效率的政府。为了实现此目的，他采取了开放公职，从公职内外选拔优秀人才，实行公务员年薪制，以及目标管理制度，以促进公职内部的竞争。与此同时，金大中还提出建立“创业容易，生活舒适”的国家为目标，以直属于总统的规划改革委员会为首，推动规划改革，制定推进公共企业民营化改革方案，缩小公共领域所占比重，增强民间的创意和活力，使公共企业成为服务于民众的公共机构。金大中的改革与当时中国新上任的朱镕基总理在中国推行的改革颇为相似，当时中国也正在推进一项被称为新中国成立以来规模最大的行政改革。后来，我经过比较中国与韩国行政改革之后，发现了这两国在行政改革方面的共同性和差异性。从共同性来看，大体有三个方面：一是在经济全球化步伐加快、科学技术迅猛发展的国际环境下，两国政府不间断地推

与韩国行政研究院梁现模先生在韩国庆州合影

进行政改革，在应对来自政府外部的挑战和压力，提高本国的综合竞争力方面是相同的。二是两国政府都注重控制政府规模，在追求“小政府、高效率”方面也是相同的。三是中韩两国的行政改革都程度不同地借鉴西方改革中的一些做法，为我所用。当然，由于中国和韩国的社会制度不同，表现在行政改革方面也有一定的差异。其中最主要的是：中国从1978年以来的行政体制改革，都是与经济体制改革密切关联，而且具有明显的连贯性；而韩国的行政改革则是受制于每届政府的施政纲领影响，缺乏前后一贯性和连续性。另外，由于两国政府管理面临的问题也不尽相同，因此，改革的侧重点和关注点方面，也存在明显的差别。

1999年10月韩国庆州

此次研讨会在双方精心组织下，开得比较成功，通过交流研讨，进一步深化了对这些问题的研究。研讨会后，韩国行政研究院的梁现模研究员等，又陪同中方代表团赴韩国的庆州等地考察，所到之处，不时地都能感受到中国文化的元素。庆州是韩国在中国唐朝时期新罗王国的所在地，是在唐朝的助力下建立起来的，在高丽国历史上占有重要地位，那里至今都能感受到中国文化的影响。记得最难忘的是，主人带我们在庆州海边吃了一顿生海鲜，一开始我们还很不适应，韩国朋友说，这里海水没有污染，许多韩国人都到这里在海边食用生海鲜，这对我来说也算是长见识了。

两次韩国之行，让我对韩国的社会、经济、人文有了切身的感受，毕竟走一走、看一看，与在书本上看到的还是有很大区别的。回国后，项目组的同事加紧工作，最终将研究成果汇集成书——《中国与韩国行政体制改革比较研究》，由国家行政学院出版社出版。而韩国行政研究院的梁现模研究员，也把中方提供的研究成果，与韩国朋友撰写的成果汇总后，出版了一本韩文版的《韩国与中国行政体制改革比较研究》。两本学术专著的出版，使该合作项目画上了圆满的句号。不过韩文版的这本书，我是10多年后才拿到的。大概在2015年，梁现模先生再次来到中国开展学术交流，我们在国家行政学院的皇苑宾馆见面，他一定要当面送给我这本书，想起当年我们一起合作的情景，依然兴奋不已。

中文版《中国与韩国行政体制改革比较研究》

韩文版《韩国与中国行政体制改革比较研究》

（四）主持“中德公共政策对话”项目

中德公共政策对话项目是中国行政体制改革研究会2009年筹备期间与德国国际合作交流机构（当时称德国技术公司，GIZ）启动的一项国际合作项目。GIZ是一家联邦企业，其服务遍及全球的130多个国家，致力于推动可持续发展领域的国际合作和专业培训，拥有1万名雇员。GIZ为发展中国家、新兴工业化国家以及工业化国家的合作伙伴提供量身定制的高效解决方案，合作领域覆盖可持续经济发展，环境和气候保护等诸多领域。2010年中国行政体制改革研究会成立后，在时任国家行政学院常务副院长、中国行政体制改革研究会会长魏礼群的主导下，该项目正式启动，到2012年10月结项，前后历时3年多。德方项目负责人为德国国际合作机构驻华代表处的施泰格博士，责任专家为德国施拜尔公共行政大学著名学者菲尔伯尔教授，中方责任专家为我。

中德公共政策对话项目，重点围绕中德纵向行政体制改革比较研究展开。之所以选择这个题目合作，一方面在于经过30多年改革开放，中国社会结构、经济结构都发生了重大变化。化解城乡社会二元结构、推进城乡一体化战略，加快工业化与城市化的进程、扩大县域经济社会发展权力、推动省直管县以及实现公共服务均等化等，对中国纵向行政管理层次、省市县级权限、公共治理模式和财税、投资、人事管理体制等，都会产生重大而深刻影响；另一方面，德国虽然是一个联邦制国家，但在纵向行政层级方面有丰富的历史积淀和实践探索，特别在推进城乡一体化方面积累了很多经验，双方有许多值得相互借鉴的地方，需要深入地比较研究。

在中国国家行政学院主持与德国专家的会谈

项目实施3年多来，双方共举办过4次比较大的国际学术会议：第一次于2010年10月在国家行政学院举办了“中德县域公共治理比较”国际学术研讨会；第二次于2011年9月在德国施拜尔公共行政大学举办了“中德行政层级改革”国际学术研讨会；第三次于2012年3月在杭州举办了“城乡一体化背景下的县域公共财政改革”国际学术研讨会；第四次于2012年10月在国家行政学院举办“金融危机背景下的中德公共治理比较”结项国际学术会议。在所有这些学术研讨会议上，既有中德两国的专家学者（也包含欧洲其他国家学者）参与，也有一定数量的政府实际部门的官员出席，进行深入的比较和研讨，并提供了一批有较高学术水平的论文。

经过3年多的努力，最后形成了丰硕的研究成果，在德国国际合作机构驻华代表处的支持下，出版了中英文的学术专著《中德行政体制改

2010年10月，在中国国家行政学院举行中德国际会议

革比较研究》。其中中文版由人民出版社出版，全书共收入中德专家学者、政府官员的31篇研究成果。大体可以分为四类：一是有关中德两国行政体制的介绍和现状分析，如中国城镇化进程中的省直管县试点、中德府际权限划分比较、德国行政区域史及德国地方财政等；二是中德行政体制面临的挑战，如中国省直管县改革面临的挑战、德国现代化进程中的城乡不平衡以及人口变化对地方行政管理的影响等；三是中德两国行政体制改革方面的探索及经验，如中国海南行政层级改革的经验及其启示、中国成都“城乡一体化”战略的成效与展望 、德国城市间合作共享服务的设计和限制范围 、德国莱茵兰－普法尔茨州多层次的职能改革等；四是金融危机背景下的中德行政体制改革方面的对策，如经济和金融危机对德国行政管理造成的后果、金融危机背景下的中国城乡一体化战略与纵向行政层级优化、以财政平衡促进公共服务均等化德国的实践及对我国的启示等。

2011 年 9 月，在德国施拜尔公共行政大学举办研讨会后合影

2011 年 9 月，在德国施拜尔公共行政大学与校长交流

值得一提的是，2011 年 9 月，在德国施拜尔公共行政大学进行学术交流期间，正值欧洲市长论坛在施拜尔市举行，经过施拜尔公共行政大学的领导与大会组委会商议后，邀请我在市长论坛上介绍中国改革开放以来城镇化发展。经过精心准备，最后我在大会上演讲了 20 分钟，翻译还把我的中文 PPT 配上了英文，方便了欧洲市长们了解演讲的内容，引起与会者对中国问题的极大兴趣。第二天，德国的报纸专门报道了我的演讲，并给我冠上一个“圈圈教授”的戏称。因为记者采访我时，问我对德国的感受，我谈到了喜欢德国的“圈圈面包”。

2011 年 9 月，在德国欧洲市长论坛上演讲

演讲完后，德国施拜尔公共行政大学校长以及菲尔贝尔教授等与中方代表团一起在会场留影

2011 年 9 月德国欧洲市长论坛会场，中方代表团成员
前排左起：汪玉凯、孙健、彭京宜、樊继达、任进；二排右起：胡庆平、王德颖

应该说，“中德公共政策对话”项目能够顺利实施，是与德国国际合作交流机构的资金支持分不开的，中国行政体制改革研究会也给予了极大的支持，包括两本专著的出版，德国国际合作交流机构提供了中文（在中国出版）和英文（在德国出版）翻译等的全部费用。我深知，此项目之所以能够比较顺利地实施，除了德国国际合作机构驻华代表处的大力支持外，还与国家行政学院、中国行政体制改革研究会、德国施拜尔公共行政大学等众多机构的鼎力支持是分不开的。

在中国和德国分别用中文和英文出版的《中德行政体制改革比较研究》

在3年多的合作期间，最值得怀念的，还是双方专家、官员的互访和交流，我曾3次带团赴德国进行考察和交流，先后去了德国的法兰克福、柏林、波恩、波茨坦、杜塞尔多夫、慕尼黑、科隆、不来梅、美因兹、吕布尔以及法国的斯特拉斯堡，意大利的威尼斯，奥地利的因斯布鲁克等。不过从学术交流方面看，2010年1月10日至22日的首次德国之行，收获最大，也最值得一提。当时，中方共组织了6人考察交流小组，除了我以外，还包括中央编制委员会办公室和民政部的两名官员、国家行政学院决策咨询部的李海超副巡视员、公共管理教研部的李军鹏教授、国际合作部的蔡和平翻译等。德方对此次学术交流考察也非常重视，对整个行程作了精心安排。德方也有5人轮流陪同。其中GIZ中德经济体制改革综合项目顾问苏珊·吉莲女士和祝亚波先生全程陪同，GIZ中德经济体制改革综合项目主任施泰格先生、GIZ中德经济体制改革综合项目高级顾问汪浩先生以及GIZ中德经济体制改革综合项目青年专家魏岚女士，也在过程中多次陪同考察交流。

2010年1月在德国施拜尔
左起：李海超、施泰格、汪玉凯

此次考察注重理论与实践的结合，不仅与专家学者进行了交流，而且也到各层级的行政部门进行了访问和座谈。所到之处，都有一些重要专家学者和政府官员（包括4位国务秘书）或专业人士为代表团介绍情况。在德期间，代表团共访问了三所院校、两个联邦州、一个联邦部委、四个协会以及一个州政府驻柏林代表处。具体如下：

三所院校。德国施派尔公共行政科学大学、联邦公共行政学院和波茨坦大学。考察团访问的第一站是德国施派尔公共行政科学大学，这是德国唯一一所公共行政大学。除了大学校长等领导介绍该校的情况外，还有4位教授，包括著名的法贝尔教授分别给代表团作了关于德国的国家结构、行政层级、地方财政来源以及行政体制改革等方面的专题报告，耐心解答了考察团提出的相关问题，使大家在随后的考察活动中能够有针对性地提出问题。

2011年9月，在杜塞尔多夫
左起：汪玉凯、菲尔伯尔及菲尔伯尔丈夫

代表团还访问了地处吕布尔的联邦公共行政学院。这是一所为联邦行政机构的公务员和职员提供培训的学院，与我国国家行政学院的性质类似。学院隶属于联邦内政部，有 50 名工作人员，不设专职教师。每年大约有 300 万欧元的预算用于培训工作，不包括人员开支和基础设施费用。其中大部分用于支付教师的报酬、学员的交通费和住宿费。每年大约举办 1 850 门课程，学员人数约 21 000 人。

访问波茨坦大学的目的是与该大学社会科学系的教授交流东西德合并后东德的行政体制转轨问题。以上三所学院都对与中国的合作表示出了浓厚的兴趣。

2010 年 1 月在波茨坦无忧宫

两个州。莱茵兰－普法尔茨州和北莱茵－维斯特法伦州。在德国的行政体制中，行政权力基本上在州。因此，考察团先后考察了莱茵兰－普法尔茨州（简称莱法州）和拥有 1 800 万人口的北莱茵－维斯特法伦州（简称北威州）。这两个州的纵向行政层级都分为州、行政专区、县/非县属市和乡镇四个层级，但行政管理方式却有很大的差别。莱法州虽然只有 400 万人口，但却设了 2 300 个地方实体，甚至有些小村落也是独立的实体，实行自我管理。而与其相邻的北威州尽管面积比其略小，却是德国人口最多的州，只有 398 个地方实体，可见两州的管理方式非常不同，并且在德国颇具代表性。

2010 年在北威州州府交流

一个联邦部。德国内政部。关于联邦层面的行政，考察团拜访了联邦内政部。该部共有约 1 500 名员工，其中 1 200 人在柏林办公，300 人仍在波恩办公。约 1 000 名为公务员，500 名为职员。地方公务员和联邦公务员的地位是一样的，只是工作任务不同。德国的联邦制是自下而上的联邦制，是各州自愿联合组成的联邦，首先是军事上的，然后才是行政上的联盟。联邦内政部与州内政部之间并非上下级关系。各州在内政事务上是自愿合作的。1954 年成立的内政部长联席会议，由各州内政部长每年轮流担任主席，常设秘书处属于联邦参议院的内政委员会。一般每年举行两次部长级联席会议。联邦的内政部长联席会议，可以发言和提出建议，但不能参加表决。

四个社团。社团文化是德国的一大特色，这也体现其在行政管理制度上。无论是市、乡镇、县都有自己的联合大会，代表着各自的利益。我们拜访了联邦一级的城市联合会、县联合大会以及北威州和莱法州的县联合大会。德国的城市联合大会是 1905 年成立的，属自愿性非政府组织，当时有会员城市 220 个。根据地方自治原则，德国的城市虽然是州的管辖范围，但享有很大的独立性。城市联合会在政治上是中立的，以保证不受党派意见的影响。城市联合大会代表大会选举产生联合会主席；主席是某个大城市的正市长，两年任期。提名权在各个党派，各党派轮流提名代表。联合会的经费来源主要是会员缴纳的会费。城市联合大会的主要职责有三：一是行使和代表城市的利益；二是为会员提供一个互相交流的平台；三是为会员城市提供法律等多方面的咨询和服务。德国当时有 301 个县，有 13 个州级联合大会，它们联合成为联邦层次的县联合大会。联邦的县联合大会是一个注册的社会团体，属于私法实体。会员是 13 个州级县联合大会，不是具体的县。在内部机构设置上，最高机构为所谓的总委员会，相当于议会，每年召开一次会议，作出大的方针政策、选举产生会长。会长通常是某个州联合大会的会长，他同时也是某个县的县长。会长和另外一个代表组成主席团。下设专业委员会，如宪法、欧盟法委员会、交

2010年1月在柏林

通、经济、环保和文化等专业委员会。这13个委员会的主席是某个县长，以及各州执行机构的成员。在日常管理方面，由执行主席（秘书长）负责日常工作。内部机构分为五个部门，类似于一个县的部门设置。联合会的任务是：向联邦和欧盟代表县的利益、咨询和执行与地方利益相关的事务。具体来说就是，如果立法涉及县的利益，首先由县联合大会对法律草案作出初步的意见，然后交由各州根据自己的分析和判断提出建议，再由联合大会汇总后递交给联邦政府。

北威州驻柏林办事处。各州都在柏林设有办事处，但它们的任务和作用与我国各省市在北京设立的办事处相类似，但具体工作的内容有较大差异。考察团拜访的北威州驻柏林办事处共有50名工作人员，其中有四到五人负责与参议院的协调工作，大部分人负责公共关系。驻柏林办事处的核心任务有三个方面：一是发挥州在联邦参议院的作用；二是在联邦参议院的观察员作用，不能参与讨论和表决，只是观察政策的制定；三是与联邦政府的联系，即驻柏林办事处的专业人员与相关部委的工作联系和会议。

在3次赴德国考察交流中，除了学术交流外，还有几件事情给我留下了深刻的印象。

与苏珊·吉莲女士在柏林

第一件事是有关柏林墙。柏林墙位于柏林市中心，过去曾经是东西柏林的分界线。第二次世界大战后，德国被美苏英法四国分区占领，1949年美英法三国占领区合并为德意志联邦共和国，而苏联占领区则成立了德意志民主共和国，德国分裂为两个国家。在此情况下，柏林也因为被四国分别占领而分裂，美英法三国管制下的西部称为西柏林，与苏联控制下的东柏林相对峙。战后的经济恢复发展中，西柏林得到西方国家尤其是美国的援助，经济发展非常迅速，因而吸引了大量的东德人民通过西柏林逃往西德。民主德国在受到了巨大损失之后，在 1961 年采取了建筑隔离墙的办法阻止东德公民进入西德，而这道防护墙就是历史上有名的柏林墙。从柏林墙建立以来到 1989 年柏林墙的倒塌，28 年的时间，被捕的人数达到 3 221 人，而成功逃往西柏林的人数也不过只有 5 043 人，人民在这期间付出了惨重的代价。德国统一后，柏林墙就成为柏林最受人们欢迎的旅游目的地。那里至今仍然保留着当年人们逃跑时遭追杀的一些陈设，以示后人勿忘历史。

在德国柏林墙

第二件事是德国对劳动者保护完备的法律。在德国考察交流期间，我们经常要乘长途汽车出行。比如，在2010年1月的一次考察时，就曾由科隆乘汽车几乎用了一天时间到达柏林。还有一次，从柏林利用一天的时间开到慕尼黑，前者几乎跨越德国东西部，后者穿越德国南北部。德国的高速路上是不限速的，除非是大巴车有一定的限速要求。但有一点非常明确，就是不管路途多么遥远，司机开车4小时后，必须要在服务区休息，否则车就发动不了了。一位司机一天开车也不能超过8小时，如果超过时间，就要中途换司机。我们从柏林往慕尼黑途中，就曾换过师傅。正因为有这些严格的劳动者保护法律，并且能够被严格自觉地执行，所以德国的高速上的车祸还是很少的，安全度比较高，再加上服务区齐全的商品，优质的服务，即使在一个深山老林，在服务区就像在大城市一样，卫生间也特别地干净，给人留下深刻印象。另外通过三次赴德国考察交流，也使我深刻地感受到德国的现代化是一种立体化现代化，也就是说，他们那里的城乡差别是很小的，整个社会秩序井然，人们的生活比较悠闲，生活品质也比较高，再加上德国特有的工匠精神，务实的风格，都使这个国家在国际上享有很高的威望。记得蔡和平翻译曾带我到柏林一个退休高官的家里做客，主人告诉我们，他住的房子是100多年前的老式房子，包括家里的陈设，也是老式风格，但现代化的东西却应有尽有，这都在一定意义上反映出德国人的生活状态。

第三件事是都塞尔多夫机场的失物事件。尽管德国社会给人的总体印象是很不错的，但是我们在德国考察交流期间仍然发生过两起被窃事件。那是我第三次带团赴德期间，当时，团里有几位地方政府的官员，

在德国柏林马克思、恩格斯塑像前拍照留念

一位是武汉市的女副区长，还有一位是安徽省的县长。那位女副区长是在商店购物时，不慎钱包被小偷偷走，当时发现后，她立即冻结了银行卡里的资金，没有造成更大的损失，虽然也在当地警方报了警，但基本是石沉大海。而另一次是在德国北威州首府——杜塞尔多夫机场，安徽来的这位县长的一个小旅行包被小偷偷走。杜塞尔多夫被称为德国富人的天堂，那里居住着许多有钱人，和我共同主持合作研究的菲尔伯尔教授就住在杜塞尔多夫。丢东西那天，是我要离开杜塞尔多夫机场转机慕尼黑回国，在杜塞尔多夫机场办理退税手续时，我们团里成员的行李箱都堆放在一起，一个人看着，其余人排队办理退税。大概是中国有钱人多的名声在外，所以成为机场小偷主要光顾的对象，好在安徽这位县长只丢了一个小包，损失了一些财物，重要证件等都没有被盗，因此并没有造成大的影响。由此，我也在想，虽然德国很富有，生活水平也很高，但任何一个社会，都不可能完美，国家治理只有更好，不可能有最好。

左起：苏珊女士、菲尔伯尔教授、汪玉凯教授、李冉、沈鹏

（五）赴台湾进行学术交流

国家行政学院成立后，随着大陆和台湾经贸文化等交往的快速发展，有关公共行政领域的学术交流也日趋频繁。台湾多所大学的行政管理专家以及政府的一些官员，纷纷到大陆进行交流和考察。记得在我还没有

进入国家行政学院以前，在陕西行政学院任教期间就曾接待过两批台湾学者考察团。一是当时北京大学政治学系的谢庆奎教授与台湾的合作项目，一个台湾学者考察团到西安考察学习，希望我能给予协助，后经我与学院领导交涉，在陕西行政学院组织了一场学术座谈会。二是国家行政学院的国际合作交流部陆林祥主任带领一个台湾学者考察团，来西安学习考察，在学院也组织了一场专家研讨会。通过这两次活动，我也结识了台湾行政学界的一些专家学者。1996 年我调入国家行政学院之后，与台湾学者的交流活动就更多了。当时，组织两岸交流的主要是通过大陆的海协会与台湾的海基会等民间组织进行的，但是都要获得官方的审批。在大陆就是国务院台湾事务办公室，在台湾就是陆委会，即台湾大陆工作委员会。比如，1998 年，国家行政学院按照国务院台办的安排，在国家行政学院举办了一次海峡两岸学术讨论会，国内参加的专家学者有上百人。在这次学术讨论会上，台湾方面参加的人员，不仅仅是专家老师，还有不少政府决策咨询机构的人员。记得蔡英文当时就是台湾陆委会的人员，随团来过国家行政学院参加会议。

2002 年，台湾政治大学的吴琼恩教授，通过海峡两岸协会，邀请国家行政学院的学者考察团赴台湾进行学术交流。国家行政学院组成了以许耀桐为团长的学术考察团，成员除了我还包括：行政管理教研部的刘熙瑞教授和胡冶岩教授、科研部的焦京敏、国际部的车美玉等。到了香港入台前，我们发现，台湾对大陆去的党政机构的人员有非常严格的审查机制，国家行政学院虽然不是党政机关，但其官方色彩非常浓厚，因此，也引起了台湾方面的注意。在台期间，陪同我们进行学术交流和考察活动的，主要是吴琼恩先生，他是一位在台湾有一定知名度的行政管理专家。他曾获得台湾政治大学政治系学士、美国奥斯汀德州大学哲学博士学位。他当时担任台湾政治大学公共行政系主任、公共行政研究所所长、《联合报》主笔、《公共行政学报》主编、中国统一联盟第十一和第十二届主席、中华文化大学公共行政系主任、《海峡评论》杂志社社长。出版了多部著作，代表学术著作有：《儒家政治思想及中国政治现代化：其内在结构关系及转化发展》《台湾命运与中国前途》《腾飞与坠落：突破两岸关系僵局的新思维》《中国文化的和平崛起与两岸关系的发展》，以及《行政学的范围与方法》《行政学》等。发表有关公共行政学术论文数十篇，其中 1996 年出版的《行政学》一书当时已在台湾印行了 4 版。

在台期间，我们走访了台湾选举委员会、国民党党部、民进党党部等党政机构，还赴台湾政治大学等多所高校开展学术交流，后来又到台中进行参观考察。这次台湾之行，给我印象最深的有三件事情。

第一件事情是，亲临并感受了台北市的大选。在台期间，我们正好赶上了台北市的市长大选。马英九自 1998 年当选台北市长以来，又到了四年一届的换届时候，台北市到处都悬挂着候选人的画像，选举气氛十分浓厚。特别是追求连任的台北市长马英九，更是铆足劲儿，势在必得。其巨幅长条画像，悬挂在十几层高的高楼上，上面画着马英九趴在地上的巨幅画像，背上骑着一个小女孩，上面写着“我愿意为人民做牛做马”，其宣传效应，令人难忘。与此同时，街道上到处都能看到敲锣打鼓、扫街拜票的游行队伍。在台湾选举委员会访问时，那位选举委员会主席，温文尔雅，慢条斯理地给我们详细介绍了台湾的选举制度，以及当时台湾的选举状况，中国社科院的学者还专门来到台湾观察此次台湾的选举。

第二件事情是，在民进党党部感受到了台湾对大陆学者的警觉。在台期间我们造访了国民党党部和民进党党部。一个基本感受就是，这些政党组织，全部不能拿财政的钱，要靠党产来维持政党的运转，因此，台湾国民党内就有关财务方面的事情，问责相关人员。正因为这些政党即使执政也不动用政府财政方面的资金，所以政党的财务状况就成为政党能否维系的重要事项。不过最令我吃惊的还是在民进党党部。他们虽然不拒绝到访，但一看到是大陆的国家行政学院考察团，也许就有一种天然的警觉性。在进门的时候，有一位工作人员，甚至询问，你们中哪一位是汪玉凯先生，这一举动让我感到震惊，他们居然连我们的每一位成员都了如指掌。当时我举手示意，称我是，那位工作人员端详了一下，客气地点头。不过进到民进党党部后，看到陈设还是比较简单的，大厅中可以接待民众来访，也可以随时上网浏览信息，我还专门在一台计算机上试了一下，看能否登录大陆的网页，果然可以随便登录，当我登录新浪网后，我已深深地意识到，网络时代的到来将从根本上改变信息传递的方式，像过去那种两岸信息相互隔绝的时代，基本一去不复返了。在当时互联网还刚刚起步时间不长的情况下，台湾方面有这样的意识和举措，也让我有些刮目相看。

台湾“国立政治大学”

台湾“国立台湾科技大学”

第三件事情是，在阳明山上，不经意间听到了台湾退休老人们对大陆改革开放的议论。在台北期间，我们在学术交流之余，还浏览了台北市的市容和一些主要景点，如台北故宫博物院、中正纪念堂、阳明山国家公园等。台北故宫博物院的展品都是当年国民党撤离大陆时从北京运过去的，大量珍品都被带到了台湾，因此，在这里看到的珍贵展品都是北京故宫没有的。我注意到，台北故宫博物院是一座依山而建的建筑物，大量展厅其实都延伸到山洞里，这可能对保护文物更有利。在中正纪念堂，看到在蒋介石的棺椁边上还站着真枪实弹的警察，给人以庄严肃穆的感觉，我当时就联想到，尽管国民党蒋介石到台湾后，也干了些得罪百姓的事情，但总体上看，台湾后来的发展还是得到老百姓的认可的，保留这个纪念堂在一定意义上也说明了这一点。不过，在台北浏览给我印象最深的，还是在阳明山。在那里，我们遇到一群看来像已退休的老年人，他们在那里争执得很厉害，而且声音很大，引起了我们的注意，台湾百姓讲普通话，我们都能听懂，不存在语言障碍。他们争论的焦点是，台湾商人们应不应该去大陆投资，有的认为到大陆投资是帮助中共发展经济，台湾商人不应该去。但多数认为，应该去大陆投资，有的说，大批台湾商人到大陆投资设厂，就等于是反攻大陆了，我们的人在那里当老板，让大陆民众给我们打工，不就是实现了我们反攻大陆的目标了吗？听了这些争执，我感到很好笑，这无疑是国民党对老百姓长期洗脑的结果，但即使是这样的认知，也证明两岸统一还是有根基的，台湾民众对一国的认知度还是很高的。

（六）参与中欧公共管理合作项目

中欧公共管理合作项目，是由中国政府和欧盟于2003年正式签署的政府间合作项目。项目执行机构为商务部，实施机构为人社部，国家行政学院、中央机构编制委员会办公室等都参与了该项目。在此过程中，国家行政学院和欧洲行政学院在具体实施过程中，发挥了重要作用，并在每个年度都设计出若干个具体项目，组织实施。前后历时5年时间，到2007年结束。欧盟方面的项目负责人是哈里·李斯特教授，国家行政学院项目负责人为国际部主任陆林祥。以2005年为例，当年规划的项目就包括：行政发展与战略政策研讨会、开发中国国家行政学院MPA课程、通过提供欧盟公共管理和公共行政方面的经验继续开发中国国家行政学院与地方行政学院培训项目、对培训管理者及培训者的培训、开发国家行政学院人员与机构测评项目、开发中欧公共行政网络等6个子课题。

2006年4月，我作为课题组的专家，参与了借鉴欧盟公共管理经验，开发国家行政学院培训项目的子课题，并赴欧盟的匈牙利、荷兰和希腊三国考察交流。学术交流考察团团长为国家行政学院研究室主任祁述裕，成员共7人，除了我还包括：国家行政学院的丁德章、商务部的陈汝华处长，以及学院研究室、国际部、学院欧盟项目办人员等。

参与学院的欧盟项目，是我那些年参与的国际合作中相对轻松的一个，因为我不是项目主持人，也不是考察团负责人，主要是作为专家参与其中，责任要小得多，也比较轻松，可以有更多的时间去观察、了解欧洲，体察欧洲文明。我们考察的第一个国家是匈牙利的国家公务员培训机构，类似于我国的国家行政学院，但那个学院当时好像还不是一所独立的

2006 年 4 月在荷兰马斯特里赫特欧盟公共管理学院
前排左起：汪玉凯、丁德章、祁述裕；后排中间：哈里·李斯特

培训机构，而是匈牙利国家公共服务大学的前身。该校于 2012 年 1 月 1 日在布达佩斯正式成立，直属匈牙利政府管理，系匈牙利培养高级军官、警官的唯一高等学府，同时还为匈牙利 10 万名政府公职人员提供培训。该校已与我国国家行政学院、国防大学、公安大学等建立起友好交往。该校目前有 4 个学院，分别是军事科学和军官培训学院、公共治理与国际研究学院、执法学院与水文学院等。学校致力于为匈牙利培养公务员、军官、警官和外交官四种人才，并同时参与学术研究工作，为政府提供决策咨询服务。我们当时考察交流的就应该是公共治理与国际研究学院。

由于匈牙利属于原来的东欧社会主义国家，东欧事变后，加入了欧盟，不过他们对国家公务员的培训，和其他欧盟国家还是有一定差别的。

即使如此，他们的公务员培训，对中国而言，还是有一定的借鉴意义。在交流中，我注意到，他们对中国的行政改革、公务员培训也非常感兴趣，因此，我们在听取他们的介绍外，还花不少时间介绍了中国的改革开放以及国家公务员制度的建立等。

除了了解匈牙利的公务员培训课程等外，在匈牙利给我最大的感受，是布达佩斯这座城市的美丽，以及保留完美的典型欧式城市风格。布达佩斯是欧洲著名古城，位于国境中北部，坐落在多瑙河中游两岸，早先是遥遥相对的两座城市，后经几个世纪的扩建，在1873年由位于多瑙河左岸的城市布达和古布达以及右岸城市佩斯合并而成。此前没有布达佩斯这个称呼，过去一般将它称为佩斯－布达（Pest-Buda）。

2006年在匈牙利首都布达佩斯大桥留影

在布达佩斯令我最感到意外的是，那里保留了许多中国文化的元素，与这座典型的欧洲城市形成鲜明的反差。比如，在布达佩斯的广场上，有中国将军骑马征战的大型雕塑，在一些餐馆，至今仍然传承下来中国蒙古族的生活习惯等。按照史料记载，1241 年蒙古人入侵匈牙利，布达佩斯受到很大破坏，后来才得到逐步恢复，因此，蒙古人的一些文化流传至今。当时担任我们翻译的，是一位曾经在北京大学历史系读书的匈牙利女孩，她给我们介绍了许多有关中国和匈牙利的历史文化故事。有意思的是，在匈期间，主人特地安排我们到一家蒙古文化色彩甚浓的餐厅就餐。餐厅是按照蒙古包的形状修建的，里面墙壁上都是拉弓射箭的蒙古壁画。整个陈设，也是变了味儿的蒙古装饰。其中一道菜，是两个人抬上来的，菜盘就像一个完整的羊皮，上面堆满了各式菜肴，这样的

2006 年与祁述裕在布达佩斯的蒙古包里就餐

情景，我在国内也几乎没见过。在国内，内蒙古的各个地市，我大部分都去过，如呼和浩特、包头、锡林浩特、呼伦贝尔、二连浩特、乌兰察布、鄂尔多斯等，接触过不少内蒙古的风俗，但如此大的一个羊皮状菜盘，还真是第一次见到。由此我想到，文化作为深层的人文底蕴，确实具有隐蔽性、长期性的特征，是很难通过一场政治运动就可以抹掉的。

在欧洲考察交流的第二站是荷兰。我们从布达佩斯乘飞机到比利时首都布鲁塞尔，直奔欧盟行政学院所在地——马斯特里赫特，这里是我们考察学习的重点之地。因为与我们合作的欧盟行政学院，就坐落在这座城市。后来又到荷兰首都阿姆斯特丹、鹿特丹以及海牙等城市学习交流。

马斯特里赫特市位于荷兰最南部，是一座世界历史名城。1991 年，著名的欧洲共同体（现欧盟）条约就在这座城市诞生。马斯特里赫特是荷兰最早的一个在古罗马时代基础上建立起来的城市，代表着欧洲文明的昨天和今天。由于所处地理位置的原因，荷兰、德国、比利时三国的文化在这里交融，使得马斯特里赫特成了一个真正意义上的国际中心。而阿姆斯特丹是荷兰的首都，但仅仅是宪法意义上的首都，真正的政府机构、议会等并不在此。阿姆斯特丹是一座水城，城市低于海平面 1—5 米，城内有 160 多条河流，被称为北方威尼斯。由于阿姆斯特丹并不是政府所在地，因此商业气息甚浓。鹿特丹则是世界有名的大港，在世界航运史上有重要地位。而海牙才是荷兰政府、议会的所在地，是真正意义上的政治中心。另外，著名的审判国际犯罪分子的国际法庭，也在这座城市，并吸引了许多外国游客。

在荷兰 4 个城市的学习考察，使我对荷兰的公共治理以及国家公务员培训有了一些切身感受。作为一个发达的西方国家，荷兰是非常重视对公务员培训的，这是他们为了适应快速变化的世界，保持高水平的国家治理所采取的重要举措。比如荷兰，政府部门管理者要对本部门年度培训计划提出培训需求，并选择适合的培训机构签订培训合同，培训机构要通过竞争才能获得培训项目，这就可以把好培训的基本质量关。

另外，他们还利用信息技术，大力发展远程教学项目，为政府机构提供培训和决策咨询服务。具体操作是，将不同地点的学员分成几组、通过网络与培训者连接，培训者将讨论题通过网络发布，各组学员在不同地点讨论，并将讨论结果通过网络传输给培训者。学习过程持续几个月，讨论题目主要围绕政府工作的重点难点问题，或者是政府工作的变革问题。荷兰公务员培训内容，主要包括公众关系协调、计算机知识、个人绩效评估等课程。为了提升公务员个人素质，他们还开设了时间管理、团

2006 年 4 月与欧盟公共管理项目负责人哈里·李斯特在马斯特里赫特合影

队作用等新课程。通过考察，荷兰的公务员培训给我的总体印象是务实、与时俱进、追求实效，这些对我国的公务员培训还是很有启发意义的。

我们考察交流的第三站是希腊的雅典。雅典是希腊的首都，是古希腊文明的发源地，在人类发展史上有着重要的地位。我们去雅典学习交流的时候，雅典奥运会结束 1 年多了，下一届奥运会将在北京举行，因此，雅典奥运会后的一些情况也是我们关注的一个方面。在雅典期间，在欧盟行政学院的精心安排下，我们访问考察了多个希腊政府的机构，双方开展多方面交流，内容包括公务员制度建设、行政改革、公共治理等，以及希腊与欧盟的经济联系等，加深了我们对希腊国家公务员的培训教育、希腊的公共管理、法治、社会经济发展水平等的认识。比如在雅典，到了周末，许多店铺、地摊都不能营业，当时我们还有些纳闷，后来当地官员给我们解释说，这是法律规定的。如果这些商铺、地摊可以营业，就是对法定节假日休假企业的不公平竞争。这与我国的情况有很大不同，也说明欧洲国家法治总体上是比较健全的。希腊在世界发展历史上虽然很有名，但在现实中，属于欧洲相对落后的国家，与西欧的英、法、德、意等发达国家相比有较大差距。

在雅典交流考察期间，对我印象最深刻的，还是古希腊文明的重要象征——神庙以及爱琴海。雅典卫城堪称举世闻名的历史遗迹。这座历经 2 500 年风雨的古城遗址，是这座城市的骄傲。神庙曾经由许多建筑群组成。拜占庭人将神庙转变为教堂；土耳其统治者用伊瑞克提翁神庙当作他妻妾的闺房；200 年前英国人又从这里收购了大量的大理石雕塑。幸运的是，大多数雕塑从那时起开始得到了修复。

帕特农神庙是卫城里最引人注目的建筑，许多游客都在这里驻足留

2006 年 4 月在希腊首都雅典卫城神殿

影，其圆形支柱是展示古希腊财富最无可争议的象征。帕特农意为“贞女的宫殿”，是为供奉雅典娜这位赐予这座城市财富的女神而建造的。当你在神庙旁漫步时，还会发现各面山墙上的精美涂饰和雕像。墙面镶嵌的是大理石面板，上面画工精细的镀金画像为游客描绘了许多历史场景，如著名的“特洛伊的灭亡”。参观了雅典神庙，使我不由得联想到与古希腊文明相对应的中国商周文化以及西安作为 13 朝古都的辉煌历史，遗憾的是，中国古代的许多重要建筑都已不复存在了。

2006 年 4 月在雅典卫城神殿

而爱琴海则是希腊半岛东部的一个蓝色系海洋，属于地中海的一部分。爱琴海是黑海沿岸国家通往地中海以及大西洋、印度洋的必经水域，在航运和战略上具有重要地位。通过游览爱琴海，使我进一步了解了希腊人和土耳其人为何长期不睦的根源，就是因为爱琴海海域划分的争议。据导游介绍，爱琴海上面有 3 000 多个岛屿，结果 2 000 多个都划归希腊，而某些希腊岛屿，距离土耳其本土仅有 1—2 海里。

2006 年 4 月在雅典爱琴海

在雅典考察交流期间，给我留下深刻印象的，还有一位特别的人物，即为我们提供希腊语翻译的一位上海人。他原本是上海外国语大学的一名希腊语老师，在 20 世纪 80 年代的出国浪潮中，公派来到了希腊的一所大学进修。进修结束后，他没有选择回国发展，而是留到了雅典。20 多年下来，他被改变的人生发展道路异常艰难。首先，家人不愿意来希腊，他们长期两地生活，也没有入籍希腊，享受不到希腊人的社会保障，加上很长时间内中国没有直飞雅典的航班，他的往返行程非常不便，挣的钱都花到路上了。另外，一个人在雅典生活不仅孤单，而且生存压力也不小，他主要做中西文化交流方面的事务，以自由翻译者为主要职业，但业务并不饱满，为了多赚钱，他还经营了一个首饰小店。他告诉我，他万万没想到，他离开中国后，中国后来会发展得如此迅猛，他和国内同事的人生差距也明显拉开。当时，他已经50多岁了，每天骑一辆摩托车，来为我们翻译，风雨无阻。我曾试探地问他，那你现在选择回国也可以呀，但他说，这把年纪已经晚了，他只能拼命多挣些钱，老了回到上海养老。我一直以为上海人是非常精明的，但社会是复杂的，即使一个再聪明的人，也有选择出错的时候，真是人生无常呀！

对于国家行政学院参与的中欧公共管理合作项目，2007年12月16日下午，时任国家行政学院常务副院长的姜异康，在会见来院参加中欧公共管理项目指导委员会第五次会议的欧方主任哈里·李斯特时有这样一段报道：姜异康说，“中欧公共管理项目从2003年开始实施，2007年12月顺利结项。我首先代表国家行政学院对李斯特先生5年来为推动中欧公共管理项目顺利实施所作出的积极贡献给予高度评价，并对李斯特先生付出的辛勤努力表示衷心感谢”。姜异康说，“国家行政学院将紧紧围绕加快行政管理体制改革，建立服务型政府的目标，继续深入开展公务员教育培训。中欧公共管理项目开启了学院参与中欧合作项目的良好开端，为下一步中欧双方继续合作奠定了良好基础，希望中欧双方未来的合作得到更加深入的发展”。李斯特先生在会谈中回顾了5年来的工作，对项目所取得的成果表示由衷的高兴，希望为促进欧中双方在公共行政领域的交流与合作继续作出努力。同时，对国家行政学院对其在华工作期间给予热情的接待表示诚挚的谢意。也许这两位领导的这几段话，大体可以概括出该合作项目圆满收官。

（七）主持中新合作项目

2013年10月，按照中国行政体制改革研究会与新加坡公共服务学院的约定，我率团赴新加坡公共服务学院开展学术交流活动。此项活动，主要包括两个环节，一个是在新加坡公共服务学院举办一场学术交流会，以中方专家演讲为主，新加坡公共服务学院主要是向中方介绍本院的培训等情况，并组织新加坡各政府部门的官员参会，了解中国改革开放以来在社会治理方面的一些改革举措。另一个就是考察新加坡的公共管理、信息化等。中方代表团的成员除了我之外，还有国家行政学院应急管理部主任龚维斌教授、政治学教研部的孙晓丽教授、北京师范大学社会学系李秀峰教授以及中国行政体制改革研究会的徐丹、张舒婷等。

新加坡公共服务学院创立于1971年，早期称作公务员培训学院。为给新加坡公共服务队伍提供更优质的公务员培训，2001年由总理公署公共服务署的一个部门，转型成为一家隶属于总理公署公共服务署的法定机构。作为新加坡唯一的公务员培训机构，公共服务学院承担着6.4万多名公务员以及6万多法定机构人员的培训任务。经过长期实践，他们已经形成了自身的培训特色，简称为“四个导向”：即问题导向、需求导向、能力导向和市场导向。具体实施中，实行分类培训的方式，如一般公务员培训、行政官员和高潜质官员培训，以及大量短期培训和委托培训等。除了培训外，新加坡公共服务学院，还在新加坡公共服务人力资源管理与开发战略中扮演着举足轻重的角色。

2013 年 10 月与新加坡公共服务学院交流
左起：李秀峰、龚维斌、汪玉凯、孙晓丽

新加坡是“亚洲四小龙”之一，其经济崛起与政府廉洁的清正形象，在国际社会都很受关注，因此，承担国家公务员培训职能的新加坡公共服务学院，也受到中国官方的青睐。中央组织部很早以前就与该院建立起合作关系，并派过许多省部级、司局级领导赴该院接受培训。据他们介绍，早在 2008 年，中共中央组织部、外国专家局就曾组织过一个 25 人的研究班，来新加坡公共服务学院培训，人员包括中共中央党校（国家行政学院）、浦东干部学院、延安干部培训学院、井冈山干部学院以及大连高级经理学院等主管培训的领导和专家。这等于是培训者的培训，可见新加坡公共服务学院在中国官方心目中的地位。

2013 年 10 月，在新加坡公共服务学院学术报告会上演讲

在新期间，除了与新加坡公共服务学院开展学术交流之外，我们还考察、走访了新加坡卫生部等多个政府机构，走访了社区，查看了新加坡基层选举，以及公务员如何选择公租房等，了解到了新加坡许多带有创造性的治理方式。

比如，新加坡的国家治理结构中，一党长期执政无疑是最显著的特色之一。早在 1959 年第一次议会选举以后，新加坡逐步形成了多党外壳下的一党长期执政模式。新加坡执政党与其他实行多党制的西方国家有明显的差别。表面上看，新加坡实行的也是多党制，容许反对党的合法存在，而且还在议会的议席中明确规定了反对党议席的数量，以此确保反对党在议会中能对执政党的政策制定进行必要的制约，防止执政党在政策制定中出现大的失误。但总体看，新加坡的执政党与议会、政府实际上形成了三位一体的格局，这是新加坡治理结构中的最大特色，为人民行动党能够长期执政奠定了重要基础。还比如，新加坡公务员的住房制度，也很有特色。

2013 年 10 月新加坡公共服务学院学术报告会现场

按照他们设计的政策，一个公务员可以根据你的职务买一套政府提供的房子，价格比市场要便宜许多，但面积是根据职务来确定的。如果公务员职务提升了，要换房，必须将原来的房子退还给政府，再根据当前职务选择与新职务匹配的房子。如果你自己在市场上购买了房子，那么你原来购买政府的房子必须退还给政府。正因为新加坡建立起一套严格的公租房制度，因此，极大地防止了以权谋房等腐败现象。

2013 年 10 月的新加坡之行，还有一件比较有意思的事情，就是我们拜访了由郑永年教授担任所长的新加坡东亚研究所。郑永年教授是我

2013 年 10 月，与郑永年教授在新加坡东亚研究所合影

多年前在大陆结识的学者，曾多次在海南一起参加会议。后来他到英国留学、工作，经常发表一些有关中国时政的分析评论文章，声名渐起，最后到新加坡东亚研究所任所长。在那里，我们代表团与郑永年团队举行简单的交流，并合影留念。等到 2014 年我第二次赴新加坡时，我曾单独再一次与郑永年教授会面。所不同的是，2014 年的新加坡之行，我是受清华大学公共管理学院与新加坡公共服务学院联合举办的信息化论坛的邀请，来新参会的。当时清华大学公共管理学院派出的参会学者包括全国政协委员、清华大学公共管理学院教授王铭，清华大学公共管理学院教授于安，以及其他几位工作人员。我作为清华大学的特邀专家，在大会上发表了《中国信息化发展趋势》的主旨演讲。在此期间，我还拜访了新加坡《联合早报》。

2014 年与新加坡《联合早报》领导在报社总部合影
前排左起：华文媒体总编林任君、汪玉凯、《联合早报》总编吴新迪；后排右三韩咏红

新加坡《联合早报》，是我比较熟悉的一家海外媒体，当时驻北京记者站的站长是韩咏红女士，她也经常采访我，约请我为他们的报纸写一些文章。后来，记者站几位朋友逐渐熟悉，且还常有些往来。2014 年，我第二次到访新加坡后，韩咏红女士专门邀请我访问了《联合早报》总部，并和他们领导人通过午餐进行了比较深入的交流。当时正值中共十八大召开两年后，国家的许多政策已经发生了一些比较明显的变化，特别是开展的反腐败运动，在国内外产生了很大影响。这些都是《联合早报》很关注的。就在那次交流之后，我接受了他们报纸的一次专访，形成了一些腹稿。回北京后，先是参加了《中国经济改革》杂志社在江苏南通的海门举办的年度论坛，我讲了一些观点。紧接着，浙江省于 2014 年 9 月在浙江大学举办“浙江论坛”，我受邀在会上作了演讲。碰巧的是，郑永年教授也应邀出席了此次“浙江论坛”。我们刚刚

在新加坡分手不久，在杭州又见面了。在论坛正式开始前，时任浙江省省长的李强，接见了几位参会专家，我和郑永年都在列。当时，李强省长正受中央的委托筹备首届世界互联网大会，他对此很关注，在和大家聊天中讲到对于互联网管理的一些看法。他说，对于互联网的管理，他更倾向于开放平台、管控好内容的思路。其主要意思是，平台一般不应该封闭，主要要注意内容管理即可。会见中，他告诉大家，由于时间问题，他不能听所有专家发言，但要听两位专家演讲，一位是郑永年教授，一位是我。我得知他要听我的演讲，当即决定改变演讲题目。原因是，习近平同志在浙江担任省委书记时，李强担任省委秘书长，可以说是他的大秘。另外，在 2013 年那轮机构改革中，李强省长在浙江开展的改革还是很有创意的，当时，省里专门成立了一个浙江公共管理专家决策咨询小组，并聘任我为成员，故对浙江的一些改革我还是比较了解的。本来此次论坛，我也是讲简政放权、放管结合方面的内容，由于李强要听我的演讲，我临时改为“习近平的治国使命与未来中国的改革发展”这一题目。我的发言排在李强省长和郑永年之后。在来不及准备、不拿任何讲稿的情况下，我演讲了约 20 分钟，李强省长在听完我的发言后离场。其实，我演讲的内容，都是我在新加坡接受《联合早报》采访时的腹稿。没想到的是，我这两次发言，不知通过网络，还是其他什么途径传到最高层，并引起了注意。据说还有批示。后来我想，我的这个发言，之所以引起高层关注，可能主要是两个方面，一是我第一次比较系统地概括了习近平的治国理念，并提出未来防止出现颠覆性错误的四个方面。由于本次演讲产生了一定影响，后来《人民论坛》杂志约我将此写成文章，并刊登在 2015 年 2 月的《国家治理》周刊上。现将这篇文章的有关内容摘录如下：

如何防止出现颠覆性错误，我认为其核心有以下四点：

第一，要认真研究共产党如何利用好自身的执政资源和领导资源。越是一党执政、越有领导地位，越是要审慎；控制的社会政治资源越多，越要防止由于掌握过多资源，导致战略性、全局性错误的发生。这些都是我们过去形成的经验和教训。

第二，要防止意识形态领域的沉渣再起，把中国再次拉到“左”的道路上。我这样说并非危言耸听，也并非没有任何依据。种种迹象表明，现在的中国意识形态领域正左右交锋。如何把控这个局面，防止中国再遭受“左祸”干扰，出现颠覆性错误，是至关重要的。

第三，在行政性分权、经济性分权与政治相对集权并行的形态下，如何把握二者之间的平衡点，也是防止出现颠覆性错误的重要环节。

第四，在防止出现颠覆性错误的同时，还要大胆地创新，特别是围绕政治体制的变革进行大胆创新，当前显得尤为紧迫。比如，在现行体制下如何通过改革顶层方案的设计，全面实施依法治国战略，构建一种共产党执政领导的、有效的、有为的体制框架就很重要。在笔者看来，中共执政体制下中央和地方可以采取差异化的制度形式，其关键是要找到中央和地方的关键环节进行变革，不一定都要上下同构，这样也许更有利于国家长治久安，有利于国家治理现代化。从中央看，是要保证国家最高权力交替的法治化、制度化、规范化，这是关乎中国长治久安的最核心问题。要在总结过去经验基础上，在维持现有中央权力整体格局的前提下，大胆创新，长久保证国家最高权力交替的法治化、制度化，使之平稳交替，不对社会造成重大影响。

在地方，可以考虑实行党政融合的体制。比如省以下可以考虑构建党政一体化的体制架构。比较可行的操作思路是：市县委书记不要兼人大主任，因为一旦兼人大主任以后，就等于把人大这个监督系统的作用大大弱化了。人大主任应由人大选举出的领导人独立担任。但是市县委书记、市县长可以由一个人来担任。其产生的办法是：通过“三条线”产生一个一把手来。

首先，坚持党管干部原则，党委要推荐合格的书记候选人，可以推荐四到五个书记的合格人选，这几个人到市县党代会上去发表演说，谈谈当书记以后准备怎么干，然后让党代会代表投票选举。得票多的前四位或者前三位到市县人大上去竞争市县长，这几个通过党代会认可的人，都可以当市县长。在人大会上，最后谁当选市县长，谁就是市县委书记。这样“三条线”产生一个一把手，既体现了党管干部原则，也体现了党内民主和人民民主。

其次，让一把手有组阁权，由一把手提名各部门领导，经人大批准，一把手要负连带责任。与此同时，将现有的党政机构整合，广东顺德如此做了十几年，经济总量比青海、宁夏两个省区还多，它的党政机关共设置了16个部门，党委6个，政府10个，多数都是两个牌子一套人马，如宣传部和文化局整合，组织部与人力资源和社会保障局整合等。这样不仅仅能够大大减少人员数量，提高效率，还能使我们的治理体系更加符合共产党的执政使命和领导地位。

最后，纪委和人大是两条线，纪委垂直领导后，不受本级党委书记制约，可以监督书记；人大主要监督市县长。两条线，实际上都在监督一把手。这样我们就能够从根本上改变重要官员选拔的机制，也能够比较容易解决主要领导只向上负责、不向下负责的问题，从而比较好地解决拼资源、拼环境的问题。

（原载《国家治理》2015 年第 2 期）

（八）出席突尼斯国际电子政务大会

2005 年，在电子政务正在全球兴起的时候，我有机会出席了当年在突尼斯举办的国际电子政务大会，并作为中国学者在大会上发表了演讲。事情的起因是这样的。那些年，我在学术方面关注的一个重要领域，就是电子政务，我也是国内最早从公共管理视角研究电子政务的专家之一，并在各种论坛上发表演讲，接受媒体采访，同时也发表了多篇研究电子政务方面的论文，在社会上产生了一定影响。在此背景下，中共中央对外联络部找到国家行政学院，并希望学院能派我作为中方学者，赴突尼斯参加国际电子政务大会，发表演讲。后来我才了解到，此次突尼斯国际电子政务会议，是突尼斯为了筹备 2005 年 11 月 17 日在突尼斯举行的信息社会世界峰会突尼斯阶段会议而进行的热身赛，是为 11 月的世界峰会作准备的。在 11 月的突尼斯信息社会世界峰会上，中国派出政治局常委黄菊出席峰会，并发表演讲。经过中联部与国家行政学院的协商，最后决定派我参会。中联部对我的此次突尼斯之行非常重视。在出国前，仔细安排了我的全部行程以及要会见的相关领导人，并将每次见面的谈话内容，全部写成书面的文字稿，照此实施，还派专门学习阿拉伯语的于海林处长全程陪同，兼做翻译，一起赴突尼斯参会。由于当时

在法国巴黎凯旋门留影

北京没有直飞突尼斯的航班，第一站先飞到法国巴黎，然后转机前往。到突尼斯后，来机场迎接我们的有两位重要人物，一位是突尼斯的粮食部部长，一位是中国驻突尼斯大使馆的中联部参赞。大会如期举行，按照议程，我在大会上作了《中国电子政务发展现状及其展望》演讲，引起了与会者对中国电子政务的兴趣。在参加完国际电子政务会议后，我还有三项活动，一是访问突尼斯行政学院，二是为中国驻突尼斯大使馆作一场专题报告，三是按照突尼斯政府的安排，实地考察突尼斯。

突尼斯，位于非洲大陆最北端，地处地中海地区的中央，属于阿拉伯国家，拥有长达 1 300 公里的海岸线，是世界上少数几个集中了海滩、沙漠、山林和古文明的国家之一，也是悠久文明和多元文化的融合之地。早在 1881 年，突尼斯就沦为法国的保护领地，直到 1956 年才获得独立，因此，受法国政治文化影响很深。在突尼斯考察途中，我们去了一些城市，几乎都在海边，也游览了首都突尼斯城。不过给我印象最深的，还是阿拉伯的文化，这也许与我是第一次去阿拉伯国家有关。当时正是中东恐怖活动猖獗的时期，人肉炸弹令人闻风丧胆。在突尼斯，到处都可以看到蒙着黑面纱的女人，使人不由得有些精神紧张。我住的宾馆是一座坐落在海边的五星级阿拉伯建筑风格的酒店，早晨起来在海边散步，就能看到一些蒙黑纱的女人，包括酒店里的电视，一开机，就会自动播放阿拉伯做礼拜的音乐。不过，作为有悠久历史的突尼斯城，最吸引人的地方，还是闻名遐迩的迦太基古城遗址。虽然古城的多数建筑是罗马人占领时期重建的，但仍然可以窥见当年的豪华景象。1979 年，古城被列入《世界文化和自然遗产名录》。

在突尼斯期间，我的第二项任务，就是访问突尼斯行政学院。这是我来突尼斯之前，学院已经和突方联系好的。听国家行政学院国际部陆林祥主任说，突尼斯行政学院的领导已经到访过国家行政学院好几年了，但学院一直没有派出对等的考察团赴突尼斯访问交流，刚好趁这个机会，让我先到突尼斯行政学院拜访一下，顺便也了解一下突尼斯国家公务员培训的情况。在中国驻突尼斯使馆中联部参赞和于海林的陪同下，我访问了突尼斯行政学院，受到了院长等领导的接见，并进行了愉快的交流，院长访问过中国国家行政学院，并对中国之行感到非常愉快，特别对中国改革开放取得的成就赞不绝口。他也介绍了突尼斯的公务员培训，其中给我印象最深的是两点：一是，突尼斯行政学院完全靠政府财政拨款，绝对不能创收，如果有了收入，政府第二年在财政拨款中扣除。二是，学院工作人员的收入是公开透明的，不可能在薪金之外有任何额外的收入，廉政管理还是很严格的。显然，突尼斯的这些政策，与我们国家还是有一定差异的。回国后，我专门就访问突尼斯行政学院给学院写过一份简要的报告。

在突尼斯的第三项任务是，为中国突尼斯使馆全体人员作了一场专题讲座。其实，这项安排在出国之前是没有的，也就是说，这是我到了突尼斯后，中国驻突尼斯使馆提出的，讲的主题也是围绕政务信息化，主要是介绍国内电子政务发展的现状、未来的趋势等，以便使馆人员了解。当时，担任使馆大使的是刘玉和同志，他在大使官邸专门接见了我，专题讲座后，还和大使夫人等一起宴请了我。这是我第一次在中国驻外使馆作专题讲座，闲聊中也了解到使馆工作的许多逸闻趣事。记得那天来听讲座的人还真不少，不仅包括使馆全体工作人员，还包括商务、文化、军事、中联部等各个部门派驻突尼斯的工作人员，以及新华社驻突尼斯的记者等。在返国途中，我们在中国驻法国大使馆住了一天，并在使馆的安排下，游览了巴黎市区，感受了巴黎这座国际大都市的风采。尽管后来我曾多次赴法国，但都没有这一次留下的印象深刻。

（九）赴越南参加中越国际论坛

2011 年，应中国（海南）改革发展研究院邀请，我赴河内参加第五届“中越经济改革比较论坛”年会。中越经济改革比较论坛，是中改院与越南中央经济管理研究院共同发起的，意在通过两国经济体制改革的比较，相互交流、相互借鉴。在此之前，已经在中国海口顺利举办过 4 次年会。为了组织好本次论坛，中改院组成了以中改院执行院长迟福林为团长的代表团，主要成员包括：中改院殷仲仪副院长、国家发改委宏观研究院常修泽教授、我、中改院主管外事工作的何冬妮副院长等。越南中央经济研究院也为此次论坛作了精心准备，在论坛上，中方共有 4 位专家发表了演讲，重点是介绍中国经济体制改革的成就以及面临的问题、应对策略等。我的演讲主要围绕在经济体制改革中，中方的角色以及政府如何更好地处理好与市场的关系等。不过，令我感到意外的是，越南的专家学者，在介绍越南的改革时，明显流露出一种倾向，即认为中国的经济改革确实值得越南借鉴，越南在这方面与中国的改革还有比较大的差距，但政治改革方面，他们认为，他们正在探索一条独特的越南政改之路，并且比较系统地介绍了这些年来越南在政治体制改革方面的一些探索，引起了中方专家的兴趣。当时我就深刻地意识到，我国的政治体制改革已经落后于越南了。这应该是最具有可比性的两个社会主义国家。

2011 年在“中越经济改革比较论坛”上作主旨演讲

在论坛后考察环节，我确实也感受到了越南经济改革较为真实的状况。比如，河内作为越南的首都，其基础设施、城市建设与中国有明显的差距，特别是当我们乘车前往“海上桂林”——下龙湾的途中，更是加深了这方面的感受。我当时心里想，当时的越南经济改革至少比中国要落后20年，大体相当于我们20世纪80年代的水平。越南经济改革滞后、政治改革超前的现象，引发了我的诸多思考，为此，我回国后，对越南的经济改革方面几乎没有发表过任何文字性的东西，但是越南政治体制改革反倒激发了我的兴趣。结合访问收集到的一些资料，我写了一份《改革内参》报有关部门。我的意思非常明显，就是我们在推进经济体制改革并取得巨大成就的同时，一定要实时地把政治体制改革放到十分重要的位置，否则，经济体制改革发展到一定阶段，如果没有政治体制改革的推进，是很难再深入下去的。现将我发表在2012年《改革内参》上的这篇文章摘录于下：

越南的政治革新及启示

汪玉凯

从1986年开始，越南进入革新开放的新阶段。越南的全面革新主要包括三方面内容：一是从以经济革新为主，走向政治、文化和社会革新；二是从思维、认识和思想革新走向党、国家和人民各阶层的实践活动革新；三是执政党开展与其执政的政治任务相适应的革新。在这三项革新中，最为外界所关注的，就是以国会直接选举和党内差额选举为代表的政治方面的革新。

国会直接选举革新

过去越南国会代表选举，主要由上级党委提名决定，然后进行等额选举，基本是形式主义走过场。代表不是专职干部也没有工资可领，对政府领导的缺点、弊端不敢批评、揭发，否则代表资格就被撤销。1992年4月15日，越南八届国会第十一次会议上通过了越南的第四部宪法。在该宪法中，除了强调越南的社会主义国家性质以及共产党领导地位外，还特别强调了人民的权力主体地位以及完善人民代表制度的重要性。从1993年起，越南国会代表由间接选举改为直接选举，从而大大增强了人民群众的参政意识，增强了代表的责任感和使命感。与此同时，越南还制定了严格的选举程序。比如，候选人提名要经过本人所在单位、居住社区和祖国阵线的三轮无记名投票通过；候选人简历及财产情况须至少提前60天在新闻媒体上公示；民众可对不合资格者予以检举；选举前，候选人至少需安排一周时间与选民直接对话，并接受选民质询；选举实行30%以上的差额直选，允许非党员参选，允许民间自报候选人参选等。

越南的国会代表分为专职和兼职两类。其中专职代表一般不少于1/4。近年来，专职代表的比例还在上升，这样的结构使选举更带有竞选性。以2007年越南第12届国会选举为例，当时全国共有5 600万人参与投票，投票率高达99%，本次参选的候选人共875名，只有493人当选。在875名候选人中，非越共党员超过百人，其中30人是自我提名的候选人。值得注意的是，十二届国会选举中，官员代表进一步减少。其中越共中央推荐的165位候选人中，“意外落选”者达到创纪录的12人，其中不乏政府重要部门的官员。对于官员代表数量进一步下降，越南民众认为，这样的结果有利于改善官员“既当运动员又当裁判员”的弊端，有利于提高国会的监督职能。

2010年5月22日，越南在第十三届国会代表选举中，首次将国会代表选举和2011年至2016年任期地方各级人民议会代表选举在全国同步进行。本次选举登记选民约6 236万人，全国共设9.1万个选区，选举产生国会代表500人，省、直辖市人民议会代表3 200人，郡、县人民议会代表2.1万人，以及乡、街道人民议会代表28万人。

越南第十三届国会代表选举中的一个重要做法是，民意支持不过半者直接出局。本次参选的827名国会代表候选人都经过了越南祖国阵线组织的三轮协商，并得到了工作单位和居住地选民的认可。得不到工作单位和居住地50%以上民意支持的参选人直接出局。越南此次大选进一步向地方倾斜，增加地方代表在国会中的比例。中央推荐的国会代表候选人比例为22%，地方推荐的候选人比例为76.2%。

总的来看，越南的国会代表直接差额选举，不仅极大地鼓舞了民众的参与热情，提升选举的质量，而且使国会的监督作用大大增强，在改善越南政治运作方面产生了重大影响。一个典型案例是2010年6月，越南国会投票否决了行政部门关于在河内市与胡志明市之间建设高铁的议案。该议案受到总理阮晋勇的积极支持，但由于是与日本合作，成本高昂，被代表认为不符合国情，因而予以否决。

党内差额选举革新

除了国会的改革，越南还对执政党自身也进行大刀阔斧的革新。如强化中央委员会对中央政治局和中央书记处的监督，在中央全会上实行质询制，提高决策过程的透明度，提前公布党代会政治报告草案等。不过对于越南政治革新最受外界关注的，还是党内的差额选举。2006年，越共开始在中央加强选举制改革，对新一届中央政治局书记处人选实行半数票否决淘汰制，对九届中央推荐的中央委员等候选人名单首次进行逐一讨论和投票表决，中央委员和中央候补委员的差额选举比例分别达到30%和84%，甚至连总书记也出现了由差额选举产生的情况。比如在越共十大选举中，一开始经全体代表一致同意的候选人包括中央委员候选人218人，中央候补委员候选人61人。经过差额选举后，最终选举出中央委员175人，候补委员25人。越共十大党的总书记，在形式上似乎没有进行差额选举，但实质上已经进行了差额选举。在把最后的候选人名单提交给政治局之前，先在160多名中央委员中进行了有差额的投票（投信任票），之后将得票最高的人选提交给政治局再进行等额投票。越南核心领导层不设政治局常委，而是被认为是“四驾马车”共同管理：越共总书记、国家主席、国会主席、政府总理。从1991年越共七大开始，中央政治局委员即铁定包括国家主席、总理、国会主席3人。越共十一大的14名政治局委员是从21位候选人中差额选举出来的；党和国家的4个重要职位，即总书记、国家主席、国会主席以及政府总理也都是经过竞争产生的。

越共在十一届代表大会代表产生的过程中，把直接选举和差额选举扩展到党代会代表的选举中。越南规定，“十一大”党代表、党委委员选举要在全国各省市的20%的地区推行直选，并且实行比例不少于15%的差额选举。

除了在中央层面的选举中，越共实行了大幅度的差额选举外，在地方层面同样推行了差额选举制度。比如省委书记及所有省级干部均需10%差额比例，在全省干部大会上进行无记名投票选举产生。此外，还允许党员干部自荐参选党政群团领导职务，允许共产党内有不同的派系竞争，允许不同声音的存在，党内可以发表异见，也可容纳不同人物进而实现利益的平衡。2008年以来，越共开始从地方尝试党政职务一把手由一人兼任的方式。2010年，在越南的第三大城市岘港开始了市长选举的试点，将由人民代表会议选举出执行委员会，再由该委员会选出市长的方式，改为由代表会议直接选举。

为了提高党员或公众对参选人的深入了解，越共还规定，各重要选举之前，包括党和国家领导人在内的所有候选人的基本情况、家庭地址、电话等都向社会公开，便于党员干部和群众直接实施监督。

越南政治革新的启示

越南政治体制改革的主要目的，是对“一党执政”的传统运作方式进行调整，改变党国、党政、党军、党法一体的政治模式，提高执政能力，适应市场经济不断发展的新要求。

作为社会主义国家，越南的政治革新对我国有很多值得借鉴的方面。其中，最值得我们关注的，笔者认为，还是越南国会和党内的直接选举和差额选举方面的革新。在这方面我们完全有能力，也具备条件进行这方面的改革和探索。

从人民代表大会制度的完善来看，似乎也首先应该从提高人代会代表的整体素质入手，而要做到这一点，就要从根本上改变各级人代会代表产生的方式，大规模地引入竞争机制，部分代表实行专职化，要给普通民众真正选择自己代表的权利而不是形式。

从党内选举来看，一方面我们要改变党代会代表产生的方式，引入竞争机制，提高党代表的整体素质；另一方面，要把直接选举、差额选举作为党内选举的主要形式，逐步废除等额选举的传统做法，真正体现十七大报告中提出的民主选举的精神气质。

（原载《改革内参·高层报告》2012年第1期和第2期合刊，后公开发表）

我与北京大学

（一）被北京大学聘为兼职教授

北京大学是我国著名的高等学府，也是许多学子向往的地方。我在进入国家行政学院之前就与北京大学政治学系的赵宝煦教授、李景鹏教授、谢庆奎教授等有一些合作和往来，特别是赵宝煦领导的国家社科重点课题，我就参与了两项，在本书的前面已有详细的阐述。1996 年进入国家行政学院之后，我与北京大学的交流合作更加紧密，而且多数都不是个人行为，而是两校之间的合作，我作为一名老师参与。

由于国家行政学院成立得比较晚，因此，学院既不是博士学位授予单位，也没有博士点，无法开展博士生的培养。而国家行政学院有一项重要职能，就是培养政府管理的高层次理论研究人才。为了解决这个问题，国家行政学院在申请博士学位授予单位和博士点的同时，与北京大学建立校际合作关系，联合培养行政管理博士生，选派国家行政学院合格的教授，按照北京大学的评审标准和遴选程序，参与北京大学的博士生导师评审。通过之后，再由北京大学聘为兼职教授，以北京大学的名义，招收博士研究生。

国家行政学院与北京大学合作，具体实施单位，就是北京大学的政治学系。北大政治学系是改革开放以后，国家在政治学和行政管理学的学科重建中，于 1982 年在全国第一个建立起来的，学科包括政治学和行政管理学。1983 年在全国设立了第一个政治学博士学位点，1985 年率先招收博士研究生。2001 年，北京大学在政治学系的基础上，组建了政府管理学院，下设政治学、行政管理、公共经济、公共政策、政治经济、城市与区域管理 6 个系。全国政协副主席罗豪才担任首任院长，王浦劬担任常务副院长。就政府和公共管理而言，美国哈佛大学肯尼迪政府学院、纽约州锡拉丘兹大学马克斯韦尔学院、加州大学伯克利分校的公共管理学院、牛津大学的公共管理学院等都是享誉世界的政府和公共管理学院。这些学院因其培养出一流的政治家和公共管理人才而成为学校的骄傲，成为学校培养水平和办学水平的标尺。北京大学政府管理学院，就是按照上述世界名校的目标，组建了该学院，并与政府部门、国家行政学院、国内外著名大学共同合作交流，为政府管理学院创造了良好外部环境和基础要素。北京大学政治学和行政学方面的师资力量，在当时的国内也堪称一流。除赵宝煦教授、李景鹏教授、萧超然教授等老一代资深教授外，还有宁骚教授、谢庆奎教授、陈庆云教授、王浦劬教授以及国内第一位留学回国、在英国利兹大学获得行政管理博士学位的周志忍教授等知名学者，和一批年轻博士。在这样的大背景下，国家行政学院与北大建立合作关系，对刚成立不久的国家行政学院而言，无疑是一个很好的机会。我是 1999 年经过国家行政学院推荐、通过北京大学三级评审被聘为北大博导的。所谓三级评审，是指通过院系的学术委员会和文理科片上的评审委员会以及学校的评审委员会三个层次的评审，才能最终获得博士生导师资格。在首批遴选中，国家行政学院共有 4 位老师通过评审。除我之外，还有政治学部的许耀桐教授、领导科学教研部的刘峰教授、李习彬教授。为了表示重视，两校举办了隆重的合作办学仪式，时任国家行政学院常务副院长的桂世庸、北京大学校长许智宏院士亲自参会，许院士还为每位兼职教授颁发了聘书。这样，我从 2000 年起，就在北大政府管理学院独立开始招收行政管理的博士研究生了。

1999 年北京大学许智宏校长为汪玉凯颁发兼职教授证书

（二）在北大招收 11 名博士研究生

在随后的 10 多年间，我在北大先后共招收了 11 名博士研究生，这些学生的研究方向基本是两个方面：一是行政改革和公共治理；二是政务信息化或电子政务。当时，北大还可以招收在职的博士生，因此在我招收的研究生中，基本也是两部分，一部分是全脱产的住校读博的，还有一部分是在职读博的。最终，除了 1 名学生因个人发表的论文数量没完成而没拿到博士学位外，其余 10 人都顺利拿到了博士学位。这 11 名学生分别是：杜治洲、黎映桃、张勇进、吴昊、李莹、于施洋、李庆滑、王晓芳、吕双旗、唐志、樊健康。

国家行政学院教授的加盟，也进一步提升了北大政府管理学院在全国的竞争力。因为国家行政学院的教授也有自身的优势，一方面这些老师都是国家行政学院成立时，精心选调来的学术带头人；另一方面，国家行政学院是培养国家高中级公务员的地方，老师讲课的内容和要求，与大学教育有很大差别，更加注重现实，这在一定程度上，可以弥补大学在这方面的不足，实现强强联合。

时任北京大学政府管理学院常务副院长的王浦劬教授，后来长期担任此职，对政府管理学院的建设和发展，作出了重要贡献。多年后，担任中央编译局副局长的著名政治学学者俞可平，重回北大政府管理学院，出任该院院长。其实，王浦劬和俞可平，都是当年赵宝煦教授招收的首批政治学博士研究生，是改革开放以来国内培养的最早的政治学博士。毕业后王浦劬留校任教，俞可平分配到中央编译局工作，后来两人都成为中国政治学界的知名学者。由于赵宝煦教授的缘故，我在调来北京以前就已结识了二位青年才俊。到京后接触就更频繁了。在北大带博士，与王浦劬交往自不必说，同时，也参与了俞可平主导的一些重要学术活动。记得 1999 年，俞可平教授拿到一个由国际基金资助的“中国地方政府改革创新”项目，我被邀请担任首届专家评审委员。当时评比的规则是，必须是地方政府在改革中独创，并且有一年的实践，才有资格申请。如果被评上，将在人民大会堂由重要领导人颁发奖项，并同时给予6万元的奖金。各地的参评非常踊跃，报上来许多地方创新案例。其中有一个案例，引起评委们的兴趣，这就是“政务超市”。有一个地方政府，为了解决企业、老百姓在政府办事难的问题，他们把各个相关政府部门的办事机构，集中在一个大厅里，让各部门在这里摆一个办公桌，集中办理企业、老百姓要办的事情，可以大大减少企业、老百姓到处奔波之苦。他们称为“政务超市”。我们看到这个新生事物很是兴奋，当年就给评了个一等奖。没想到，这成了后来遍及中国的“政务服务中心”前身。

师门教师节聚会

在我开始在北京大学招收博士生的时候，还是可以招收在职博士生的，因此，报考我的学生中，有不少是中央有关部门的一些业务骨干，如国家发改委的于施洋、中组部的吕双旗、国务院办公厅的唐志等。一开始北大博士研究生的学制是3年，后来随着时间的推移，无论学制还是培养模式都发生一些变化。比如博士生的学制延长为4年，不再允许招收在职博士生了。导师招收的博士研究生，导师每月都要给学生发放250元的补贴，学校也同时给博士生发放同样数额的补贴，如果老师不给学生补贴，学校也不予以补助。同时，北京大学率先在全国实行博士论文评审的盲审制度，这些都意味着培养博士研究生的要求更趋严格。特别是论文盲审制度的实施，对学生和导师的压力都是很大的，客观上要求老师必须投入更多的时间和精力指导学生。好在北大政府管理学院的老师们相互合作，在论文的开题、预答辩等关键环节上，大家尽心尽力，把好论文写作的初期关口，避免后面走弯路。所有这些都对保证博士生培养的质量方面，应该说起到了重要的作用。在我所带的10多位博士生中，所有同学送出去盲审的论文，没有一篇被否决的，都顺利通过。其中吴昊同学，在读博期间，撰写的论文入选国际学术会议，并赴国外参会，为北大争得了荣誉。毕业后作为人才引进，到无锡市政府任职。

与吴昊博士在无锡合影

于施洋毕业后在国家信息中心已被提升为大数据主任，李庆滑任贵州省委组织部部务委员，吕双旗从中组部到四川任职，担任省委巡视组副组长，他们都已进入厅级领导职位。

这段经历，提供了一个难能可贵的相互学习、相互交流的机会，我与北大的老师们在此过程中也建立起深厚的友谊。

国家行政学院在北大的博导，一般是不给博士生们上课的，主要是指导学生的论文写作、开题、答辩等，有时也会偶尔为同学们作一场专题讲座，除非遇上比较特殊的情况，才会担任主讲老师。记得有一学期，周志忍教授要去美国做访问学者，就邀请我替他担任了当年博士生行政管理研究课程的主讲老师。大概用一个学期，讲了 10 多个专题，这种研究式的讲授，与给本科生和政府官员讲学都是很不相同的，对老师的学术功底等，也是极大的考验。

（三）参与北大的各种学术活动

在北京大学政府管理学院担任兼职教授和博导的 10 多年时间里，另一项参与较多的，就是北京大学的各种学术交流活动，以及为北京大学开办的各类政府官员短期培训班，讲授专题讲座。其中最值得一提的是 1998 年北京大学百年校庆和全国电子政务高峰论坛。1998 年 5 月是北京大学建校 100 周年，北京大学举行了一系列纪念庆祝活动。5 月 4 日，庆祝北京大学建校 100 周年大会在人民大会堂举行，江泽民出席大会并发表讲话。他指出“教育应与经济社会发展紧密结合，为现代化建设提供各类人才支持和知识贡献。为了实现现代化，我国要有若干所具有世界先进水平的一流大学”。校庆期间，政治学系也组织了有关政治学理论与发展的专题学术研讨会，全国许多高校的政治学界知名学者出席研讨会，我在会上也作了有关“非营利组织在政治发展中的作用”的专题报告。应该说，百年校庆，是北大发展史上的一件大事，是北大发展过程中的一次重要契机。百年校庆不仅提升了北大的国际学术形象，也极大地凝聚了包括北大校友在内的各界人士对北大和高等教育的关注。北大政治学行政学在后来的快速发展，并在人才培养和学术研究方面不断取得新的成就，与百年校庆后他们抓住了这个发展的契机，有密切联系。

“全国电子政务高峰论坛”是北京大学信息化与信息管理中心主办、面向全国的一个电子政务峰会。参与者大多是地方政府、企事业单位从事电子政务工作的实际工作者、首席信息执行官等。在很长一段时间内都是每年举办一次，并在全国逐渐形成了品牌。平时还不定期举办首席

工信部副部长杨学山　　程郁缀　　王子舟　　汪玉凯

信息执行官的培训。我除了应约在培训班上为 CIO 们讲课外，也经常会在峰会发表有关电子政务的演讲。久而久之，北大全国电子政务峰会成为宣传、传播电子政务知识的重要平台。

在过去的 20 多年间，除了参加北大的各种学术研讨会外，就是为北京大学多个学院举办的党政官员培训班作专题讲座。这与中组部开放对公务人员的在职培训有很大关系。中组部为了拓宽党政领导干部培训渠道，容许那些有一定资质的高校独立地承担国家公务员和党政领导干部的培训，像到北大、清华、人大这些在国内知名的高校培训，社会的需求是很旺盛的。据说清华大学前些年，每年的继续教育培训达到上亿元的收入。这几所高校也是我讲学最多的学府，这可能与国家行政学院的老师在官员培训方面的某些优势有一定联系。比如在北大，我面对的培训绝不仅仅是政府管理学院的在职培训班，还有国际关系学院、光华管理学院、经济学院、计算机学院、马克思主义学院、文博学院以及学校的继续教育学院等组织的培训班。这些短期培训，许多都有行政体制改革、电子政务等方面的课程，因此参与高校的这类公务员培训，实际上也给我一个传播知识的平台，把自己的一些所思所想，与国家的改革发展紧密联系在一起，无论是对公还是对己都是有好处的。应该说在过去的数十年中，包括北京大学在内的全国许多高校，以及浦东干部学院、大连高级经理培训学院、中央各部委的培训中心、全国地方党校、行政学院所作的各种讲座，也给了我一个非常好的深入接触不同层级、不同类型、不同地区的党政官员、企事业单位管理人员的机会，这对我进一步了解中国实际、思考中国改革发展中的问题，都是大有裨益的。

我与中国行政体制改革研究会

（一）中国行政体制改革研究会的筹备与成立

2008 年 6 月，时任国务院研究室主任的魏礼群调任国家行政学院党委书记、常务副院长。魏礼群是中央有名的笔杆子，曾在多个重要部门任职。他早先在国家计委担任秘书长，后调往中央财办担任副主任，2001 年任国务院研究室主任，直接为总理服务，担负着一年一度政府工作报告的起草的重任。应该说，他是一位标准的学者型官员，也是中央的高级智囊。

礼群院长到任后，曾进行了大约一年的深入调研，对国家行政学院提升培训质量全面履职，提出了一些新的思路，其中最主要的贡献，就是加强了国家行政学院办学的规范性。其标志是，国务院发布了两个有关行政学院办学的文件：一是 2009 年发布的《行政学院工作条例》；二是 2010 年发布的《国务院关于加强和改进新形势下国家行政学院工作的若干意见》。在调研过程中，他发现，作为正部级、直属国务院领导的国家行政学院，竟然没有一个全国性社团组织。为此，他征求过许多人的意见，也私下找我谈过此事。我给他的建议是，国家行政学院应该申请成立全国性一级社团中国行政体制改革研究会。我的理由是，在公共行政领域，目前全国有两个全国性社团组织：一个是中国行政管理学会，隶属于国务院办公厅；另一个是中国机构编制管理研究会，隶属于中央编制委员会办公室。中国行政管理学会，侧重于学理方面的研究，而中国机构编制管理研究会，则是中央编办业务的延伸，面比较窄。从改革开放以来的实践看，行政体制改革一直是中央改革中的重要内容之一，远比机构调整范围宽，面更广，但全国还没有这方面的社团组织。就像在经济领域，有一个中国经济学会，还有一个中国经济体制改革研究会。国家行政学院申请中国行政体制改革研究会，名正言顺，与学院的职能、承担的任务都很匹配，可以通过这个平台，整合全国行政体制改革方面的专家学者和政府官员开展研究，为中央提供对策性研究。经过反复酝酿，礼群院长认为申请成立中国行政体制改革研究会的方案基本可行，经过学院党委研究，决定启动此项事宜。为了加快筹备的步伐，2008 年年底，党委决定组建一个临时工作班子，专门负责此事，将我从公共管理教研部抽调出来，加上政治学教研部主任刘峰、公共管理教研部的邱佩恩，以及李海超等人，直接在礼群院长的领导下展开工作，如着手起草研究会章程，履行相关程序，联络发起会员等。而我和李海超基本是专门做此项工作的。

其实筹备工作并不顺利。首先，申请带中国字头的一级社团，必须有政治局常委级别的领导人批准，才能设立，否则，民政部都不予受理。其次，要和业务相近的社团如中国行政管理学会、中国机构编制管理研究会协商。当时，国家行政学院的院长是时任国务院秘书长马凯兼任，在马凯院长批准的基础上，才能进行下一步的工作。为此，国务院办公厅专门为中国行政体制改革研究会的设立，召开过一次协调会议，有国务院办公厅、民政部、国家行政学院、中国行政管理学会以及中央编办、中国机构编制管理研究会等参加。会上，中国行政管理学会对成立中国行政体制改革研究会提出一些异议，国家行政学院的刘峰教授在会上作了解答。最终，经过国办协调，各方基本认可了这个方案。接下来就是走民政部的程序了。当时分管民政部工作的政治局委员是回良玉，经过层层汇报，他表示同意成立，但必须有政治局常委级别领导人的认可，才能放行。这样，成立中国行政体制改革研究会的方案报到了温家宝总理那里，直到 2009 年 10 月，温家宝总理才最后批准成立该研究会，后来就是到民政部办理社会团体法人登记证书等方面的事宜了。

虽然研究会注册成功，但是要召开成立大会，还有大量的工作需要做，因此，学院决定正式成立大会初定于 2010 年 4 月，并按照这个时间节点，开展工作。当时我已经成为筹备办公室的负责人，带领包括李海超在内的几位工作人员，夜以继日地工作，到了 2010 年 3 月基本成熟，经学院党委正式批准，魏礼群院长担任首届研究会会长，我出任首届研究会秘书长，同时还确定了研究会顾问、副会长、常务理事、理事等的人选，报民政部社团管理局审批。由于当时推举的研究会副会长，多数都是副部级及以上领导干部，有的在职，有的已经退休，因而这些领导干部还要报中组部审批，过程相当复杂。待到所有这些事项都解决后，研究会正式成立大会于 2010 年 4 月 18 日隆重举行。成立大会后，接着举办了首届中国行政改革论坛。在研究会筹备期间，关于未来研究会的工作整体方向、思路、侧重点等，内部有过多次深入细致的研究。我给礼群会长建议，研究会未来的工作，除了正常的学术活动、咨询研究等外，应当通过一些举措，逐步建立起品牌。我建议，研究会每年举办一次中国行政改革论坛，每年出一本中国行政改革蓝皮书，同时，创办中国行政改革网。当时我带领的工作团队在互联网注册机构，同时注册了两个域名，一个是中国行政体制改革研究会，一个是中国行政改革网。再加上，礼群院长和何家成副院长商定要同时设立一个中国行政体制改革基金，资助研究课题，形成良性循环。这样，研究会的工作大格局在创办之初，就基本形成，除了中国行政改革网以外，多数一直沿袭至今。

在中国行政体制改革研究会的门户网站上，保留着研究会成立时的报道，从中可以看出，无论是研究会的成立还是首届行政改革论坛，都是非常隆重的，也是很成功的。

2010年4月18日，中国行政体制改革研究会成立暨首届中国行政改革论坛会议现场

中国行政体制改革研究会成立大会暨首届中国行政改革论坛4月18日在国家行政学院隆重举行。国务委员兼国务院秘书长、国家行政学院院长马凯出席会议并作重要讲话。成立大会由国家行政学院党委书记、常务副院长、中国行政体制改革研究会会长魏礼群主持。来自全国各地

国务委员、国务院秘书长马凯出席成立大会并讲话

政府官员、专家学者、企业界、新闻媒体记者等，共约300多人出席大会。

马凯在讲话中指出，要以科学发展观为指导，坚持围绕中心、服务大局，着力深化对行政管理体制改革以及政府管理创新方面重大理论和实践问题的研究，努力发挥好决策咨询作用。他强调，办好中国行政体制改革研究会，一要明确目标，努力把研究会建设成为创新型、开放性、高水平的学术团体，办成行政管理体制研究方面的智囊团和思想库；二要突出特色，统筹各方资源，贴近改革实际，善于比较借鉴，不断深化对重大理论和实践问题的研究，为我国行政管理体制改革和政府自身建设提供支撑；三要加强自身建设，坚持正确的办会宗旨和实事求是的思想路线，实行灵活的运行机制，营造浓厚的学术氛围，凝聚各方的研究力量，促进行政管理研究事业繁荣发展，为推进行政管理体制改革作出积极贡献。

国家行政学院党委书记、常务副院长魏礼群主持成立大会

民政部副部长姜力，中国经济体制改革研究会会长宋晓梧，中国机构编制管理研究会执行副会长于宁，内蒙古伊利实业集团股份有限公司董事长兼总裁潘刚，河北行政学院党委书记、常务副院长王光星代表支持单位

致辞。

出席成立大会的中国行政体制改革研究会顾问有（按姓氏笔画为序）：国务院发展研究中心原主任王梦奎，中央社会主义学院党组书记、第一副院长叶小文，中央机构编制委员会办公室原主任、国家行政学院原党委书记、常务副院长张志坚，全国政协常委、文史和学习委员会主任、国家行政学院原党委书记、常务副院长陈福今，中国文联党组书记、副主席胡振民，国务院法制办公室原主任曹康泰。

出席成立大会的祝贺和支持单位的负责同志有：国防大学副校长任海泉，中央机构编制委员会办公室副主任黄文平，中央党校副校长石泰峰，人民日报社副总编辑陈俊宏，国家发展和改革委员会副主任彭森，国务院法制办公室副主任袁曙宏，中国经济体制改革研究会名誉会长高尚全，全国政协委员、中国经济体制改革研究会会长宋晓梧。

出席成立大会的中国行政体制改革研究会副会长有：国家行政学院党委委员、副院长何家成，国家行政学院党委委员、副院长周文彰，全国政协委员、国家行政学院原党委委员、副院长唐铁汉，中央机构编制委员会办公室副主任王峰，人力资源和社会保障部副部长兼国家公务员局党组书记、副局长杨士秋，全国政协委员、国家开发银行顾问刘克崮，全国政协委员、国家开发投资公司总经理、党组书记王会生，全国政协委员、中国（海南）改革发展研究院院长迟福林，中国人民大学公共管理学院院长、教授董克用，国家行政学院政治学教研部主任、教授刘峰，国家行政学院电子政务专家委员会副主任、公共管理教研部教授、中国行政体制改革研究会秘书长汪玉凯。

出席成立大会的国家行政学院的其他领导同志还有国家行政学院党

委委员、副院长洪毅和韩康，党委委员、教务长杨克勤。

出席成立大会的有关部门和单位代表有：中央组织部、中央政策研究室、财政部、《光明日报》、中国行政管理学会等有关方面的负责同志。还有中国行政体制改革研究会全体会员代表，中国机构编制管理研究会和中国行政管理学会部分会员，国家行政学院部分教职工。

成立大会后，中国行政体制改革研究会联合中国机构编制管理研究会、中国行政管理学会共同举办了主题为“科学发展与行政改革”的首届中国行政改革论坛。

首届中国行政改革论坛的主题为“科学发展与行政改革”。国务委员兼国务院秘书长、国家行政学院院长马凯作了重要讲话。国家行政学院常务副院长魏礼群、副院长何家成和周文彰，中央机构编制委员会办公室副主任黄文平和王峰，国务院法制办副主任袁曙宏，国务院发展研究中心副主任侯云春，中国经济体制改革研究会名誉会长高尚全，中国（海南）改革发展研究院院长迟福林，北京大学政府管理学院教授周志忍，清华大学公共管理学院常务副院长薛澜，中国人民大学公共管理学院院长董克用，国家行政学院政治学教研部教授刘峰和公共管理教研部教授汪玉凯等出席论坛。

本次行政改革论坛共收到论文150多篇。论坛后，研究会组织编辑出版了首届行政改革论文集，为研究会的成立画上了圆满的句号。

首届研究会领导成员合影
左起：刘峰、潘刚、王会生、王峰、周文彰、魏礼群、何家成、唐铁汉、刘克崮、迟福林、董克用、汪玉凯

（二）组织撰写行政改革蓝皮书

编辑出版行政改革蓝皮书，是中国行政体制改革研究会创立之初就确定的工作目标，并确定由魏礼群会长担任主编，由我担任副主编，具体操作。为了保证蓝皮书的权威性，成立了一个由校内外专家学者组成的编委会。魏礼群任编委会主任，国家行政学院的三位副院长何家成、周文彰、唐铁汉任副主任。委员除了我还包括：马庆钰、王君琦、王满传、朱光磊、刘峰、李军鹏、杨卫东、何家成、迟福林、张占斌、周文彰、周志忍、孟国庆、姜秀谦、唐铁汉、董克用、魏礼群。其中周志忍、孟庆国、董克用、朱光磊分别是北京大学、清华大学、中国人民大学和南开大学的著名行政管理专家。

从2011年编辑出版第一本行政改革蓝皮书开始，到2017年，由我主导，共出版了6本，多数情况下，都要召开出版新闻发布会，并同时举办相应的研讨会，经过媒体广泛报道，行政改革蓝皮书的影响也越来越大。蓝皮书的策划和运作，还是一件颇费周折的事情。首先，每年的选题，要紧扣国家行政改革的脉搏，抓住关键性话题，这样才能真正体现与时俱进。主题确定过程中，不仅仅是我和礼群会长要反复斟酌，而且要经过主席办公会等，群策群力，帮助把关。然后就是具体内容的设计，作者的选择，都是很关键的环节，如果主题选得好，如果没有一流的作者，也是很难写出有质量的研究成果。2011 年出版的第一本和 2012 年出版的第二本蓝皮书，总体上看，都带有综合性的特征，这主要是要通过蓝皮书，对以往的行政体制改革有一个总体性描述，这样就可以与后面出版的蓝皮书形成连贯性。如第一本蓝皮书共包括四个模块：总报告、专题篇、地方综合篇和地方专项篇。基本是按历史线索，对改革开放后的中国行政体制改革进行了比较系统的回顾和总结。第二本蓝皮书，分为六个模块：总报告、政府职能与结构优化、服务行政法与依法行政、行政绩效与廉政建设、政府信息化与智慧城市以及公共部门改革。从 2013 年第三本行政改革蓝皮书开始，基本每年依据改革的重点，选取一个主题，进行比较深入的理论分析，并加了问卷调查，使其更加具有针对性。如 2013 年出版的蓝皮书，主要包括七个模块：总报告，问卷调查分析、简政放权与转变政府职能、结构优化与转变政府职能、审批制度改革与转变政府职能、创新管理方式与转变政府职能、转变政府职能的行业探索，以及转变政府职能的地方实践。2014—2015 年、2016 年、2017 年 3 本蓝皮书，分别以行政审批在制度改革与地方治理创新、政府自身建设与改革以及简政放权、放管结合与优化服务三大主题展开，并全部配以全国性的问卷调查，不仅比较系统地反映了当时行政体制改革的实践进程，也从社会公众、党政官员的所思所想，提供了一个评价行政改革的新视角，整体效果良好。

2011 年至 2017 年出版的 6 本行政改革蓝皮书

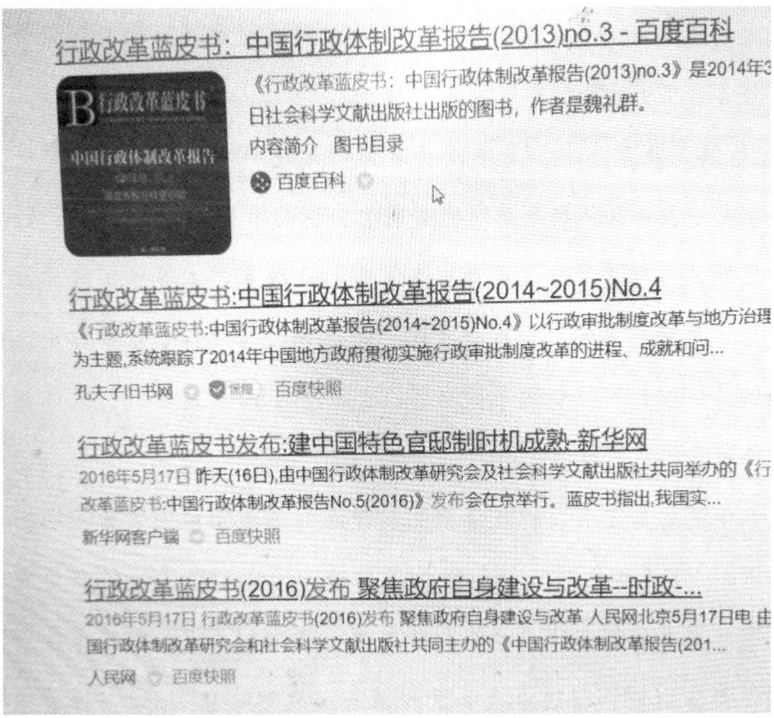

2015 年 4 月 28 日，人民网对行政改革蓝皮书发布会的报道。

《行政改革蓝皮书（2014—2015）》发布会在京举行

2015 年 4 月 25 日，由中国行政体制改革研究会和社会科学文献出版社共同主办的《中国行政体制改革报告（2014—2015）》发布会在北京举行。

国家行政学院原党委书记、常务副院长，中国行政体制改革研究会会长，该书主编魏礼群出席会议。社会科学文献出版社总编辑杨群致辞。中国行政体制改革研究会副会长、国家行政学院教授、该书副主编汪玉凯介绍了《行政改革蓝皮书》的主要内容。该书的两位作者代表，中国政法大学党委书记石亚军、中国社会科学院农村发展研究所研究员党国英结合各自负责的研究专题发表了观点。

《行政改革蓝皮书》是中国行政体制改革研究会推出的重要研究成果，也是中国行政体制改革研究会着力打造的重要品牌，每年出版一部。此前出版的 3 部《行政改革蓝皮书》在行政改革学术界和实践界及社会上产生了良好的影响，为推动我国行政体制改革发挥了重要作用。此次发布的《中国行政体制改革报告（2014—2015）》是中国行政体制改革研究会推出的第四部蓝皮书。

本年度的蓝皮书以行政审批制度改革与地方治理创新为主题，从不同层面对 2014 年行政审批制度改革和地方治理创新进行了多角度分析和研究。全书包括在问卷调查分析基础上形成的总报告和地方政府简政放权与转变职能、行政审批制度改革与“放管结合”、地方行政结构优化与财税土地制度改革、政府购买服务与创新管理方式等六个版块。

该书有以下三个特点：一是突出一个主题，即2014年的行政审批制度改革与地方治理创新；二是坚持“三个结合”，即坚持理论与实践的结合、点与面的结合、专题研究与实践案例的结合；三是注重实证分析，通过开展问卷调查和分析，从多个角度反映不同群体对行政改革的诉求、评价和看法。

该书课题组对全国不同类型的党政机关领导干部、企事业单位管理人员以及普通民众进行了问卷调查与分析，内容涉及：社会对地方行政审批制度改革的最大期望；简政放权、激活市场及社会活力改革的最大阻力；地方政府及其工作人员是否能承接好中央简政放权和社会管理的职责；构建权力清单是否能够防止公共权力的滥用；“放管结合”的难点；电子政务是否真能推动政府治理方式创新等。调查分析得出结论认为，被调查对象对行政审批制度改革与地方治理创新总体上持较为乐观的态度。

该书梳理分析了地方行政体制改革面临的问题与挑战：一是地方政府职能转变依然不到位；二是地方政府机构设置有待进一步优化；三是地方各级政府职责不够明晰。据此，该书提出了未来深化地方行政体制改革的政策建议：一要深化大部制改革，加大机构整合力度；二要培育社会组织，加强各层级地方社会建设；三要建设法治政府，完善地方行政法制体系。

该书认为，从第三方评估的视角看，两年来的简政放权范围广、力度大、进度快，取得明显进展和成效。两年的简政放权具有地位特殊、强调放管结合、放权与规范并举、紧紧围绕经济发展任务、坚持依法推进改革等特点，但也存在一些部门和地方改革目标不明确、改革进展不平衡、横向配套不够、纵向联动不够、法律法规滞后以及监管能力跟不上等问题。下一步要从进一步减少行政审批等事项、强化对行政审批等政府权力的规范、推行“三个清单”、加强监管能力建设、加大地方简政放权的力度、规范和治理中介服务机构等方面，继续推进简政放权。

与会人员对《行政改革蓝皮书（2014—2015）》给予了高度评价，认为该书紧扣行政审批制度改革与地方治理创新的核心和重点，系统跟踪和总结了2014年行政审批制度改革的进程、成就和问题，并围绕地方治理创新等实践议题进行系统总结。该书资料翔实，分析有据，既有总体评述，又有专题研究，还有地方实践案例，从多角度对2014年行政审批制度改革与地方治理创新进行分析和研究，具有较强的权威性和前瞻性，可为我国行政体制改革的理论研究和实践深化提供重要参考。

会议由中国行政体制改革研究会秘书长王满传教授主持。来自国务院研究室、中央编办、国家工商行政管理总局、国家质量监督检验检疫总局、深圳市政府等中央和地方政府部门的有关同志，中国社会科学院、国家行政学院、中国行政体制改革研究会、中国行政管理学会、清华大学、中国人民大学、中国政法大学、中国电力投资集团、社会科学文献出版社等学术机构、高校和企事业单位的专家学者，人民网、新华网、中央人民广播电台、中国网、中国新闻网、《光明日报》、《经济日报》、《经济参考报》等20余家媒体的记者出席了发布会。

（原载人民网2015年4月28日）

NATION 时政

近半官员认可行政体制改革成效

大部制改革应走法治化路径

2013 年 3 月 7 日《法治周末》对蓝皮书的报道

NATION 时政

政府管理错位越位仍较突出

2014 年 4 月 3 日《法治周末》对蓝皮书的报道

（三）协助魏礼群院长主持国家重大委托项目“现代行政管理体系研究”

研究会成立之后，除了每年举办一届的行政改革论坛，出版一本行政改革蓝皮书之外，就是有计划地开展有关公共治理、行政体制改革方面的课题研究。在礼群会长等努力下，设立了中国行政体制改革基金，因此，有了一定经费资助一些重要课题的研究。其中，也包括资助蓝皮书的出版。在研究会设立课题中，我前后共承担过好几项，如前面我详细介绍过的官邸制课题、官员财产公开制课题以及降低行政成本课题等，这些都属于基金支持课题。另外，我还承担过两个特别项目，即“十三五期间中国行政体制改革研究”“现代行政管理体系研究”。这两个项目，都是有关部门委托礼群会长的项目，前者是国家发改委规划司为了制定“十三五”规划，部署的专项课题；后者是中央宣传部委托的国家重大项目。由于礼群会长时任国家行政学院常务副院长，工作繁忙，因此，在他的领导和指导下，由我具体组织实施。“十三五时期中国行政体制改革研究”，是一个短期应急项目，要求也很急。当时，国家发改委委托了两个机构作同样的研究项目，一个是清华大学公共管理学院，一个是国家行政学院。后来课题完成后，在国家发改委规划司的主持下，进行了集中汇报，双方的竞争意味十足。我带领课题组，赴国家发改委进行了汇报和现场答辩，课题成果得到了国家发改委的肯定，也成为国家发改委制定“十三五”规划的参考之一。

与魏礼群会长在行政体制改革研究会签约仪式上

至于“现代中国行政管理体系研究”，则是一个纯理论性的重大研究项目，从 2009 年 5 月立项启动，到 2011 年 11 月结项，历时两年半的时间，学院组织了强大的研究阵容，来完成此课题。按照我长期对行政管理学科的学习和研究，在充分听取学院专家学者们意见的基础上，结合礼群会长的思路，将课题设置了 7 个子课题，分别是：中国现代行政管理体系建设总体研究、行政组织体系研究、行政监管体系研究、社会管理体系研究、公共服务体系研究、行政绩效体系研究、行政管理国际比较研究。最终完成了一个总报告，7 个子课题共完成了 23 个分报告。

第一子课题：中国现代行政管理体系建设总体研究

负责人：汪玉凯（国家行政学院公共管理教研部教授、硕士）

1. 中国现代行政管理体系的主题、结构与变革研究

作者：汪玉凯（国家行政学院公共管理教研部教授、硕士）

2. 中国现代行政管理体系的时代特征研究

作者：马宝成（科研部研究员、博士）

3. 中国现代行政管理体系建设的基本要求研究

作者：李庆滑（北京大学博士生）

4. 中国现代行政管理体系历史沿革研究

作者：罗　杰（北京大学博士生）

5. 中国现代行政管理体系建设的国际经验借鉴研究

作者：褚松燕（国家行政学院政治学教研部教授、博士）

第二子课题：行政组织体系研究

负责人：马庆钰（国家行政学院公共管理教研部教授、博士）

6. 政府组织体系结构的调整优化

作者：马庆钰、时和兴（国家行政学院公共管理研究部教授、博士）

7. 大部门体制的基本构成要素研究

作者：宋世明（国家行政学院公共管理研究部教授、博士）

8.减少行政层级与省直管县体制改革研究

作者：张占斌（国家行政学院经济学教研部教授、博士）

第三子课题：行政监管体系研究

负责人：张占斌（国家行政学院经济学教研部教授、博士）

9.行政监管法治化研究

作者：宋功德（国家行政学院法学部教授、博士）

10.行政审批制度改革成效、问题与未来发展分析

作者：杨伟东（国家行政学院法学部教授、博士 ）

11.金融监管制度研究

作者：黎映桃（北京大学博士）

12.食品药品安全监管与治理机制研究

作者：惠双民（国家行政学院经济学教研部博士）

第四子课题：社会管理体系研究

负责人：龚维斌（国家行政学院政治学教研部教授、博士）

13.社会管理体制改革创新研究

作者：龚维斌（国家行政学院政治学教研部教授、博士）

14.中国社会结构变迁及其社会风险研究

作者：龚维斌（国家行政学院政治学教研部教授、博士）

15.社会管理及其创新中的十大关系

作者：龚维斌（国家行政学院政治学教研部教授、博士）

第五子课题：公共服务体系研究

负责人：丁元竹（国家行政学院公共管理教研部教授、博士）

16.公共服务与基本公共服务的边界、范围及其关系研究

作者：李军鹏（国家行政学院公共管理教研部教授、博士）

17.主要公共服务指标体系研究

作者：丁元竹（国家行政学院公共管理教研部教授、博士）

18.基本公共服务均等化与公共财政保障制度研究

作者：许正中（国家行政学院经济学教研部教授、博士）

19.事业单位改革战略框架设计及路径选择

作者：许正中（国家行政学院经济学教研部教授、博士）

20.公共服务信息化建设的模式选择研究

作者：顾平安（国家行政学院公共管理教研部教授、博士）

第六子课题：行政绩效体系研究

负责人：刘旭涛（国家行政学院公共管理教研部教授、博士）

21.国外行政绩效体系研究

作者：刘旭涛（国家行政学院公共管理教研部教授、博士）

22.中国政府绩效管理的发展、问题与改进研究

作者：刘旭涛（国家行政学院公共管理教研部教授、博士）

第七子课题：行政管理国际比较研究

负责人：范文（国家行政学院政治学教研部教授、博士）

23.国外行政管理体系及改革研究

作者：范文、于军（国家行政学院政治学教研部教授、博士）
孙迎春（国家行政学院图书馆编审、博士）

2011 年 11 月，该项目被中宣部免于验收，获得结项。随后在对所有研究成果进一步地归纳梳理的基础上，于 2012 年 3 月由国家行政学院出版社出版，全书 47.9 万字。可以说，本研究成果是集全院高端专家学者的智慧，集体完成的一项高质量的科研项目。

2012 年 4 月国家行政学院出版社出版

就我个人感受，觉得这个课题的突出特色，就是紧密结合中国行政管理的实践，特别是改革开放以来，我国 30 多年的改革和实践出发，深入分析中国现代行政管理体系面临的问题，力求做到实践和理论的统一。如果有一些贡献的话，就是对现代行政管理体系作了比较深入和系统分析和研究。主要内容包括这样几个方面：如对中国现代行政管理体系作了比较深入和系统的分析和研究：包括中国现代行政管理体系的主题、属性、结构、时代特征；中国行政管理体系的建设经验、发展演变；中国行政组织体系、行政监管体系、社会管理体系、公共服务体系以及行政绩效体系建设发展中的面临的突出问题，以及改善的对策等。应该说，该研究是当时国内公共行政研究中，第一次比较系统地对中国现代行政管理体系进行了总体性研究，具有一定创新性和理论性，对现代政府的管理有重要的参考价值。

（四）在行政改革论坛倡导行政改革

行政改革论坛，是中国行政体制改革研究会，着力打造的两个重要品牌之一，礼群会长对此寄予厚望。每年一度的行政改革论坛主题，研究会从头一年底，就开始酝酿，并通过研究会学术委员会，反复斟酌，深入讨论，礼群会长都要亲自参与，并最终作出选择。在他看来，中国行政体制改革研究会要建设成国内一流的智库，除了作好各种课题研究、每年争取报送若干引起有关部门重视的政策建议件之外，对外，行政改革蓝皮书和行政改革论坛，就是最主要的形式。要动员更多的人参与，对一些重大问题，开展更深入的讨论，这样才能具有超前性。在论坛组织方面，礼群会长最关注的就是演讲嘉宾的选择。每次论坛，都会邀请一些高层次的部级官员和著名专家学者与会发表真知灼见。这对保障论坛的高水准，是极为重要的。以 2021 年 12 月 21 日举办的第十届行政改革论坛为例，虽然受新冠疫情影响，本次论坛无论现场参与人数，还是论坛形式，都受到一些影响，但整体框架基本完整，再加上利用线上线下相结合，许多不能到现场的人，可以通过线上参与。2021 年论坛的主题是“两个百年历史交汇点：行政体制改革回顾与前瞻”。

第十一届全国政协副主席、中国人口福利基金会会长李金华，中共中央党校（国家行政学院）分管日常工作的副校（院）长李书磊出席论坛并致辞。邀请到的主旨演讲嘉宾包括：国务院发展研究中心党组书记马建堂，全国人大常委会委员、全国人大监察和司法委员会副主任委员、中国法学会副会长徐显明，全国政协委员、中国行政体制改革研究会会长杨克勤，中国文物保护基金会理事长、文化和旅游部原党组成员、国家文物局原局长刘玉珠，中国招标投标协会会长、国家发展和改革委员会原副秘书长任珑。专家学者演讲嘉宾除了我还包括：中国行政体制改革研究会副会长、中国人民大学公共管理学院教授董克用，中共中央党校（国家行政学院）马克思主义学院院长、教授张占斌，中国行政体制改革研究会副会长、中国（海南）改革发展研究院院长迟福林，中国行政体制改革研究会副会长、山东省政府参事、山东省社科院原院长张述存。我那天演讲的主题是“中国加入世界贸易组织与政府治理变革”。后来媒体对本次论坛有大量的报道，我演讲的全文，也被刊登在新京报上。

入世 20 年之我见：入世加速中国经济崛起，倒逼政府改革

汪玉凯

2001 年 12 月，中国正式加入了世界贸易组织，开启了真正融入世界的历史征程。入世 20 年来，对中国这样一个世界最大的发展中国家究竟意味着什么，我想这是全世界都看得很清楚的，不必多言。但就我个人观察，有两个方面是至关重要的，值得我们深思。

入世加速中国经济崛起

加入世贸组织，对中国影响最大的莫过于加速中国经济的崛起。原因很简单，在入世之前，世界许多国家、特别是发达经济体，对与中国

的贸易按照非世贸组织成员对待，不仅关税高，而且在许多领域都有诸多限制。而加入世贸组织后这方面的许多障碍得到剪除，中国物美价廉的产品源源不断地输入世界各地，拉低了世界、特别是发达国家的物价水平，使世界各国人民得到了巨大的实惠，中国经济也在快速发展的国际贸易和扩大对外开放中，获得了巨大的机遇，发生了深刻的变化。这些机遇和变化集中表现在以下四个方面：

第一，中国经济发展进入快车道，开始真正腾飞。按照国家统计局提供的数据，从 1978 年改革开放起步到 2000 年的 22 年间，中国经济由占世界 GDP 不到 2%，提高到 3.65%，2000 年的中国经济总量为 99 214 亿元人民币，大约折合 1.25 万亿美元。而入世后的前 9 年，也就是到 2010 年，中国经济总量为 397 983 亿元人民币，折合 59 266 亿美元，正式超越日本，成为世界第二大经济体。到 2020 年，中国经济总量已经超过 100 万亿元人民币，大约折合 15.7 万亿美元，约占世界经济总量的 17.4%，当年美国经济总量 20.9 万亿美元，占世界比重为 24.7%，实现了近代以来中国经济占世界经济总量的大反转。按照美国历史经济学家安格斯·麦迪森的研究结论，他认为中国在 1820 年的时候，经济总量仍处于全球第一位，占世界的比重高达 32.9%。后来由于外来入侵，国内战乱，中国经济占世界经济总量一路下滑。新中国成立后，虽然我们也不断在发展，但与世界二战后出现的经济高增长相比，我们与世界经济的差距不但没有缩小，反而拉得更大了。而入世后中国经济的腾飞、实现的历史大反转，无疑为中华民族的伟大复兴，奠定了坚实的经济基础。

第二，入世加速了中国作为世界工厂地位的确立。由于入世后中国对外开放的力度明显加大，对外进出口贸易快速增长，许多发达国家纷纷把一些产业、包括高科技制造业如电子器件、通信、计算机装配等向中国转移，为中国形成比较完整的产业链和强大的制造能力，提供了重要机遇。通过十几年的迅速发展，中国在不少重要工业产品方面已成为世界上数一数二的生产大国，中国现在已有100多种制造产品的产量处于世界第一位，囊括了家电制造业、通信设备、纺织、医药、机械设备、化工等10多个行业。可以肯定地说，中国目前拥有世界上最完整的产业链，在世界制造业中扮演关键角色，都与加入世贸组织是分不开的。

第三，入世为中国资本走向世界，参与世界国际合作开辟了新的途径。在中国入世之前，中国的改革开放，更多的是吸引外国资本来中国投资设厂。但是加入世贸组织之后，这种情况就发生了很大变化，中国由过去主要吸引外资到走出去的双向开放转变。这对培育有国际竞争力的中国跨国企业，更好地利用国内国外两个市场和国际资本，无疑具有重要意义。按照商务部公布的数据，2019年中国对外直接投资流量处于全球第二，达到1 369.1亿美元，存量处于全球第三，达到2.2万亿美元，仅次于美国（7.7万亿美元）和荷兰（2.6万亿美元）两个国家。中国超2.75万家境内投资者在全球188个国家（地区）设立对外直接投资企业4.4万家，全球80%以上国家（地区）都有中国的投资。

第四，入世也加速了人民币国际化的历史进程。人民币国际化是指人民币能够跨越国界、在境外流通，成为国际上普遍认可的计价、结算和储备货币的过程。在入世之前，我国的人民币虽然也与周边的越南等8个国家和地区签署了边境贸易本币结算的协定，但真正走向世界，还是加入世贸组织之后。比如2001年12月后，中国先后与泰国、日本、韩国、马来西亚、印度尼西亚、菲律宾以及中国香港、中国澳门等国家和地区签订了本币的双边或单边互换协议，使人民币国际化进入实质性阶段。目前，人民币不仅成为许多国家与中国进行贸易的结算货币，而且随着国际旅游业的兴起，人民币流通使用也得到了快速发展，人民币在一些国家除了作为结算货币和支付货币外，还可以自由兑换。所有这些，都在为人民币走向世界并最终成为可储存的货币，铺平道路。

入世倒逼政府治理变革

记得加入世贸组织之初，中国流行一句话，叫入世先要政府入世，意思是加入世界贸易组织受到最大挑战的，不是企业，而是政府。原因很简单，能否按照世界贸易组织的规则体系，实施有效治理，这个责任主要在政府，在政府的管理行为。纵观入世 20 年的发展进程，应该说，政府治理发生的变化无疑是巨大的。

完成艰难的入世谈判后，我们的政府工作，始终把顺应入世后的政府改革放在突出地位，为不断完善市场经济体制作出了不懈努力。总体而言，入世倒逼政府治理变革，至少可以概括为四个方面：

一是大刀阔斧地推进机构改革，转变政府职能。1998 年开始，对政府系统的机构进行了一场声势浩大的改革，将国务院直接管理工业的部门几乎全部撤销，国务院的工作人员精简将近一半，为建立适应市场经济的政府奠定了基础。顺应入世的要求，我们于 2003 年新组建了商务部，并于 2008 年进行了大部制改革，为转变政府职能提供了重要保障。2018 年，按照党中央的统一部署，对国家的行政体制进行了重大调整和改革，如组建国家市场监管总局等。这些改革，几乎都是围绕构建适应市场经济体制的政府、优化政府机构设置和职能配置展开的。

二是修订法律、降低税率。加入世贸组织后，中国政府治理面临的第一个大问题，就是如何按照入世的承诺，修订法律、降低关税。特别是有关法律法规修订是非常紧迫和繁重的。2002年以后，我们按照法制统一、非歧视性、公开透明的原则，规范政府行为，为国内外企业创造更加公平、透明和可预见的市场环境。2018年国家主席习近平在博鳌论坛开幕式上向世界宣布，中国将进一步放宽市场准入，保护知识产权，主动扩大进口，进一步降低关税。按照商务部2021年10月公布的数字，在开放市场方面中国承诺的货物关税降到9.8%的目标，已经实现；在进口方面，中国关税总水平降到7.4%，低于所有发展中成员国家、接近发达成员国家水平。按照我国入世时的承诺，要在2007年开放9大类100个分部门，目前中国实际开放接近120个分部门。

三是持续推动放管服改革，建立市场准入清单制度。加入世贸组织后对中国政府另一个重大挑战，就是如何减少行政审批事项，提高政府的办事效率，减轻企业和公众在政府办事的负担。在这方面，中国政府的一个重要做法，就是在行政审批改革方面持续发力，围绕简政放权、放管结合和优化服务深化改革。到2018年国务院部门取消和下放行政审批事项的比例超过40%，不少地方政府超过70%；非行政许可审批彻底终结；中央层面核准的投资项目数量累计减少90%；外商投资项目95%以上已由核准改为备案管理。与此相联系，就是对市场准入实行清单制度。比如，2020年版市场准入清单与2018年版清单相比，事项数量由151项缩减至123项，缩减比例达到18%，与2016年试行的《市场准入负面清单草案（试点版）》328个事项相比，缩减比例高达62%。市场准入负面清单的实施，对规范市场准入管理，减少政府对市场不必要的干预发挥了重要作用，吸引更多的外国资本来华投资。

四是加快政府数字化转型，优化营商环境。入世后，中国政府变革的一个突出变化，就是加快了政府数字化转型的进程。目前全国一体化政务服务平台，与所有地方政府都实现了联网，中央部委也有50多个部委实现联网。全国4 300多个县以上政务服务中心在一体化政务服务平台上承载了300多万项政务服务事项，创造出最多跑一次、不见面审批一网通办等多种服务方式，极大地改善了政务服务环境，促进了营商环境的优化。从2018年起，中国营商环境便利度排名，由第78位上升到2020年第31位，充分说明数字政府建设已经取得了重要成效。

（原载《新京报》2021年12月11日）

我与中国经济体制改革杂志社

（一）《中国改革》杂志社为我参与改革的实践搭建了平台

《中国改革》杂志社，直属于中国经济体制改革研究会，主办《中国改革》和《改革内参》两份刊物，前者公开出版发行，后者主要为中央决策和各级党政机构领导干部提供改革的最新研究成果和建言参考。在中国改革的进程中，《中国改革》杂志社有广泛的影响。作为其领导机构，中国经济体制改革研究会是1983年经国务院领导批准成立。当时归国家体制改革委员会管理。1998年国务院机构改革，国务院总理的朱镕基强调“要充实、加强体改研究会”。2003年以后由国家发展和改革委员会管理。德高望重的改革标志性人物高尚全长期担任中国经济体制改革研究会的会长，目前担任这一职务的是国家发改委原副主任彭森。《中国改革》杂志社，绝不仅仅是办两份刊物而已，而是通过组织各种改革论坛、评选地方优秀改革案例等，深入参与到中国改革的实践之中。现任社长潘治宏，是一位年轻有为、具有开拓创新的领导者。作为研究行政体制改革的学者，我也比较早地参与了《中国改革》杂志社举办的各种学术活动。

在《中国改革》杂志社举办的活动中，我参与比较多的主要由两个方面：一是参与杂志社举办的一年一度的改革年会，或者其他有关改革的论坛；二是作为课题组织专家，参与杂志社一些重大课题的调研、研讨、评估等环节上的活动。特别是10多年来，后者的活动明显多了起来。其实，杂志社每年组织的优秀改革案例评选活动，与对改革实践的探索是紧密相连的。杂志社每年列入的重大课题，并不是杂志社独自决定的，而是由中国经济体制改革研究会通盘考虑谋划的。每个重大课题，都是由研究会的领导挂帅，杂志社是具体组织实施者。在每个课题中，都要聘请相关领域的专家，参与调研、撰写研究报告等。这些年来，我先后参与了多个这方面的调研活动，令我受益匪浅。如2019年浙江衢州市的“基层社会治理改革”、2021年成都天府新区“建设花园城市改革”、2021年济南市的“创建一流营商环境改革”以及苏州市吴江区工业大数据平台建设等项目。至于，杂志社举办的改革年会或专题论坛，我也经常被邀请参会，并发表演讲。比如，2014年“中国改革年会暨建

2017年9月17日，在山东省淄博市举行的论坛上演讲

设服务型政府高层研讨”会在江苏海门市召开，全国有250余人参会，出席演讲的嘉宾阵容也很强大：除了我还有高尚全、彭森、卢中原、石小敏、孔泾源、白津夫、王长江、张占斌、银温泉、李永忠等。

2017年9月17日，中国经济体制改革杂志社在山东省淄博市召开“全面深化改革推进落实暨‘淄博实践’”高层研讨会。与会的演讲嘉宾除了我还有高尚全、彭森、宋晓梧、刘尚希、马晓河等。

2018年12月27日，中国改革年会在江苏省江阴市举行，中国经济体制改革杂志社举办的“改革开放40年地方改革创新40案例”征集活动在年会上揭晓最终名单。180多位来自全国20多个省区市的各级改革部门负责人参加了发布会议，演讲嘉宾除了我还包括：高尚全、吴敬琏、彭森、范恒山、徐善长、孔泾源、李北光、刘守英、党国英等。

2018年12月27日，江阴会议现场
左一：汪玉凯；左四：彭森

2020 年 9 月 18 日，“新时代地方治理体系和治理能力现代化——机关内部‘最多跑一次’改革暨市域社会治理丽水实践研讨会”在浙江省丽水市隆重召开。这是胡海峰主政丽水后的一项重要改革，作为胡锦涛的儿子，他的一举一动备受关注。胡海峰在会上详细介绍了丽水的这项带有很大创新性的改革，专家们纷纷对此进行评论。高尚全虽然未能到现场，但发表了视频演讲，其中，专门谈到，他在中央办公厅作报告时，专门介绍了丽水的经验。除了我之外，中国经济体制改革研究会会长彭森、中央政法委政策研究室原副主任黄文艺和孔泾源、党国英也发表了演讲。我的演讲主题是“机关内部办事最多跑一次改革，是党政群联动改革新探索”。

2020 年 9 月 18 日，在丽水会议上发表演讲，并与中国经济体制改革研究会会长彭森、丽水市委书记胡海峰等合影留念
左起：蔡文武、贾存斗、潘治宏、党国英、汪玉凯、赵艾、胡海峰、彭森、吴晓东、孔泾源

机关内部“最多跑一次”改革是党政群联动改革的新探索

汪玉凯

机关内部“最多跑一次”改革是一场深刻变革

这要从政府自身管理的痛点和难点说起。中国在计划经济向市场经济的痛苦转型中，最大的问题是出现了权力和利益的交织。我国政府的门槛偏太高，管理的事项太多，审批面太宽。这些问题造成什么结果？一是给权力寻租提供了极大空间。二是给企业、民众在政府和公共部门办事设置了诸多门槛，带来很多不便。三是在政府内部各部门间存在扯皮推诿，使协调变得异常困难。四是阻碍了市场营商环境的改善，影响了政府的形象。这几年国务院之所以下这么大的功夫改善营商环境，固然有中美贸易战的倒逼，但是中国市场经济到今天必须改善环境。

丽水政府内部“最多跑一次”改革是一场刀刃向内的深刻变革。为什么这么说？一是抓住了放管服改革的主要矛盾。简政放权、放管结合、优化服务是2013年、2018年这两届政府一直抓的工作重点。总理说简政放权要壮士断腕、要伤筋动骨，简政放权是一场革命。这说明政府内部存在的问题是非常严峻的。二是简政放权的主要矛盾不在于社会，不在于市场，主要矛盾在政府。丽水改革恰恰就在最难的内部这块上敢于动刀子，解决简政放权最主要矛盾方面。这项改革为实施“互联网＋政务服务”和大数据战略扫清政府内部的体制机制障碍。三是这场变革已经引发了政府内部的业务重组、流程再造、部门协同等多方面发生重大变化。四是通过“最多跑一次”改革，改变了传统政府管理的整体运作格局，为建设人民满意高效、廉洁、有为的服务型政府奠定了基础。

“最多跑一次”改革为政府数字化转型提供了非常重要的抓手

从1999年到2020年的20余年，我见证了中国政府信息化转型的过程，可以用四句话概括中国数字化转型的成就：一是政府由碎片化转向了整体化。二是政府由封闭转向了开放。三是政府部门协调转向整体协同。四是政府由手工作业转向智能智慧。但是，这并不意味着我们数字化转型很完整了，就当下来看，中国数字化转型最主要的障碍和矛盾仍然在党政机关内部而不是在外部。而党政机关内部的主要冲突在于“三难”，互联互通难、数据共享难、业务协同难。这“三难”直接影响了另外的“三跨”，跨部门、跨层级、跨区域。举个例子，现在全国一些地方正在探索老百姓和企业在政府办事的异地办理，而苏州工业园正在探索在国外也可以办理园区的一些事情。当然，如果没有机关内部的痛点和堵点被打通，是实现不了“三跨”的。从这一点来讲，丽水实践的价值在于打通了堵点，在机关内部，不仅仅包括行政机关、党的机关、群团机关，还有提供服务的事业单位进行一体化的联动改革。一定意义上讲，此项改革也为下一步全国一体化政务平台的完善提供了新的思路。

丽水机关内部“最多跑一次”改革，从政府数字化转型方面概括，至少有几点经验：

一是通过“五化改革”为提高政府运行的整体协同能力提供了一个重要抓手。即清单化定责、场景化改造、标准化规范、数字化协同、专业化推进。通过“五化改革”解决了长期困扰政府运行中的内部扯皮推诿、协同难的痛点、难点，打通了堵点。

二是运用信息技术优化政府职能配置，重构政府内部的业务模型，实现党政群联动。具体体现在：重构重塑部门关系，重塑业务环节，集成共享数据，党群政府联动。

三是在落实中央有关推进改革的系统性、整体性和协同性方面有重要突破，防止改革的碎片化和重复性，避免改革流于形式。当年李强同志任浙江省省长时，推动了浙江的简政放权改革，当时有一个专家团队提供智力支持，我有幸参与了一些这方面的工作。当时浙江省政府各个部门一共报上来14 000多项权力，通过对各个部门的权力进行几上几下的审核后，最后仅保留了4 000多项权力。当时在权力清单、责任清单和负面清单的基础上，还创造性地增加了一张财政专项资金使用清单，并在全国最早把浙江省市县三级网络打通，构建起一张全省一体化的社会管理和公共服务网。这也为浙江后来创造“最多跑一次”经验奠定了基础。

四是为全国一体化政务服务平台的完善提供了新路径。国家政务服务平台2019年5月31日上线，这一年多运行下来，全国一体化政务平台已经和32个省、自治区联网了。地方构建了省市县三级平台，一直延伸到乡镇、社区，五级联网，联通了50个部委，现在有300多万个事项在中央一体化政务平台上运行。它的主要支撑是“七个统一”。“七个统一”中最核心的是“五个统一”，统一身份认证、统一电子印章、统一电子证照、统一服务事项、统一数据交换平台，这是支撑一体化政务平台的五个支柱。丽水经验提供的完善政府内部整体协同的创新，具有新的标志性意义。

机关内部“最多跑一次”改革未来完善的路径

一是要进一步扫清观念障碍，破除传统的政府运行以及内部管理模式的束缚，要敢为人先。丽水机关内部“最多跑一次”改革一定意义上讲已经是敢为人先了。

二是要在数据治理上下大功夫。部门间“最多跑一次”改革说到底是政务数据的共享问题。政务数据的共享说起来容易，做起来非常难，数据往哪里归集？怎么共享？数据主权怎么确定？怎么保护数据的运行安全？怎么让数据惠及老百姓惠及社会？这是非常大的文章，和“最多跑一次”改革的成效息息相关。

三是要在法治、制度层面有进一步的突破。现在我们整个数字化时代的问题就是法治建设严重滞后。所以，这项改革首先在制度层面上要有创新，用法治化的形式加以规范，不要因为一个领导人的变动，一个领导人喜好的改变，就让它时过境迁。这是我们需要在制度方面认真思考的课题。

（原载《领导文萃》2020 年第 24 期）

2021 年中国经济体制改革杂志社举行“地方改革创新研究院”挂牌仪式，彭森、汪玉凯为研究院揭牌

（二）《改革内参》：研究成果转变为政策的重要通道

《改革内参》是中国经济体制改革杂志社的一份重要刊物，一直受到党和国家领导人的重视与关注。1983 年创办以来，邓小平、胡耀邦、朱镕基、温家宝等几代中央领导都寄予殷切希望，并亲自作过重要批示。刊载的文章多次得到党和国家领导人的亲自批示，并成为全国第二大中央级内部刊物。在百度上，有关《改革内参》，有这样一段介绍，对我们进一步了解这份刊物，有一定的意义。

《改革内参》以其独特的政治背景，依托中央权威研究机构和宏观决策部门的一流专家学者、高级智囊和政府官员为作者群，决定了其报道信息的权威性、科学性和广泛性。

《改革内参》刊载关于重大政策的内部讨论意见，探讨中国改革过程中隐藏或者即将爆发的种种重大问题，提供快捷、全面、权威、实用的政治经济信息和国家政策信息参考。

《改革内参》参与过中国改革开放重大决策的确立和贯彻过程，亲历过中国改革开放过程中重大事件的论争，影响过中国改革开放的历史进程。

过去这些年来，我作为《改革内参》的作者之一，也从这份刊物中获取了大量有关中国改革的信息。我自己的许多研究成果，有不少都刊登在这个刊物上，有的还引起中央领导的关注。粗略地统计，我在这本刊物发表的文章超过 10 篇，许多都是我作课题研究后，最终形成的政策

建言，应该还是比较严谨的，有些也是有一定分量的。因此，直到今天，我仍然非常珍惜这个平台，我以为，我和《改革内参》已经结下了不解之缘。

发表在《改革内参》上的部分文章

我与中国（海南）改革发展研究院

（一）为改革建言，不遗余力

中国（海南）改革发展研究院，创立于1999年，是一家带有民间属性的智库机构，也是中国改革开放发展到一定阶段的产物。按照当年担任海南省省长的刘剑锋的回忆，1991年，根据时任国家经济体制改革委员会主任陈锦华提议，高尚全、迟福林两位在改革界赫赫有名的人物找到他，商议在海南这个全国最大的经济特区，成立一个相对独立的、依靠社会力量承办的改革研究机构。它既为全国改革发展服务，也为海南改革开放服务。当时就确定了“立足海南、面向全国、走向世界”的办院宗旨。1991年11月1日，中改院正式成立了，并请刘剑锋省长担任中改院院务委员会主任。后来，陈锦华经常讲两句话：第一句是“中改院是中国改革的产物”；另一句是“中改院要按改革的办法办院”。刘剑峰回忆说，“30年来，中改院坚持服务于党和国家及海南省委、省政府改革决策的基本职能，在坚持企业化管理、不要财政一分钱、自筹经费、自谋发展的情况下，自觉、积极、主动地为党和国家作出巨大贡献。30年来中改院取得的成就，比我们当初设想的还要多、还要好，我感到非常欣慰和自豪”！从当时支持中改院成立的海南省省长的回忆，我们大体了解了中改院的来龙去脉。

其实，在中改院创办初期，我并没有机会参与。大概是1998年朱镕基总理领导的大规模行政体制改革启动后，中改院由过去更多地关注经济领域的改革，向政府改革领域拓展。由于我的专业背景以及在国家行政学院任教，因此，中改院开始邀请我参加在海南举行的改革国际论坛，以及经常在北京举办的“改革形势分析会”。后来，我才逐步了解到，中改院在聚焦中国改革研究中，建立了广泛的国际合作关系，特别是与德国技术合作公司形成了长期稳定的合作，开创了许多国际论坛，如中欧、中越、中德以及中国与新兴国家论坛等。与此同时，还在国内形成了一个跨领域、跨学科、跨部门的庞大专家学者队伍，与国家的许多部委、高校、地方政府都建立广泛的联系和合作，承担了许多委托研究项目。我曾经就参加过中改院承担的湖南省的“长株潭一体化”重大项目研究，并到湖南的长沙、湘潭、株洲进行调研，与湖南省的领导举行过座谈、研讨。另外，还参加过联合国教科文组织委托、中改院组织撰写的“公共服务均等化”的研究课题，在海口和北京分别举行过相应的论坛。我作为中改院的专家团队，还在北京亮马河联合国教科文组织驻地，举行过座谈。

至于中改院这些年来作出的贡献，我们可以从其官方的门户网站介绍中，略知一二。

中改院成立以来，以“直谏中国改革”为己任，努力建设中国改革智库，向中央有关部门提交改革政策、立法建议报告160余份；撰写改

革调研报告 488 份；先后承担 80 多项改革政策咨询课题；出版改革研究专编著 280 余部，发表论文 1 700 余篇。所提交政策建议，有些直接为中央决策所采纳，有些被用作制定政策和法规的重要参考。获得包括国家“五个一工程”奖、“孙冶方经济科学奖”、“中国发展研究奖”等多种国家级奖项。

中改院有一支庞大的网络专家队伍。其中，网络专家——现有 3 830 人，依靠这支队伍，建成了联系广泛的学术网络，具备了围绕中国经济转型时期诸多问题的研究能力。其中：经济体制改革研究领域（国企、财税、金融、宏观、农村、生态等）1 871 人，占总 48.85%；社会文化体制改革研究领域（民生、教育、劳保、住房、文化）1 329 人，占总 34.7%；政治体制改革研究领域（民主与法制、行政）542 人，占总 14.15%；对外开放研究领域 88 人，占总 2.3%。

29 年来，中改院组织社会力量研究中国改革理论和现实问题，先后举办和承办国际、国内研讨会数百次，参加研讨会的国内外著名专家、学者、政府官员数万人次，其中省部级以上领导达 800 多人次。

（二）高尚全、迟福林：中改院的两位灵魂人物

说到中改院，其实就要说到对中改院发展起到关键作用的两个人，一位是高尚全先生，一位是迟福林先生。

高尚全一生都与中国改革相伴。1982 年，他被调入刚成立的国家经济体制改革委员会，从此成为中国经济体制改革重要的见证者和推动者。

1985 年至 1993 年，高尚全出任国家体改委副主任，随后又担任中国经济体制改革研究会会长。中国（海南）改革发展研究院创办之时，出任院长。他曾先后 6 次参加中央重要会议文件起草工作，包括 1984 年十二届三中全会、1993 年十四届三中全会、2003 年十六届三中全会等，提出了关于“企业自主权”“商品经济”“劳动力市场”等一系列重要改革建言。可见，作为中国改革的领军式人物，高尚全的加盟和挂帅，对中改院的发展有多么重要。记得在 2004 年 10 月 30 日至 31 日，在海口联合召开的“政府转型与中国经济社会的协调发展国际论坛”上，高尚全致辞中有这样一段话，他说：“今天首先请允许我代表会议的主办单位向来自国内外的政府官员、专家学者、新闻界的朋友表示热烈的欢迎！对关心中国改革事业和关心中改院的朋友们表示衷心的感谢！中国（海南）

2019 年在北京与高尚全合影

改革发展研究院1991年成立以来，已经先后开了50次中国改革国际论坛。举办了3次政府转型会议，第一次是1997年，对政府转型进行了探讨，引起了国内高层的注意。2010年11月份召开了第二次政府转型会议。这个提法在理论界和社会界得到了广泛的认同。为了把政府的转型引向深入，以政府转型改革为主题，对政府转型的研究进一步深化。”高尚全的这个简短致辞已经说明，他不仅关注着经济体制改革，而且对政府转型与改革，也非常关注和重视，因为在他看来，当经济体制改革深入到一定程度后，如果没有政府改革的推进，经济改革是走不远的。

自从结识高尚全先生后，我们相处甚欢，经常在各种论坛或者会议上听他演讲，也有许多私下的交流。越到后来，他似乎越来越关注政府改革，甚至亲自写了一些政府改革的文章。有时，在写文章的过程中，就与我通电话，切磋交流。对于这样一位长者、领导，又是国内外著名的改革大家，如此平易近人，礼贤下士，着实令我感动，也使我增加了对他的崇敬之情。2009年，在他80岁寿辰时，由中改院出面，在北京举办了隆重的寿宴，来宾阵容很大，许多重要嘉宾都来出席，我也有幸参加并见证了这次非常有纪念意义的活动。看到人们对高老如此爱戴和尊重，我内心产生了由衷的敬意，我知道这种尊重，既是对高老的人格的尊重，也是对他对中国

高尚全主编，2012年人民出版社出版

改革事业作出卓越贡献的尊重。

2012年，党的十八大刚刚结束，人民出版社邀请高尚全组织专家学者，编写了《改革是中国最大的红利》一书。该书的作者阵容堪称强大，全书共三部分，第一部分——十八大后中国改革发展走势，共有4位作者：成思危、厉以宁、吴敬琏、林毅夫；第二部分——加快五位一体改革，共有6位作者：高尚全、汪玉凯、熊澄宇、周瑞金、杨伟民、常修泽；第三部分——深化重要领域改革，共有9位作者：陈锡文、张卓元、郑新立、周小川、贾康、宋晓梧、迟福林、樊纲、彭森。作为主编，他亲自邀请每一位专家，并与大家沟通该书的总体思路。我应邀撰写的是比较敏感、但在高老看来又不可缺失的一部分，即政治体制改革。虽然重点还是写行政体制改革，但许多内容已经涉及政治层面的问题了。

《改革是中国最大的红利》所收录高尚全、汪玉凯的文章

在那些年，我和中改院的一些专家都与高老有许多接触。当时，中改院在年初制订年度工作规划时，为了慎重，常常会请少数专家帮忙把关，有时春节刚一过，大家就汇聚在海口，进行讨论。随后就去三亚或

者霸王岭等地方度假。记得有一次，高尚全夫妇、常修泽夫妇、孙立平夫妇及我和家人，在中改院的组织下去三亚，一边休假，一边调研三亚的房地产市场，看了不少楼盘。常修泽是国家发改委宏观研究院的著名经济学家，孙立平是清华大学人文学院的著名社会学家，他们都是中改院的核心网络专家，也是经常参与中改院改革论坛的学者。当时，中改院的朋友对高老戏称说，高老在10多年前，就在三亚看过房，那时的房价才一平方米2 000多元，现在一平方米快2万元了，还没有下决心在三亚买房，逗得大家都乐了起来。到前些年，由于高老年事已高，外出行动不便，但我仍然在多个论坛上看到高老利用视频发表演讲，一次是2018年中国体改杂志社在江苏无锡举办的改革年会上，一次就是我前面提到的2019年在浙江丽水的视频演讲。不过在那次演讲中高老还提到一件事情，就是他当年在中央办公厅专门介绍过一次胡海峰在丽水推行的党政机关内部办事“最多跑一次”改革的经验。正好，在中办举办的那次系列讲座中，我也去作过一次专题讲座。当年高老已是90岁高龄，还在为中国的改革事业奔波，令人十分感慨。2021年高尚全以他92岁高龄，走完了人生的改革之路。

与中改院迟福林院长在人民网做访谈

而中改院的另一位重要人物迟福林，则是中改院的真正操盘手。按照他的说法，他是参与海南建省时的厅级官员，最后主动离开体制，选择创办一所带有民间属性的智库，这一人生转折，没有点气魄，是难以想象的。应该说，他是看着中改院从无到有，从小到大，一天天发展壮大起来的，也可以说，中改院的每步前行，都包含着他的心血和艰辛。从2003年到2015年的10多年间，我参加了无数次中改院的各种学术活动，在这个平台上，我见证了跨学科的思想碰撞，见证了党政官员和专家学者的交融和合作，见证了中外专家学者、官员的合作和交流，使这个平台源源不断地产生精神产品，给国家的改革提出一份又一份有重要价值的建言，扮演着独特的民间智库的作用。特别值得一提的是，迟福林及其他的团队们，为了把智库建好，在排除诸多困难的情况下，建起了能容纳数百人的专家公寓，在美丽的海口西海岸，集聚起有着巨大影响力的高端专家群体，所有这一切，如果没有执着的信念和追求，是很难做到的。

（三）这个平台给了我跨学科参与的机会

在参与中改院的学术活动过程中，我深刻地感受到，这是一个名副其实的跨学科平台。这可能与改革研究的综合性有很大关系。其中，我有3本著作都是按照中改院的跨学科设计、写作出版的。一本是《中国行政体改改革30年回顾与展望》，一本是《界定政府的边界——汪玉凯谈政府改革》，还有一本是《互联网发展战略》。第一本是中改院与人民出版社合作，

2008年人民出版社出版

组织编写了一套纪念“改革开放30周年”系列丛书，我组织编写的《中国行政体制改革30年回顾与展望》只是其中的一本，还包括张卓元主编的《中国国有企业改革30年的回顾与展望》、宋晓梧主编的《中国社会保障改革30年的回顾与展望》、陈锡文等主编的《中国农村改革30年的回顾与展望》、吴晓灵的《中国金融体制改革30年的回顾与展望》、江小娟主编的《中国开放30年：增长、结构与体制变迁》等。主编上述改革丛书的专家，基本都是各个领域知名专家学者。

其中迟福林主编的一本综合介绍中国改革开放30年的书，我也撰写了政府改革一章，最后，用英、俄、德、法、日多种外文出版发行，扩大了在海外的影响。第二本《界定政府边界——汪玉凯谈政府改革》一书，是2010年中改院组织的另一套丛书中的一种，也是围绕总结30年改革经验的专著，主要是要系统回答当改革进入深水区后，各个领域的改革如何深入。为此，中改院与北京时代华语图书有限公司合作，组织国内六大咨询机构的专家，编写出版了这套涉及经济、政治、社会等领域改革的丛书。至于第三本《互联网发展战略》，是中改院2012年与中宣部所属的学习出版社共同组织出版的国家发展战略丛书

专著，2010年中国友谊出版公司出版

中的一本，全套丛书共 20 本，涉及经济、社会、政治、文化、外交、国防、改革、开放等多个领域。作者大都是在各个领域的知名专家学者。有关这本书的情况，在前面电子政务部分中，已有介绍。

《中国改革 30 年》，2018 年用 6 种外文出版

在中改院这个平台上，除了参加各类学术活动外，我还参与了两项工作，一项是担任院学术委员会委员，一是作为博士生导师，参与培养博士研究生和博士后。中改院的学术委员会堪称大家云集，集聚了多学科的知名专家。

院学术委员会——以国务院发展研究中心原主任王梦奎为主任、国内 35 名著名专家学者组成的学术委员会，为中改院的改革研究确定计划，把握方向，决策重大研究事项。

2013 年学术委员会

主　任　王梦奎 国务院发展研究中心原主任

副主任　张卓元　中国社科院经济研究所研究员

迟福林　中国（海南）改革发展研究院院长

秘书长　殷仲义　中国（海南）改革发展研究院常务副院长

成　员（按姓氏笔画顺序）：

王　珏　中共中央党校教授

王瑞璞　中共中央党校前副教育长、教授

王保树　清华大学商法研究中心主任、教授

王振中　中国社会科学院经济研究所副所长、研究员

王宛山　东北大学原副校长

王俊豪　浙江财经学院院长

王景新　浙江师范大学工商管理学院副院长

浙江师范大学农村研究中心主任、教授

方恭温　中国财经报社原社长

孔泾源　国家发展和改革委员会经济体制综合改革司司长

卢　迈　国务院发展研究中心研究员、中国发展基金会秘书长

卢中原　国务院发展研究中心原副主任

宋林飞　江苏省政府参事室主任

原江苏省社会科学院院长

孙立平　清华大学人文学院社会学系教授

刘　鹤　中央财经领导小组办公室主任

国家发改委副主任

刘世锦　国务院发展研究中心副主任

吴明瑜　国务院发展研究中心原副主任

陈锡文　中央财经领导小组办公室副主任
　　　　中央农村工作领导小组副组长兼办公室主任
陈　淮　国家住房和城乡建设部政策研究中心原主任
　　　　中国城乡建设经济研究所所长
汪玉凯　国家行政学院教授
易　纲　中国人民银行副行长
　　　　国家外汇管理局局长
周叔莲　中国社会科学院工业经济研究所研究员
周天勇　中共中央党校研究室副主任
洪银兴　南京大学党委书记
范恒山　国家发展和改革委员会地区经济司司长
贾　康　财政部财政科学研究所所长
殷仲义　中国（海南）改革发展研究院常务副院长
黄范章　国家发展和改革委员会宏观经济研究院研究员
曹远征　中银国际控股有限公司首席经济学家
常修泽　国家发展和改革委员会宏观经济研究院教授
萧灼基　北京大学经济学院教授
温铁军　中国人民大学农业与农村发展学院院长
韩　俊　国务院发展研究中心副主任
樊　纲　中国经济体制改革研究基金会秘书长
　　　　国民经济研究所所长
　　　　货币政策委员会委员

在二次转型新书发布会上
左起：汪玉凯、迟福林、常修泽

在中改院，我还参与了博士研究生和博士后的培养。为了拓展中改院的业务范围，提升中改院的发展后劲，中改院十分注重培训与教育。在培训方面，中改院培训中心成立至今，共举办了近百期培训班，培训 8 000 多人次。在学位教育方面，与东北大学合作转轨经济理论与实践博士项目以及工程硕士项目；与荷兰马斯特里赫特管理学院联合举办的总经理战略管理研究生班项目；与厦门大学合作举办金融学专业研究生项目，受到社会各界的普遍欢迎。后来，中改院又设立了博士后流动站，培养博士后。我就是在这个平台上先后招收了 2 名博士研究生和 4 位博士后。2 名博士研究生是戴炜倬、朱钰；4 名博士后是华南理工大学刘红波、中南民族大学李世颉、国务院发展研究中心李汉卿、厦门市委党校蔡旭。数年下来，我带的研究生和博士后，都顺利毕业，拿到了博士学位，完成了博士后流动站的研究，顺利出站。

我与深圳创新发展研究院

（一）颇具影响力的大梅沙论坛

深圳市现代创新发展研究院（简称“深圳创新发展研究院”），于2013年7月在深圳成立，是一家具有独立法人资格的非营利性社会组织。深圳创新发展研究院的创办人为张思平，是深圳市原副市长、市委常委，之前曾担任湖北省社科院副院长、海南省体改办副主任、广东省体改办主任等重要职务，是一位典型的学者型官员，对中国的改革事业有极为深刻的认识和研究。他创立的这个研究机构，以组织社会各方力量为促进深圳乃至全国的改革创新事业作重要贡献为宗旨，力争成为在改革创新领域中国最具影响力的民间智库。其业务范围主要涉及五个方面：一是组织和资助社会治理、科技、企业管理领域的创新发展项目课题；二是举办社会治理、科技、企业管理领域的创新发展研究成果评选活动；三是举办社会治理、科技、企业管理领域的创新论坛，搭建网络交流平台；四是开展社会治理、科技、企业管理领域的人才培训、交流活动；五是开展社会治理、科技、企业管理领域的咨询活动。其主要品牌，是大梅沙创新论坛。该论坛秉持独立、开放、创新的理念，聚焦中国改革创新进程，邀请来自全球政、商、学界精英齐聚大梅沙海滨，探讨国家治理体系、经济转型、社会治理创新、政治体制改革等重大课题并提出针对性的解决方案，力争成为影响中国改革创新的标志性交流平台。

我是2016年深圳创新发展研究院举办第三届大梅沙论坛时开始参与该机构的活动的。

第三届大梅沙中国创新论坛于2016年11月4日在深开幕，该论坛由深圳创新发展研究院主办，北京大学汇丰商学院等也参与合办。论坛以“创新与‘十三五’”为主题，除梁祝论坛之外，还设立了改革论坛、金融改革论坛、经济学家论坛、科技创新论坛、全球视野下的中国经济、国企改革与发展论坛和教育改革论坛七场专题论坛，以及媒体领袖对话和智库对话两场专题活动。

本届论坛邀请了海内外诸多政要、知名专家学者与会，发表演讲。这些政要专家包括：南非前总统德克勒克，经济学诺奖得主詹姆斯·莫里斯，美国布鲁金斯基金会中国问题专家李成，国家体改委原副主任高尚全，北京大学著名经济学家厉以宁，国务院发展中心著名经济学家吴敬琏，国务院发展中心原书记陈清泰，国家经贸委原主任李荣融，国家体改委原副主任邵秉仁，中央统战部原副部长胡德平，中国社科院原副院长李培林，中共中央政策研究室原副主任郑新立，中国经济改革研究基金会理事长宋晓梧，全国人大财经委副主任辜胜阻，全国人大财经委副主任、国家发改委原副主任彭森，全国人大财经委副主任委员、中国人民银行原副行长吴晓灵，中国石油化工集团公司原董事长傅成玉，国务院发展中心原副主任刘世锦，国家税务总局原副局长许善达，中国证监会原副主席高西庆，中国工程院原副院长、原国家邮电部副部长、院士朱高峰，香港金融发展局主席史美伦，招商局集团、招商银行原董事长秦晓，耶鲁大学管理学院金融学终身教授陈志武，北京大学校务委员会副主任、汇丰商学院院长海闻，著名经济学家许小年，中改院院长迟福林，新加坡东亚研究所所长郑永年，华夏新供给经济学研究院院长、财政部财政科学研究所原所长贾康，著名金融专家巴曙松、曹远征，经济学家杨瑞龙以及国有企业改革家周放生等。

在主论坛上，80多岁高龄的厉以宁教授，通过人搀扶着走到主席台，坐着发表了他的观点，而另一位大家吴敬琏则是通过视频演讲。其余的国内外专家都是现场演讲。即使每个专题论坛，演讲嘉宾的阵容也很强大。根据新闻报道，在“全球视野下的中国经济”分论坛上，北京大学校务委员会副主任、汇丰商学院院长海闻院长担任主持，演讲嘉宾

2016年11月4日第三届大梅沙论坛开幕式

厉以宁

南非前总统德克勒克

吴敬琏

包括：国务院发展研究中心原副主任刘世锦，哈佛大学经济学教授埃里克·马斯金，美国亚洲协会华盛顿特区副总裁兼董事总经理温迪·卡特勒，中欧国际工商学院经济学教授许小年，美国东西方研究中心总裁查尔斯·莫里森，法国国际战略关系研究所亚洲研究中心高级顾问克劳德·迈耶，美国缪肯研究中心研究部主任佩里·黄，德国发展研究院世界经济研究中心主任彼得·沃尔夫和英国皇家国际事务研究所查塔姆国际经济研究部主任帕乌拉·斯帕奇。而我所在的改革论坛，演讲嘉宾除了我还包括：新加坡东亚研究所所长郑永年、中国（海南）改革发展研究院迟福林等。

（二）被聘任为资深研究员，潜心研究中国治理结构转型

除了举办高规格的改革论坛，深圳创新发展研究院还发布年度改革报告，以及年度改革研究报告，两书均由张思平主导和主编。前者主要是围绕当年中国改革的实践，进行分门别类地发布，如 2019 年改革报告就分为三大块：第一块是总报告；第二块包括 8 个分报告，即经济体制改革报告、行政体制改革报告、农村改革报告、政治体制改革报告、对外开放报告、司法体制改革报告、文化体制改革报告、生态文明体制改革报告；第三块包括若干专题报告：即结构改革报告、财政体制改革报告、教育体制改革报告等。而中国改革与发展研究报告，则主要是收入专家们有关改革的研究成果。我每年的一些研究成果就被收入该书中。

2019 年深圳创新院编辑的改革报告

在第三届大梅沙论坛之后，我被深圳创新发展研究院聘为兼职资深研究员，并开始承担研究院的课题研究。

2017 年被深圳创新发展研究院聘为资深研究员。张思平理事长为汪玉凯颁发聘书

深圳创新院的要求是，将自己感兴趣的研究问题，经过系统地思考和潜心钻研，能够提供高水平、有价值的研究成果，不要求急功近利，赶着出成果。张思平理事长的这一考虑，还是很有远见卓识的。我也认为，一个学者，只有对其熟悉的领域，经过长期学术积累和思考后，才能真正具有发言权，能够为国家的决策提出一些有一定参考价值的建议。我在担任资深研究员的这几年中，主要围绕“国家治理结构转型”这一个问题，作了一些比较深入的思考和研究。尽管这个问题非常大，涉及诸多方面，如体制、结构、机制、政策、法治等许多方面，但如何在中国有序推进国家治理体系和治理能力现代化，是我们必须要认真面对的问题。因此，我认为，有序推进中国治理结构的平稳转型，加快治理体系和治理能力现代化，是我们唯一的战略选择。

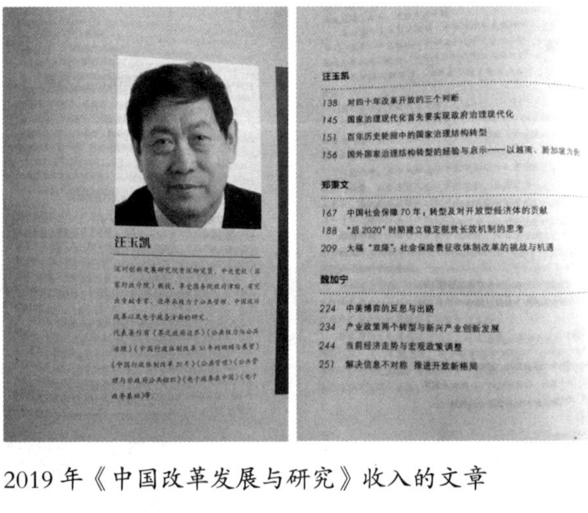

2019年《中国改革发展与研究》收入的文章

我与媒体

（一）入选《新一代思想家自白》一书

进入国家行政学院后，我与媒体的接触也日渐增多。原因可能有两个：一方面随着经济体制改革的深入，许多问题都与政府的关联度越来越高，如果行政管理体制改革不能跟进，经济体制改革很难深入，因此，媒体对政府机构改革、管理方式变革如电子政务等更加关注，需要行政管理学者解读，发表评论；另一方面，是在20世纪80年代后世界范围的新公共管理运动，逐步传导到国内，包括MPA教育的兴起，出现了持久的公共管理热。再加上我比较早地涉猎电子政务领域的研究，在公共管理和政务信息化的结合方面，作过一些研究，发表了一些文章，因此，逐步进入到许多主流媒体的视野。这些年来，我除了在学术刊物上发表论文外，还在许多主流媒体发表文章，接受采访，如《人民日报》、《光明日报》、人民网、《经济日报》、《学习时报》、《北京日报》、《新京报》、《京华时报》、《南方都时报》、《南方周末》、《深圳特区报》、《南风窗》和上海《文汇报》，以及香港《文汇报》《大公报》《南华早报》，新加坡《联合早报》等。接受采访最多的是新华社、中央电视台、中央人民广播电台、新华网、中国网、凤凰网以及新浪、搜狐、腾讯、网易等各种网络媒体。

早在1998年，在我刚刚调入国家行政学院不久，中国社科院研究生院常务副院长邹东涛，就张罗出版一本《中国新一代思想家自白》的书，约定由九州出版社出版，由于我们早在西安时就已相识相知，他当时在西北大学任教，后来经公开选拔，考入国家体改委下面的体改研究所担任所长，比我来京早几年，因此，也动员我写了一篇一万多字的个人学术小传的文章。后来，才知道，当时收入该书的另外23位中青年学者，许多都是国内在本领域有一定建树的知名学者，令我感到自愧不如。收入该书的学者包括：北京大学的刘伟教授，中共中央党校的李小兵教授、李书磊教授、周天勇教授，中国社科院的李晓西研究员、李培林研究员、李银河研究员、邹东涛研究员、李德顺研究员、杨义研究员、周国平研究员、郑成思研究员、赵汀阳研究员，国家体改委的范恒山司长，北京理工大学的杨东平研究员，中国人民大学的陈志良教授，海南省委宣传部的周文彰副部长，钟朋荣研究员，复旦大学的俞吾金教授，清华大学的秦晖教授、魏杰教授，中国经济体制改革研究会的樊纲研究员和著名作家梁晓声。目前，这24位当年的中青年学者，有的已经离开的人世，有的已经升任为部长级的官员，更多数应该已经退休，但这本书

前排右起：李书磊、杨东平、钟朋荣、俞吾金；二排右起：魏杰、郑成思、梁晓声、李培林；后排右起：杨义、周国平、刘伟、樊纲、李银河

对当时的年轻学子来说，还是有一定激励作用的，毕竟这些经历了“文化大革命”、走上学术之路的学者，每个人都有一番不简单的奋斗经历，对人生的酸甜苦辣也有深刻的感悟。

（二）在《光明日报》开设《国是漫议》专栏

《光明日报》是一份影响广泛的中央重要报刊，其读者主要以知识分子群体为主。至今为止，我在《光明日报》包括理论版在内的各种版面上发表文章30余篇，在我调入国家行政学院之前，只发表2篇，其余都是在调入国家行政学院之后发表的。如《论行政革新》《机构改革必须认真解决三个基本理论问题》《加强网络治理是各国政府的重要职责》《建设法治国家首先要建设法治政府》等，都产生了一定的影响。不过，最值得一提的，还是2011年我在《光明日报》“国是”版，开设《国是漫议》专栏一事。大概在2010年末，《光明日报》记者柳霞找到我，希望我能在她主持的“国是”版上，开设一个《国是漫议》的专栏，不定期地发表一些文章。后来我们商定，每篇文章的题目，完全由我拟定，主要是关注社会热点话题和民众的关切，一事一议，回应社会，不要求系统的长篇大论，但要有说服力，针砭时弊，言简意赅，有可读性。其实，这个要求是非常高的，首先要密切关注社会，关注公众的诉求，而且要有持续性，这对我自然是一个很大的考验。随后，我从2011年元月开始，一直到年底，总共发表了20篇文章。涉及的内容包括：《官员手机号码公开要看成效》《保障性住房，政府应如何承担责任？》《盲目

2011年3月21日“国是”版《国是漫议》专栏

造城引发城镇化风险》《不能被模糊的70年大限》《值得关注的富阳大财政改革》《“民富优先”应成为国家战略》《谨防国考被玷污》《全民免费医疗：神木医改今何在？》《我们如何面对社会转型》《社会管理要突出社会服务》《事业单位改革要过四道坎》《要从制度上杜绝吃空饷现象》《收入制度改革要敢于碰硬》《个税起征点从2 000到3 500：让利于民的实际举动》《领导干部要掌握触网的本领》《网络问政如何制度化》《政务公开不是一种简单的施政方法》《事业单位工资改革难在哪儿？》《找准政府在文化大繁荣中的角色定位》《适合国情的官邸制该是什么样》。

这是被人民网转载的《国是漫议》专栏文章中的一篇。

“民富优先”应成为国家战略

汪玉凯

今年“两会”期间，有关民生和民富的问题，似乎成了代表和委员们最关注的话题。以至于有人说，今年“两会”温总理的政府工作报告几乎全篇都在谈民生，会内会外也在议民生。无独有偶，在“两会”前夕，中国（海南）改革发展研究院曾在北京召开过一次新闻发布会，北京有40多家媒体的记者出席。中改院迟福林院长专门就他撰写的《民富优先——二次转型与改革走向》的著述，向媒体进行了介绍。他认为，民富优先的发展，是扭转收入分配差距和实现公平发展的重大选择，是避免“中等收入陷阱”的重大战略。中国社会科学院张卓元研究员、中国经济体制改革研究会会长宋晓梧等著名专家也发表了对该书的评价。笔者有幸出席发布会并在会上发表了题为《实施民富优先战略，需要大手笔改革》的感言。

笔者之所以主张要把“民富优先”的发展上升到国家战略，实际上与“国富优先”是相对应的。也就是说，国家到了今天这样比较富强的情况下，有必要从整体上对国富和民富孰前孰后进行一些适当的调整，这样的调整不仅不会影响国家的进一步强盛，而且也有利于国家的健康发展。

我们知道，改革开放的30多年间，我国人民的收入大幅度提高，生活水平得到极大改善。今天，绝大多数普通老百姓的生活形态、生活质量，是30多年以前多数中国人不敢想象的。记得那个时候笔者的一些同事感叹，到退休时如果工资能涨到80元，就不错了。有谁能想到收入能涨到几千，甚至上万。当然，老百姓生活的富裕程度与国家的强盛相比，还是比较低。比如，2010年我国经济总量位居世界第二，但人均只有4 000多美元，排在世界的100位以后。再加上我国财富分布很不均衡，有相当比例的人群还处在贫困状态。最近国家发改委公布的数字显示，到目前我国还有4 000万贫困人口，有2.7亿低收入群体。有人预言，“十二五”期间随着国家层面富民战略的启动，有可能成为从“国富优先”向“民富优先”转折的历史拐点。

对于“民富优先”的理解，也许不同的人会有不同的解释。按照笔者的理解，“民富优先”的本质，说到底就是要把提高民众的收入、改善民众的生活、维护民众的利益、提升民众的尊严和幸福感，真正放在政府所有工作的首位，把改善和保障民生作为我们所有工作的出发点和归宿点。当然，“民富优先”，绝不是可以忽略国富，而是在“富”的重要性排序上，作适当调整，如过去更多是强调“国强”“国富”，今后就要更多的关注“民富”。对我们的政府来说，更重要的是，不应该把“民富优先”简单地定位为一种施政策略，而应该上升到重要的国家战略；不应该看作是一种权宜之计，而应该是一种长期的战略。应当说，我们的政府只有树立了这样的理念，才能把“民富优先”战略落实到公共治理的日常工作中。这无疑是一个历史性变化。

坚持“民富优先”的国家战略，首先要对目前阻碍民富方面的问题有清醒的判断。比如我国初次收入分配很不合理，普通劳动者的收入所占比重太低，第二次分配中国家在教育、医疗、社会保障等方面投入不足，再加上我国的城乡差距、地区差距以及贫富差距都比较大等，影响了普通老百姓的收入。收入分配不合理，普通民众的收入低，在一定意义上扭曲了经济增长的动力结构，使我们的经济增长过度依赖投资和出口。从这个意义上说，实施“民富优先”的国家战略，对国家的长治久安具有重大战略意义。

对各级政府来说，坚持“民富优先”的战略，就要多管齐下，从各个层面保证这一战略的顺利实施，防止“民富优先”成为一句空谈口号。在这方面，“十二五”规划围绕保障和改善民生，实际上已经作出了一个非常好的战略性安排。如加大民生投入，深化收入分配制度改革，减轻民众的税负，防止政府与民争利，创造“民富优先”的制度环境，降低政府的行政成本，鼓励民营经济的健康发展，加快推进基本公共服务均等化等。可以设想，如果“十二五”规划提出的上述有关富民的一系列重大政策举措，能在实践中得到较好的落实，民富优先的战略就有了切实保障。

（原载《光明日报》2011 年 3 月 21 日）

（三）在人民网设立个人主页，参与人民网的多项工作

人民网是《人民日报》的网络平台，处于国家宣传阵地的顶端。在国家行政学院任教的 20 多年中，我在《人民日报》发表过 10 多篇文章，这些文章多数发表在《人民日报》的理论版和各种专栏上，如《人民要论》《大家手笔》《新兴媒体》《观察者说》《群众来信》点评以及在《评论版》上的评论等。其中有 3 篇文章刊登于理论版的头条文章：即 2013 年 3 月 26 日《本轮行政体制改革的主要特征与发展趋势》；2016 年 2 月

17日《网络强国战略助推发展转型》；2016年6月15日《推动新一轮改革大潮涌起》。由于《人民日报》的特殊地位，因此，这些文章所产生的影响是广泛的，尤其是在各级党政领导层。

理 论 7

本轮行政体制改革的主要特征与发展趋势

新官要理旧账

2013年3月6日，《人民日报》理论版刊发的头条文章

7 理论

网络强国战略助推发展转型

语言能力事关国家综合实力提升

把握社会思潮的构成要

2016年2月17日，《人民日报》理论版头条文章

作为《人民日报》的网络阵地，人民网在创办之初，就开辟了理论频道，并相继建立一些个人主页。我有幸成为最早在人民网上建立专栏的学者之一，在人民网发表的文章也比较多。这些文章除了《人民日报》发表之后被立即转载外，人民网还会选择我在其他报刊发表的文章，更新到个人网页上来。与此同时，人民网的多个栏目，经常会约请我参加一些现场访谈或者直播节目，如《强国论坛》《人民会客厅》《人民电视》等，这些新兴的网络传播媒体，更加即时、快捷，阅读的人数远比传统纸媒大得多，越来越成为传播的主流。

除了在人民网发表文章外，这些年来，我还参加了人民网的一些其他工作，其中最主要的是《领导留言板》栏目、人民网研究院以及人民网组织的调研活动等。

左起：龚维斌、汪玉凯、主持人 在人民网电视频道接受访谈

人民网《领导留言板》创办于2006年，是人民日报社、人民网为中央部委和地方各级党委政府主要负责同志搭建的网上群众工作平台供广大网民群众向省市县三级领导干部表达诉求、反映问题、提出意见建议，由各地党政领导干部和地方留言办理单位进行办理、回复。人民网每年要召开一次全国网上群众工作峰会暨人民网网民留言办理工作会议。

2013 年 2 月 21 日做客人民网强国论坛

左起：王同三、汪玉凯、王远鸿

我曾经多次作为演讲嘉宾参加这个峰会，并在会上作相关的演讲。记得2017 年，人民网“网民留言办理工作会议暨践行网上群众路线表彰活动”，在辽宁省沈阳市举办。人民日报社副总编辑、人民网董事长王一彪，辽宁省委常委、沈阳市委书记易炼红等出席会议。人民网领导在介绍中说,《领导留言板》栏目 11 年来，吸引了百万网民参与其中，59 位省委书记、省长通过人民网与网民互动，2300 多位市县一把手通过《地方领导留言板》解决了80万件民生诉求，23个省区市已建立了制度化的网民留言办理程序。我在峰会上作了题为《领导留言板——解决民生问题的桥梁》演讲。

人民网研究院，则是人民网所属的一个研究机构，经常组织一些数字化案例的评比，开展一些重大课题的研究，我也经常作为专家参与其中。其中最值得一提的是2018年10月人民网《强国论坛》组织专家赴广州调研智慧城市建设。此次参与调研的专家除了我还有：全国人大财经委原副主任委员、九三学社原中央副主席贺铿，中国产业集聚研究专家杨建国，知名媒体人传媒老王。调研团一行考察了广州智慧政务、智慧民生、智慧产业等领域的新举措新体验，寻找“智慧城市”建设样本。

2018年10月，参与人民网组织的广州调研
左四到左六为：杨建国、贺铿、汪玉凯

也许因为长期在人民网参与访谈节目，发表文章，回应公众关切，2013年我在人民网组织的“责任中国——人民网2013年度评选”中，被评选为年度十大最受欢迎的嘉宾。该项活动从2013年12月26日正式启动，2014年1月10日结束，共收到574万人次的投票。最终评选出“十大责任公民”“十大最受欢迎嘉宾”“十大最具影响力政务微博”“十大最具影响力个人微博”等奖项。其中，十大最受欢迎的嘉宾除了我还有：国防大学教授公方彬，知名女作家六六，刘思齐，中国公共外交协会会长李肇星，国家能源委专家咨询委员会主任、国家能源局原局长张国宝，中国战略文化促进会常务副会长兼秘书长罗援，清华大学公共管

2014年1月15日，在人民网“责任中国——2013年度人物”颁奖大会上

理学院教授、清华大学就业与社会保障研究中心主任杨燕绥，联想控股有限公司董事长柳传志，SOHO中国有限公司董事长潘石屹。随后，人民网在人民日报社，举行了隆重的颁奖仪式。由此，我也深刻地体会到，一个学者，只有具有强烈的社会责任感，不断为民请命，为底层民众呐喊，才真正具有学者的风范，得到公众的认可。人民网的这次全国性网络评审，也是对我过去这些年社会参与的一次检阅和大考。

（四）在央视的多个频道，解读政策，发表评论

在中国的媒体系统中，中央电视台占有重要地位，这不仅在于通过央视可以快速直观地传递国家的政策法令，也可以让公众在第一时间了解国家的资讯和动态，尤其在多媒体融合的时代，更是如此。目前，人们看电视，再也不像过去只能待在家里，而是通过手机、网络随时可以观看。在国家行政学院执教的20多年中，我在中央电视台的多个栏目制作过节目，时间跨度也比较长。如早年的《央视论坛》《百家讲坛》到《新闻联播》《焦点访谈》《东方时空》《新闻1+1》《法治在线》《新闻周刊》《经济半小时》《今日关注》等。开始在央视做节目时，大都要到现场上镜，后来，除了少数访谈节目，有些就改为电话连线，特别是一些新闻点评类节目。当然更多的还是央视记者到单位或者在家里进行采访、

拍摄。早在2002年8月13日，我就曾在中央电视台的《百家讲坛》作过一场《加入世贸组织对我国政府管理的挑战与对策》演讲，那个时候，《百家讲坛》的节目偏向时政，后来重点有所调整，突出了中国文化如《论语》、“三国”等历史文化类节目，在全国名声大振。在央视制作节目，也结识了不少主持人，如主持《新闻1+1》和央视《新闻周刊》的白岩松，还有曾主持《央视论坛》的董倩，以及李小萌、鲁健等。

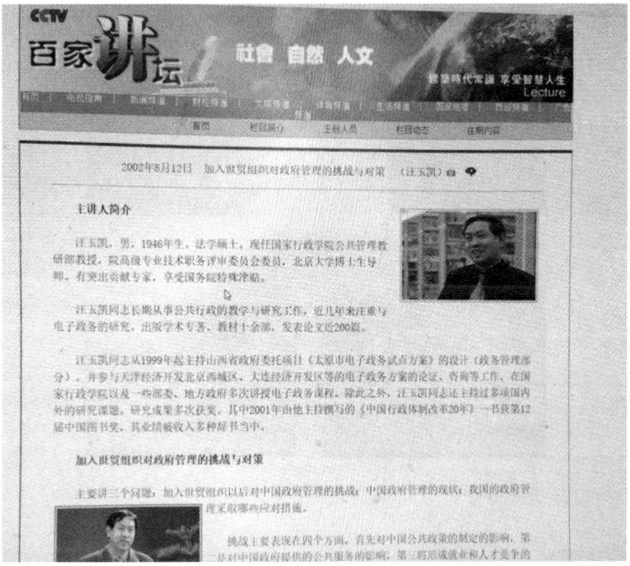

2002年8月13日在央视《百家讲坛》演讲

与央视主持人董倩在直播间

与央视《新闻直播间》主持人欧阳夏丹连线

与《东方时空》连线

在《焦点访谈》接受访谈

央视《经济半小时》接受访谈

（五）长期接受新华社采访，多篇专访被新华社作为通稿发布

在中国的各种媒体中，新华社无疑扮演着极为关键的角色，过去这些年来也是我接受采访最多的媒体之一。除了日常的解读新闻、接受专访之外，我还曾多次同写内参的记者，进行比较深入的交流，尽量能把国家治理面临的一些深层次问题，通过大参考等内参，向高层反映。我

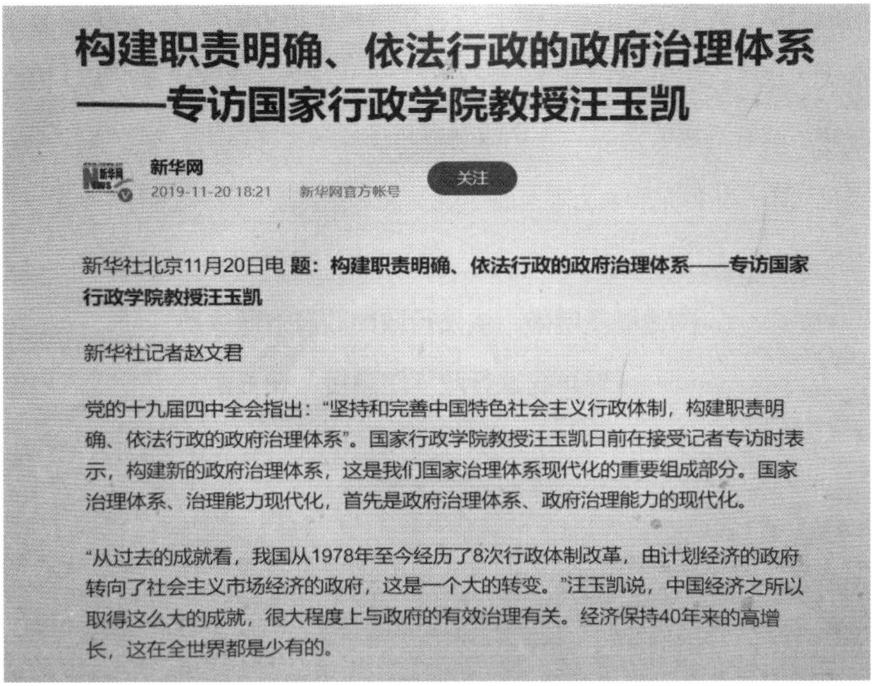

构建职责明确、依法行政的政府治理体系——专访国家行政学院教授汪玉凯

新华网
2019-11-20 18:21 新华网官方帐号
关注

新华社北京11月20日电 **题：构建职责明确、依法行政的政府治理体系——专访国家行政学院教授汪玉凯**

新华社记者赵文君

党的十九届四中全会指出："坚持和完善中国特色社会主义行政体制，构建职责明确、依法行政的政府治理体系"。国家行政学院教授汪玉凯日前在接受记者专访时表示，构建新的政府治理体系，这是我们国家治理体系现代化的重要组成部分。国家治理体系、治理能力现代化，首先是政府治理体系、政府治理能力的现代化。

"从过去的成就看，我国从1978年至今经历了8次行政体制改革，由计划经济的政府转向了社会主义市场经济的政府，这是一个大的转变。"汪玉凯说，中国经济之所以取得这么大的成就，很大程度上与政府的有效治理有关。经济保持40年来的高增长，这在全世界都是少有的。

2019 年 11 月 20 日新华网刊出专访

甚至还受约数次专门到新华社总社的内参部，作一些专题性发言，与写内参的记者们共同探讨有关问题。我也曾多次到新华社的新华电视制作节目，向海外传播中国的新闻。另外，新华网是新华社的网络平台，利用网络传播，成为新华社在互联网时代最主要的传播手段，因此，我的许多采访更多的是通过新华网这个平台发出并被各种媒体转载的，有时，也会直接到新华网演播室制作专题性节目。由于我接受新华社采

在新华网接受访谈

访的频率比较高，有时，一些访谈被新华社作为通稿发出，其影响力就会大大增强。比如2019年11月20日，新华社就《构建职责明确、依法行政的政府治理体系——专访国家行政学院教授汪玉凯》发了通稿。文章虽然不长，但是影响力还是很大的。

构建职责明确、依法行政的政府治理体系
——专访国家行政学院教授　汪玉凯

2019年11月20日　新华社记者　赵文君

党的十九届四中全会指出：“坚持和完善中国特色社会主义行政体制，构建职责明确、依法行政的政府治理体系”。国家行政学院教授汪玉凯日前在接受记者专访时表示，构建新的政府治理体系，这是我们国家治理体系现代化的重要组成部分。国家治理体系、治理能力现代化，首先是政府治理体系、政府治理能力的现代化。

“从过去的成就看，我国从1978年至今经历了8次行政体制改革，由计划经济的政府转向了社会主义市场经济的政府，这是一个大的转变。”汪玉凯说，中国经济之所以取得这么大的成就，很大程度上与政府的有效治理有关。经济保持40年来的高增长，这在全世界都是少有的。

“近两年来，我国营商环境便利度排名由全球第78位上升到第31位，营商环境排名大幅上升，客观上说明我国这几年来的行政体制改革取得了很大成效。”汪玉凯分析，营商环境排名大幅上升有三个主要因素：一是大幅度降低市场准入。很多过去垄断性的行业，如金融、保险、

电信等，现在外资、民间资本都进入了。二是“放管服”改革简政放权、放管结合、优化服务，改革成效很明显。党的十八大以来，国务院各部门的行政审批事项削减约44%。三是推进“互联网+政务”服务，改善政府服务方式，如“最多跑一次”“不见面审批”“一门式、一站式”服务，这些借助互联网形式改善的政府服务，极大方便了企业和老百姓。

“我国政府治理体系虽然取得了很大成就，但未来还有很大的改革空间。”汪玉凯说，党的十九届四中全会在完善政府治理体系方面提出了重大举措，如完善国家行政体制、优化政府职责体系、优化政府组织结构、健全充分发挥中央和地方两个积极性体制机制等。未来，围绕现代信息技术在政府管理活动中的应用，要推进数字政府建设，加强数据有序共享，依法保护个人信息；建立健全运用互联网、大数据、人工智能等技术手段进行行政管理的制度规则；加快推进全国一体化政务服务平台建设。

汪玉凯表示，这些举措为未来数字化背景下加快数字政府建设、加速政府治理现代化指明了方向。构建利用互联网、大数据、人工智能在政府管理中的制度规则，推进数据共享，保护个人隐私，进而改善政府公共服务、市场监管、社会管理手段。

“当前，改革进入深水区，改革要啃硬骨头。”汪玉凯说，在推进国家治理体系和治理能力现代化过程中，会遇到各种各样的问题，要通过进一步深化改革、扩大开放，来化解遇到的种种困难和障碍，这样才能够使国家治理能力现代化真正落到实处，让老百姓切实感受到。

除了《人民日报》、人民网外，我也在《经济日报》《文汇报》等撰写文章，上海《文汇报》范兵主持的中国新闻名栏目《文汇时评》经常约我撰写一些评论文章，前后发表了10多篇，比如在2013年3月6日“两会”期间就发表了我撰写的《大部制改革，重在职能转变》一文，文章虽然就2 000多字，但要求有较高的理论性和时效性。

在新华社还有一项活动，就是参与一些咨询。新华社建立了《瞭望智库》，吸收了各方面的专家学者，我曾经多次参与有关这方面的活动。特别是新华社的《中国经济信息社》，这些年来比较活跃，做了不少事情，如运行国务院办公厅的“全国一体化政府服务平台”，与地方政府合作组织各种论坛，开展经济社会领域的咨询等，我经常作为专家，被邀请参与其中。最近的一次，就是2022年6月28日，新华社经济信息社协助甘肃省举办一年一度的“祁连山论坛”，由于受疫情影响，不能前往，经济信息社就事先在北京制作好录像后，通过视频系统播放。

2022年6月28日，新华财经发布的汪玉凯在“祁连山论坛”上的演讲

（六）通过《深圳特区报》和深圳卫视，建言深圳改革

深圳是我国改革开放的先行地，我对深圳改革一直给予高度关注。在我看来，深圳作为中国改革开放的窗口，这里的改革无疑牵动着整个中国的神经，这里的种种探索，都是在给整个中国的改革探路，比如全国行政审批制度改革就是从深圳开启的。这也是我如此关注深圳改革的根本原因所在。多年以前，曾代表公共管理教研部，邀请深圳领导为学院培训班介绍深圳的改革。记得李子彬、于幼军等市主要领导都曾多次来学院讲学或参加相关研讨活动。后来，深圳卫视、《深圳特区报》也经常对我进行过采访。《深圳特区报》至今一直给我赠送报纸。早在2006年，我就建议深圳要整体推进行政管理体制改革；2009年，我对深圳综合配套改革给予了高度评价；2010年，我再次呼吁深圳要敢为人先，大胆推进行政体制改革。这些都反映在《深圳特区报》对我的几次专访中。

理论探索 / A7

纪念改革开放30周年专家谈

行政管理体制改革须整体推进

——访国家行政学院公共管理教研部教授、北京大学政府管理学院博士生导师 汪玉凯

为深圳改革献策，2008年6月25日《深圳特区报》刊出有关“行政体制改革”的文章

深圳特区报
要闻 A5
从"三十而立"到"四十不惑"
由本报和中国经济体制改革研究会联合主办的庆祝深圳经济特区成立30周年理论研讨会发言摘要⑤
中国行政体制改革研究会秘书长汪玉凯——
深圳要大胆进行行政体制改革

为深圳改革献策，2010年8月21日《深圳特区报》

（七）通过各种传媒，宣传改革开放，倡导公共治理变革

在宣传改革开放、倡导公共治理变革方面，是我过去数十年来最基本的价值主张。因为在我看来，中国只有坚定不移地走改革开放之路，坚持以经济建设为中心，坚持市场经济体制，坚持以人为本，并处理好政府与市场的关系，减少政府对市场、社会的过多干预，加大公共治理变革的力度，我们这个经历过无数苦难的东方大国，才能真正走向复兴，实现民富国强，提高人民的福祉。而要坚持这个方向，就要不断地解放思想，积极进取。基于这样的价值判断，不管是写文章，还是接受各类媒体的采访，我都是以此作为方向，把握尺度和口径，为民请命，呼吁改革，保持着一个学者的基本良知。

作为国家的主流媒体，中央人民广播电台，也是我经常被采访或者做访谈的重要媒体，与我合作的主要是央广经济之声。虽然这个频道是

时评 文匯報 点击

2004年5月20日 星期四

中国新闻名专栏 文汇时评

建立官员问责制要消除三大障碍

2004 年 5 月 20 日发表在《文汇报》上的文章

以经济节目为主的，但是许多经济问题都是与政府的行为、治理能力、治理水平等息息相关的，如果政府行为得不到有效控制，政府作为不当甚至乱作为，必然会对经济生活带来一定冲击。除了平时的一些采访外，凡是遇到国家的一些重大活动，如党的重要会议、每年的“两会”等，都是媒体报道的重头戏。在此期间，不仅中央人民广播电台，还有新华社、人民网、中央电视台、凤凰网、新浪、搜狐以及许多纸媒、地方媒体等，也都会约请专家作政策解读或访谈。因此，在过去的许多年，我曾多次走进中央人民广播电台的演播室，进行现场直播。也见证了如中央电视台、中央人民广播电台进入演播室，那种森严壁垒的安保制度，往往要通过几道武警岗哨，才能到达。记得在 2013 年 3 月 17 日上午，中央人民广播电台经济之声举办了一个特别节目——《接力中国梦》，邀请清华大学著名经济学家李稻葵和我一起做客演播室，畅谈对新一届政府的期许。最后央广以《中国是否不走弯路的顺利发展与人心有很大关系》为题目，报道了我的一些观点。

2013 年 3 月 17 日在中央人民广播电台演播室直播

央广对本次现场直播的报道：

中国是否不走弯路的顺利发展与人心有很大关系

据经济之声“两会”特别直播《接力中国梦》报道，第十二届全国人大一次会议闭幕会今天上午在人民大会堂万人大礼堂隆重举行。全国政协委员、著名经济学家李稻葵和中国行政体制改革研究会副会长汪玉凯做客《经济之声》直播间，为大家回顾今年“两会”的核心内容，展望新一届政府的执政思路。

习近平主席在讲话当中谈到面对浩浩荡荡的时代潮流，面对人民群众过上更好生活的殷切期待，我们不能有丝毫自满，不能有丝毫懈怠，必须再接再厉一往无前，继续把中国特色社会主义事业推向前进，继续为实现中华民族伟大复兴的中国梦而努力奋斗。中国行政体制改革研究会副会长汪玉凯对此发表了自己的看法。

汪玉凯说，习近平主席对中国精神作了新的概括，将以爱国主义为核心的民族精神，以改革创新为核心的时代精神这两句定义为未来的中国精神，我觉得这可能成为未来凝聚人心的两面旗帜。

汪玉凯认为，中国未来经济社会发展的潜力是不可置疑的，但是中国能不能顺利的不走弯路的发展，与人心有很大关系。有没有价值理念，有没有好的时代精神，民族精神，对未来中国的成败将起着非常重要的作用。我国在过去30多年市场化的发展中，确实取得了举世瞩目的成就，但是社会道德出现滑坡，社会精神层面出现一些问题也不容忽视，这是非常危险的信号。一个国家、一个民族如果没有精神的支柱和信仰上的支撑是走不远的。现在很多合作的竞争力、软实力就和人的精神境界、信仰、文化有关，如果我们的经济有一天超过美国了，但是我们的文化软实力得不到有效的弘扬，精神层面没有信仰、没有支柱的话，是走不远的。所以，在汪玉凯看来，习近平主席对中国精神的新概括是非常重要的。

政府与市场的关系，一直是经济学界和行政管理学界关注的焦点，也是直接影响中国市场经济体制顺利发展必须认真解决的关键性问题。尽管在改革开放的不同时期，国家政策层面对这个问题的阐述，也会有一些微妙的变化，但总体看，强调市场在资源配置中的重要作用，是没有改变的。可见，处理这个问题的主要矛盾方面，并不在市场，而是在

政府。《经济日报》作为中央另一份重量级报刊，对我曾进行过比较深入的访谈，我也比较系统地阐述了对这个关键性问题的观点。

6版 宏观资讯

2013年8月16日 星期五 经济日报

划清政府和市场的边界

——访中国行政体制改革研究会副会长、国家行政学院教授汪玉凯

经济热点面对面

权威发布

7月份全国汽车产销量同比双增

1.6升及以下乘用车销售近80万辆

农产品进口关税配额再分配办法公布

2013年8月16日《经济日报》刊出对汪玉凯专访

划清政府和市场的边界

——访中国行政体制改革研究会副会长、国家行政学院教授汪玉凯

政府与市场的关系问题，是经济体制改革的核心问题。由于多方面原因，像钢铁、水泥等行业上项目都是需要审批的，可多年来恰恰没能管住管好，以致造成产能严重过剩。相比之下，家电、服装等行业早已走上市场化轨道，不用政府审批，靠市场优胜劣汰，则没有出现严重的产能过剩问题。中国行政体制改革研究会副会长、国家行政学院教授汪玉凯在接受本报记者采访时表示，这说明，我们要相信市场的力量，划清政府与市场的边界，更加尊重市场规律，经济社会发展才是健康的。

记者：请问如何认识政府和市场的边界?

汪玉凯：政府和市场的关系是比较复杂的关系，在不同的治理模式下，或者在不同的经济社会发展阶段，政府和市场的关系也在发生变化。

1992年以后，随着社会主义市场经济体制的建立和完善，我们逐步确立了这种理念，即要让市场在资源配置中发挥基础性作用。只要市场能发挥作用的，就尽量让市场发挥，最大限度地减少对市场的干预。从过去的发展来看，市场从无到有、由小到大，但在这个过程中政府部门似乎越来越想用行政手段控制社会资源，管制过多、干预过多，影响了市场作用的发挥。党的十八大以后的行政体制改革中，特别强调政府要向市场放权，减少不必要的审批或干预。如果说过去市场不成熟时，政府过多的干预还是可以理解的话，那么，今天市场越来越成熟，市场机制越来越全面，很多问题可以通过市场来解决，在这种环境下，政府就应该把更多的权力下放市场。所以说，政府与市场的边界并不是"1+1=2"这样简单的问题。市场越成熟，政府向市场放权的作用也越大。

记者：哪些需要市场来管？哪些需要政府来管？政府如何向市场放权？

汪玉凯：划清政府与市场的边界，就是市场机制能解决的政府就不要干预，当市场失灵或有市场解决不了的问题，如创造良好发展环境、提供优质公共服务、维护社会公平正义等，就需要政府来解决。

首先是在投资方面。谁投资谁负责，由投资者自己承担风险，政府在这方面应该尽量遵循市场规律。有市场需求的时候，投资人肯定比较多，当投资人多的时候，市场需求下降，合作主体就会自动按照市场规律投资，在市场调节下，投资自然就下降了。投资方面我们应尽量减少政府不必要的干预，尤其是对于民间投资。

其次是在市场管控、管制方面。10年前国务院有4 000多个审批事项，政府事无巨细，管得太多，市场的作用很难发挥出来。经过几次改革之后，国务院目前还有1 700多个行政审批事项。很显然，现存的行政审批还是太多，而要取消或下放难度越来越大。新一届政府已承诺，未来5年把1 700多个行政审批事项再精简1/3。

此外，有些行业我们可以适度控制，在市场成熟时逐步放开，比如联通、移动、电信3家分开之后相互竞争，市场活了，百姓得到了实惠。在某些方面，我们只有相信市场的力量，市场竞争越充分，老百姓获得的实惠越多，企业发展的机会也越多。

记者：如何看待政府对经济的干预，用好政府这只“看得见的手”？

汪玉凯：政府不是只能当被动的“守夜人”，要有所为有所不为。在1929年至1933年资本主义世界经济危机发生以前，那时候的政府一般都称为“守夜人”政府，主要是指政府不干预经济生活，只承担维护社会秩序的自然责任。经济危机以后，凯恩斯理论逐渐占上风，政府不能甘当“守夜人”，应该积极参与经济活动，适当地干预经济，在消费、投资、出口三者之间找到平衡，使经济能够可持续发展。但是，20世纪70年代以后，凯恩斯理论受到了自由主义理论影响，认为政府要给市场更大自由，不要多干预。1997年亚洲金融危机特别是2008年国际金融危机之后，很多国家认为，政府不能撒手不管，应当适度地找平衡，一方面发挥市场作用，另一方面发挥政府的作用，政府在两者之间找到平衡才是最佳境界。

我认为，政府不能只被动地当“守夜人”，不能像过去的“守夜人”那样不干预经济和社会，但干预也不可过度。该政府管的必须管到位，比如，食品药品安全、市场秩序、反对垄断、必要的市场准入、打击市场犯罪等。但在市场机制能解决问题的领域、能够让社会发挥作用的领域，政府就应退出，这才是有所为和有所不为。市场是“看不见的手”，政府是“看得见的手”，两只手相互搭配才是良性发展的过程。

记者：对于下一步行政体制改革及简政放权，我们还能有哪些方面的期待？

汪玉凯：我国行政体制改革从1982年启动，目前已经改了7轮。最大成果体现在，一是计划经济体制转为市场经济体制。如果没有这个转变，就无法理解中国经济为什么能够持续高速增长30多年，这个过程中政府功不可没。二是政府结构发生了根本性变化，例如当年我们管理机械工业的部门共9个，现在一个也没了，由协会进行行业自律管理。三是政府管理的指导思想和理念发生了根本改变，政府权力、职能是有边界的，它不是无限政府，是有限责任政府，这个理念逐渐深入人心。四是政府管理的方式、手段发生了改变，过去更多靠行政、法律的手段，现在更多地运用市场化机制。信息化的快速发展，也使管理手段发生了革命性变化。

对于今后的行政体制改革，与其把它想得简单，不如把它想得更复杂。首先，要深刻认识行政审批制度改革的背景，充分估计行政体制改革的难度，有效释放改革活力。其次，行政体制改革直接涉及政府自身利益，能不能有力推进对其他改革影响很大。行政改革自身的阻力风险也很大。第三，从政府和市场的关系、政府和社会的关系来讲，发展趋势就是减少对市场、对社会不必要的干预，这个过程确实需要时间。如果简政放权不到位，市场仍然门槛过高，则市场机制仍然无法发挥其应有的作用，如果社会组织没有更多的自主权，那么社会组织也很难承担起社会赋予它的责任。所以政府如何把该管的管好，把不该管的放出去，达到收放平衡，既需要勇气更需要智慧。只有把政府与市场、政府与社会的关系理清楚，激发起市场和社会的活力，经济社会发展才是良性的过程。

（原载《经济日报》2013 年 8 月 16 日）

在中国的传媒系统中，还有一家媒体是非常特殊的，这就是凤凰卫视和凤凰网。凤凰卫视的前身是星空传媒旗下的卫视中文台，于 1991 年开播。随后进行改组，并引入刘长乐和陈永棋等人作为投资人。1996 年 3 月 31 日，卫视中文台停止传送信号，张铁林、许戈辉、鲁豫等人宣布凤凰卫视开台成立。

参与凤凰卫视《一虎一席谈》专栏节目
左三：《一虎一席谈》主持人胡一虎；左五：王锡梓；左六：汪玉凯

凤凰卫视虽已设立在香港，但不以香港作为主要目标市场，重点在全球的华人以及国内的广大民众。中国大陆地区三星级以上涉外宾馆，都可以收看到。其中6个频道，通过卫星直播平台覆盖150多个国家和地区。集团业务除卫星电视外，还包括数码广播、平面媒体、网络媒体、教育产业和广告等业务。凤凰网就是其中重要的网络平台，也是在中国领先的综合门户网站提供全方位综合新闻、资讯、深度访谈、观点评论、财经产品、互动应用、分享社区等服务。由于凤凰卫视和凤凰网的特殊性，因此，不管在卫视还是凤凰网，都是我参与比较多的媒体之一。在凤凰卫视做节目，主要是在新闻频道和一些专栏节目，如邱震海主持的《震海听风录》、阮次山主持的《新闻今日谈》、胡一虎主持的《一虎一席谈》等。凤凰卫视的言论尺度，一般比内地媒体放得更开一些。比如在2012年，邱震海主持的《震海听风录》中，曾重点讨论未来中国改革的走向，当时邀请的专家除了我外，还有《人民日报》原副主编、当年用“黄甫平”笔名写推动改革文章的周瑞金。当时，正是中共十八大召开前后，社会各方对这次会议有很高的期待，因此，这类讨论性节目，也会引起社会广泛的关注。

在凤凰网做节目，主要是深度访谈，或者现场直播，同时，也在凤凰网开辟的一些专栏上发表文章。我的一些重要访谈和比较长的文章，都是通过凤凰网发表的。令我难忘的是，2013年温家宝总理卸任前所作的最后一次政府工作报告，我在凤凰网现场解读的情景。3月5日上午人大会议开幕时，我与中共中央党校的周为民教

左起：凤凰卫视主持人邱震海；后排：周瑞金；右起：汪玉凯

授受邀，在凤凰网现场解读。其中，在谈到温家宝总理的人格魅力的时候，我指出，温家宝身上看不到什么官僚气息，从他的个人风格来说他是很敬业的总理，把自己作为人民的儿子来主政，人们在他身上似乎看到了许多低调务实的作风，并对温家宝锐意改革的精神，也给予高度评价。后来，我的这番评论，在网上还曾引起一些热议。

2013 年 3 月 5 日上午，在凤凰网解读《政府工作报告》

除了以上这些媒体外，我还要面对另外一些媒体，如主要承担对外宣传业务的中国网，我在这个网的《中国访谈·世界对话》栏目中，曾经多次做过视频对话节目，比较充分地阐述中国的一些重大改革举措和政策；另外，上海东方卫视、深圳卫视、四川卫视、广东卫视，以及新浪、搜狐、网易等几大门户网站，也是我经常接受采访的媒体。

在中国网的《世界对话》节目中　在《搜狐·财经》接受访谈

与龙永图在贵州卫视主持的《论道》节目中论道

搜狐网举办有关民生话题的讨论　在中新网接受访谈

其中，最值得一提的是，2012 年 1 月 20 日，香港《大公报》用一整版，刊登了对我的专访——《呼唤第三次思想解放》。该访谈共分为五部分：推动改革走出低谷；不改革就死路一条；既得利益集团是改革的大敌；政治改革越拖风险越大，以及通过思想解放达成改革共识。该文还配了多张当年邓小平视察南方时的照片。其实，对于思想解放，这并不是我第一次发表文章呼吁，在这之前，我曾在 2007 年为海南省委中心组讲学时，题目就是《改革开放需要新的思想解放》；2019 年在纪念改革开放 40 周年的时候，我再次在《人民日报》主管的《人民论坛》杂志上发表长篇论文《思想解放为改革开放开辟道路》，继续呼吁思想解放的重要所在。

（八）改革开放永远在路上

南巡春風20年

呼喚第三次思想解放

專訪中國行政體制改革研究會副會長汪玉凱

推動改革走出低谷

政治改革越拖風險越大

不改革就死路一條

既得利益集團是改革大敵

通過思想解放達成改革共識

2012 年 1 月 20 日香港《大公报》用整版刊登对汪玉凯专访

其实，在 2012 年党的十八大召开前，社会对十八大寄予很高的期望。当年央视网就刊出了我对十八大的寄语，10 年过后，回望这段历史，使我们有许多新的认知。

寄语十八大

央视网十八大特别呈现

BLESSING TO THE 18th NATIONAL PARTY CONGRESS

央视网 > 新闻台 > 评论频道 > 寄语十八大

汪玉凯：希望改革进一步突出民富为先

中国行政体制改革研究会副会长、国家行政学院教授 汪玉凯

十年来，中国的经济发展迈上了新的台阶，社会建设取得了辉煌成就。十年变革，未来展望，在党的“十八大”召开的时刻，国家行政学院教授汪玉凯通过央视网寄语“十八大”，汪玉凯认为：“必须坚持把公平正义作为政策制定的出发点，同时进一步把民富为先作为改革的关键”。

汪玉凯说：“近十年来，党和政府的执政理念发生了重大转变，确定了以人为本的科学发展观。关注民生是这一时期最大的亮点，政府更加注重教育、医疗、社会保障等公共服务方面的改革，老百姓的收入有了很大提高，实际生活水平有了比较大的改善。”

究其原因，汪玉凯进一步指出：“正是党以人为本的执政理念推动了一系列改革进步，鉴于此，在公共服务上不断加大投入，面对老百姓的诉求，不但政府方面的透明度越来越高，司法体制方面的改革也有一定成效，法制理念进一步深入人心，除此之外，互联网等新兴媒介迅速发展，民众多了表达诉求的窗口，这对不断改革执政方式也起到了促进作用。可以看到，取消农业税、医疗改革全覆盖、保障房建设等民生政策既是取得的成果，也是成功的经验。尽管遇到了金融危机等困难，但中国经济一直保持了平稳较快增长，这保证了老百姓收

十八大寄语

汪玉凯

往期寄语

央视网2012年刊出汪玉凯对中共十八大的寄语。

希望改革进一步突出民富为先

汪玉凯

10年来，中国的经济发展迈上了新的台阶，社会建设取得了辉煌成就。10年变革，未来展望，在党的十八大召开的时刻，国家行政学院教授汪玉凯通过央视网寄语“十八大”。汪玉凯认为：“必须坚持把公平正义作为政策制定的出发点，同时进一步把民富为先作为改革的关键。”

汪玉凯说：“近10年来，党和政府的执政理念发生了重大转变，确定了以人为本的科学发展观。关注民生是这一时期最大的亮点，政府更加注重教育、医疗、社会保障等公共服务方面的改革。老百姓的收入有了很大提高，实际生活水平有了比较大的改善。”

究其原因，汪玉凯进一步指出：“正是党以人为本的执政理念推动了一系列改革进步，鉴于此，在公共服务上不断加大投入。面对老百姓的

诉求，不但政府方面的透明度越来越高，司法体制方面的改革也有一定成效，法治理念进一步深入人心。除此之外，互联网等新兴媒介迅速发展，民众多了表达诉求的窗口，这对不断改革执政方式也起到了促进作用。可以看到，取消农业税、医疗改革全覆盖、保障房建设等民生政策既是取得的成果，也是成功的经验。尽管遇到了金融危机等困难，但中国经济一直保持了平稳较快增长，这保证了老百姓收入水平的稳定增长。”

最后，汪玉凯期盼：“党的十八大召开在改革的关键期，在认识到改革遇到的一些矛盾和问题，直面这些问题的同时，必须坚持把公平正义作为政策制定的出发点，同时进一步把民富为先作为改革的关键。”

2019年6月1日，在纪念中国改革开放40周年之际，北京举办过一次高规格的“改革·改变·展望”迎接两个100年学术讨论会，我有幸也被邀请在大会上发表演讲，后来媒体多有报道。

2019年6月1日参加“改革·改变·展望”年度财经论坛

此次论坛以“回顾40年·致敬70年·迎接两个100年”为主题，共分为两个议程，第一个议程为“改革改变了中国”主题研讨会，第二个议程为“中国经济实践论辩”。共计22位学者、16位企业家参与了本次论坛的主旨发言与圆桌讨论，提出了很多有建设性的观点。出席本次论坛并发表演讲的嘉宾除了我还有：原国家体改委副主任、中国经济改革研究会原会长、中国（海南）改革发展研究院名誉院长高尚全，中国中小企业协会会长、深圳市原市长、发改委原副主任李子彬，中国社会科学院副院长蔡昉，国务院发展研究中心副主任王一鸣，中国人民大学校长刘伟，清华大学五道口金融学院紫光金融学讲席教授、副院长周皓，中国国际经济交流中心总经济师陈文玲，中国国际经济交流中心首席研究员张燕生，国家发展改革委经济体制综合改革司原司长孔泾源，中国社会科学院学部委员、城市发展与环境研究所所长潘家华，中国财政科学研究院党委书记兼院长刘尚希，华中科技大学国家治理研究院院长欧阳康，中国城市与小城镇改革发展中心主任史育龙，国务院发展研究中心资源与环境政策研究所所长高世楫，国务院发展研究中心资源与环境政策研究所副所长李佐军，国家开发银行研究院副院长沈继奔，国家开发银行研究院副研究员田惠敏。我在论坛上发表了《对改革开放的三个判断》的演讲。

对改革开放的三个判断

汪玉凯

需要用新的视角解释中国改革开放的成就

中国改革开放的成就举世瞩目，几乎没有人会否认。但是在如何来解释这种成就时就可能出现仁者见仁，智者见智的现象。美国著名学者哈耶克有句名言，事实也许并不能证明对错，但是对事实的解释如果发生错误，就可能改变事实和人类的生存环境。对于中国40年改革开放成就的解释即使人们存在一定分歧也许不会导致如此严重的后果，但尽量准确的、而不是片面地解释事实，对未来中国改革开放的发展将是至关重要的。

笔者以为，中国改革开放40年所取得的巨大成就因素很多，但集中起来看有两条最为关键：一是从战略方向上看，中国从1978年后选择了顺应世界发展潮流的“三个一”的方向，即找到了改革开放一条道路，确立经济建设一个中心，构建起一个社会主义市场经济新体制。二是中国的改革开放和世界信息技术革命的兴起相契合，信息技术革命给中国的改革开放带来巨大的红利，成为经济社会发展的助推器。

战略方向上的“三个一”选择，严格说并不是简单的经济问题，尽管当时作出这一战略选择的直接动因是中国经济已经到了崩溃的边缘，但这一战略选择本身首先是一个重大政治问题，是国家政治战略方向的重大转折。道理很简单，这三大政治战略调整，对作为第二代领导核心的邓小平来说，却意味重大，因为这样惊世骇俗的战略方向改变，意味着他必须同时抛弃另外三个政治战略：这就是抛弃闭关锁国、封闭保守的道路，甚至要“与狼共舞”；抛弃以阶级斗争为纲的错误理论，回到集中发展经济的轨道上来；抛弃被实践证明是一种并不成功的计划经济体制，创造一种社会主义制度与市场经济结合的新体制。这三大转换，在当时的环境下其艰难程度可想而知。

正是这一战略方向上的重大选择和调整，开启了中国长达40年顺应世界潮流发展之路，其结果是使中国经济逐步与世界融为一体、特别是融入了发达经济体这个推动世界经济发展的大平台，把中国带入发展的快车道。

我们对比一下，1978年改革开放起步的时候，中国经济占世界经济总量最低曾降到只有1.8%（1980年），这是近代以来中国经济占世界经济总量的最低点。经过40年的改革开放，2018年中国经济总量占世界经济总量达到15%，平均增长速度达到9.8%，位居世界第二，这应该够得上人类发展历史上的一个奇迹了。

在上述战略转折下造成这一个结果的原因固然很多，但是现在看来有四条最不应该被忽视：

一是建立经济特区和开发区，集聚产业和政策，逐步形成推动经济增长的重要载体。二是中国巨大的市场吸引了大批外国投资，外国资本看中了中国低廉的人力成本和资源价格优势，在给他们带来了巨大财富的同时，也为中国带来了新技术、新理念和新的经营方式，为中国建立市场经济体制作出了一定贡献，也为中国民营企业的崛起提供了示范。三是2001年中国加入世贸组织，为中国经济步入快车道提供了前所未有的重要机遇，加快了中国经济融入世界经济、特别是发达经济平台的步伐。资料显示，在2001年中国入世前，中国经济总量占世界经济总量还不到5%，但入世18年后，中国经济占世界经济总量已上升到15%。四是在此过程中，发达经济体也对中国开放了市场，一方面为发达国家的普通民众享受到中国物美价廉的产品和服务，另一方面也为中国深度融入世界、走出国门拓展了巨大的空间。目前中国对外贸易总量中与欧洲、美国、日本等世界发达经济体占比超过60%。

中国改革开放取得巨大成就的第二个重要因素，就是中国的改革开放赶上了世界信息技术革命的顺风车，分享了世界信息技术革命的巨大红利。这一点过去往往不被人们所重视，甚至作出一些在笔者看来并不正确的解释。我们知道，1946年美国IBM公司发明人类第一台数字计算机，由此开启了一场继工业革命之后人类历史上迄今为止最伟大的信息技术革命。从1951年美国第一次用计算机处理当年的全国人口普查数据开始，这场信息技术革命大体经历了四个发展阶段：

从1950年到1980年30年间是主机时代。那个时候计算机体积庞大、运算缓慢，成本昂贵，不可能普及。从1980年到1990年经历了10年的微机加局域网时代。之所以经历了30年主机时代能够跨入新阶段，关键在于两方面技术取得重大突破，即芯片技术和运算技术。特别是芯片技术的发展，可以使复杂的计算机线路浓缩在一个小小的芯片上，把体积庞大的计算机变成台式机、笔记本甚至小小的手机。最早出现的网络概念是在美国军方。当时五角大楼配置了一些计算机但相互无法传递信息。美国人创造性地将五角大楼计算机连接后让它们能够相互传递信息，这就导致一个概念的出现，即局域网。在此之后又出现了城域网，直到1990年国与国之间的互联网终于被商用，开启了人类进入互联网的新时代。随着互联网的飞速发展，以大数据、云计算、移动互联网、物联网、人工智能等为代表的新技术不断涌现，因此大体从2013年以后信息技术革命进入大数据、人工智能时代。

通过上面简要地介绍信息技术革命的发展历程，我们可以清晰地看到，中国1978年的改革开放，刚好契合了新技术革命的第二个阶段，即微机加局域网阶段。随着互联网时代的快速到来，一定意义上我们得益于美国在信息技术方面的一些重要创新成果，如开放的Linux（1994年3月，Linux1.0发布，代码量17万行，当时是按照完全自由免费的协议发布，随后正式采用GPL协议）和谷歌的安卓操作系统等在全世界都可以免费用，我们免去大量的基础研发方面的基础投入，集中在应用领域做文章，从而使中国的信息产业和互联网产业异军突起，开创出占领世界先机的消费互联网的新局面。目前中国引以为豪的华为、百度、阿里、腾讯、中兴通信、京东、联想等国际知名的IT企业和互联网企业，几乎都是在这一过程中逐步崛起的。特别是华为，通过多年创新积累，已经在5G领域取得了明显领先的优势地位。这也是华为在此次贸易战中之所以被推上风口浪尖的重要原因之一。

中国在互联网应用领域异军突起、后来居上，给中国带来巨大的社会财富。目前，中国和美国、欧盟的贸易额分别占了中国贸易总量的14%和15%左右，最早和日本的贸易额占比曾超过了10%，现在下降到大约7%，一个重要原因就是中国已经成为世界电子产品制造大国了，对日本电子产品的依赖度大大下降了。目前中国每年引进的全球电子产品元器件占了全球60%，进口芯片所花的资金达到8 000多亿美元，成为进口商品中消费外汇的第一大户。

中国抓住了信息技术革命的历史机遇，也反映在中国经济结构的构成上。2018年中国经济总量超过90万亿元，其中数字经济贡献达到31.3万亿元，占比超过34.8%。这一占比仅次于美国。这说明中国已经不是简单的一般的制造业大国，它首先是个电子业的制造大国。

需要正视改革开放面临的困难局面

中国改革开放虽然取得了巨大成就，但改革开放的使命远远没有完成。在被称为百年历史大变局的形势下，我们要清晰地看到中国改革开放面临的困难局面。

首先，在国际局势发生很大不确定的状态下，与世界发达经济体所构建的经济平台脱钩的可能性有上升的迹象。中美贸易摩擦正在由贸易领域向经济领域、科技领域、金融领域扩散的趋势，有专家甚至认为，如果管控不好，不排除中美会出现新冷战的局面。中美贸易摩擦的升级，无疑会对世界格局发生深刻影响。如果在美国的压力下，发达经济体出现某些抱团甚至联合围堵中国的现象，必将对中国形成很大的国际压力。一旦真的出现与发达经济体平台脱钩的问题，对中国造成的冲击将是非常之大的，高层决不可掉以轻心。

与此同时，国内经济下行压力有可能进一步加大。如果真的出现外资因为贸易摩擦等因素大批撤离中国，将会对中国的就业、出口、地方政府财政以及债务偿还等都可能造成很大冲击。

其次，被中国视为科技优势的IT行业，如果美国等西方国家以国家安全等为由，对一些重点企业实行零部件的禁运，有可能出现釜底抽薪的危险效应。这对决定国家竞争力命运的科技创新可能造成重创，并引发整个电子信息产业的风险。因为中国的多数IT企业、包括大多数互联网企业，并不像华为那样在研发领域取得重要突破，关键技术受制于人的局面并没有根本改变。即使华为也是高度依赖全球产业链的，一旦发生基础零部件禁运，其影响也不可低估。

再次，国家治理中也出现某些令社会担忧的苗头。比如“民营经济退场论”、重提消灭私有制的声音出来之后，对社会形成了巨大杀伤力，就足以说明社会的脆弱。正是在这样的背景下，中央前所未有地提出要防范七大风险：即政治、意识形态、经济、科技、社会、外部环境、党建。这也许从另外一方面说明改革开放面临的困难局面。

需要用新的战略视野布局未来的改革开放

在国内外整体格局发生重大变化、改革开放面临困难局面的状态下，笔者以为高层只有用新的战略视野布局未来，才能防止改革开放出现大的波折，以人民利益为最高福祉的改革开放目标才能真正实现。

一是坚持改革开放的方向，即真改革、真开放，最大限度防止与已经融为一体的世界发达经济体系脱钩。从当前中美贸易摩擦的发展态势看，似乎还有继续朝着更坏方向发展的可能性。这已经引起了世界的广泛关注，也引起国内绝大多数有识之士的担忧。因为从过去40年的发展经验看，中美关系无疑是中国最重要的双边关系，决定着中国整个外交关系的大局。中美关系稳定，中国的整个外交格局稳定，反之，就会对外交关系产生重大影响。习近平总书记讲，“有一千条理由把中美关系搞好，没有一条理由把中美关系搞坏”。因此，在中美贸易摩擦越是出现困难的局面，越要理性、冷静应对，切忌感情用事。要以更高的战略视野看待当前中美贸易、经济等领域出现的问题，以及发达经济体系对中国未来改革开放发展大局的深远影响。如果未来中国的改革开放真的与世界发达经济体系脱钩，自立门户，不仅再想进入会非常困难，而且有可能改变中国改革开放的大格局，甚至背离1978年以来以邓小平为代表的第二代领导群体奠定的“三个一”的改革开放方向。

二是坚决割除依附在市场经济体制上的毒瘤，通过真改革、真开放，完善社会主义市场经济体制，兑现当年的入世承诺。2001年中国加入世界贸易组织时是以发展中国家的身份加入的，按照当时环境我们作出了一些承诺。经过多年的努力，中国确实也兑现了许多入世时的承诺。但由于中国的市场经济体制一直处于探索实践之中，发展中又出现了诸如权贵利益集团等的干扰，使这一体制的构建显得尤为艰难。因此，在包括兑现入世承诺方面都还存在一些问题。因此，虽然中国入世已经18年了，但包括欧美、日本等仍然没有承认中国的市场经济地位。这中间确实有许多问题要解决，但中国能从这次贸易摩擦中看到自身在市场经济体制建设方面存在的问题，以此来倒逼改革，割除依附在市场经济体制上的毒瘤，抓紧与国际社会的市场经济规则接轨，这对未来中国的改革开放无疑会产生巨大的推动力，也会获得越来越多的发达国家的认可。

三是要坚持经济建设这个中心不动摇，防止政府过多干预经济活动，管住政府这只看得见的手。中国改革开放40年的一条重要经验，就是坚持以经济建设为中心不动摇。也就是不管发生什么事情，都不能动摇这个中心。这中间最大的问题，其实既不在市场，也不在民众，而在于政府，也就是说政府如何处理与市场的关系。如果我们的政府依然想过多地靠行政权力配置资源，过多地干预经济、干预社会，国家没有能力管住政府这只看得见的手，以经济建设为中心就可能变为口号，被各种各样的政治所干扰，这方面的历史教训太多，值得永远铭记。

四是下决心改革国家治理结构，按照顺应世界发展潮流和符合中国特色社会主义民主政治发展目标的思路，完善改革国家治理体系，使其真正朝着现代化的方向迈进，而不是相反。正像本文前面讲到的一样，中国波澜壮阔的改革开放，是从确立“三个一”重大战略方向转折开启的，同样，对未来中国改革开放的布局，依然要有很高的战略视野和政治气魄。从当前中国的实际看，这一战略视野和政治气魄，就是中共十八届三中全会提出的改革开放总目标：即国家治理体系和治理能力现代化。而在笔者看来，国家治理体系、治理能力现代化，最关键是要符合世界发展潮流和中国社会主义民主政治发展的目标——人民当家作主，如果离开这两个大的路径，任何改革都可能变味，甚至会走回头路。从这个意义上说，加速国家治理结构变革和现代化，本身就是中国未来改革开放最为重要的使命，也是真正决定未来中国改革开放能够最终获得成功的决定性因素。

（本文是作者在 2019 年 6 月 1 日，中国经济出版社主办的"'改革·改变·展望'年度财经论坛"上的演讲）

我这篇演讲的内容，被当时的许多媒体转载，其中有一个媒体即胡耀邦资料信息网，是比较特殊的一个网络媒体。该媒体是刊登、征集和研究胡耀邦生平、业绩、传记等的专网，同时转载和发表相关的理论文章。国内以中国社科院近代史研究所为主体，集聚了一批有才华的专家学者，常年坚持对胡耀邦展开深入研究，如沈宝祥、李盛平、雷颐、王也杨等。作为胡耀邦的长子，胡德平无疑是其中的核心人物。他早年担任中央统战部副部长，后来担任全国工商联党组书记，全国政协常委，退下来后，也经常发表一些重要理论文章和研究胡耀邦思想的文章，在思想领域还是有很大影响力的。在学习研究胡耀邦这个网络平台上，我也结识了一些"红二代"，因为他们对胡耀邦有一种更特殊的情感，因此，也经常会参与一些学习研究活动，如陈小鲁、叶向真、马晓力、罗点点等。这些人虽然大多数已经退休，但是仍然关心着国家大事，令我受益匪浅。更让我没想到的是，在胡耀邦资料信息网上，搜索到 131 篇我发表的各类文章，令我十分感动。我想人们之所以至今仍然怀念这位中共曾经的最高领导人，不仅仅在于他高尚的人格魅力，更在于他所具有的强烈的改革意识，并在他主政的岗位上，发动真理标准讨论，倡导

思想解放，平反冤假错案，以极大的勇气和气魄，推动国家的历史性转折。对于他作出的种种贡献，人民群众是永远不会忘记的！

胡耀邦资料信息网查询到转发汪玉凯的文章

2015 年春节，与胡德平在北京孔乙己酒楼合影

如果说本次论坛，大家比较深入地从总体上讨论了中国改革的过去和未来，那么对我而言，更加关注的还是与政府自身改革密切相关的公共治理变革。我深信，只有政府治理变革取得实质性突破，挡住改革开放面前的拦路虎，才能真正迎刃而解。最后，用党的十八大后我于 2013 年 12 月 30 日接受《21 世纪经济报道》的一篇专访，提出对中国行政体制改革的建议，作为本书的收笔之作。我当时提出的 5 条建议，最核心的是，要增设直辖市，增加行政区划中的省级单元，将乡镇作为派出机构，最终实现纵向行政层级的三级管理，推行市县书记、市长一人担任，整合市县党政机构，减少数量，降低成本。尽管该建议已经是近 10 年前的事了，然而，到今天似乎仍具有一定的实现意义。在我看来，中国过去几十年翻天覆地的变化，得益于改革开放；未来，中国走向真正的伟大复兴，同样需要改革开放。中国的改革开放永远在路上！

20 政府改革

汪玉凯：增设直辖市，推动政府五级变三级

市管县体制背离改革初衷

不精简层级难以根治"跑部钱进"

增设直辖市以推进行政省直管县

推行书记县长一人兼任制

乡镇应变成县级政府派出机构

2013 年 12 月 30 日《21 世纪经济报道》刊出《增设直辖市，推动政府五级变三级》

增设直辖市，推动政府五级变三级

记者 刘玉海

在中共十八届三中全会描绘的气势恢宏的改革蓝图中，“推进国家治理体系和治理能力现代化”尤为引人瞩目。而政府改革则是国家治理体系和治理能力现代化的关键。

但纵观改革开放35年来的7次政府改革，无一例外地将改革重心放在横向的政府机构调整，纵向精简政府层级的改革则始终未能摆上议事日程——不仅未能精简，反而由四级政府架构演变为更复杂的五级政府体系。

随着三中全会决议提出，进一步“优化政府组织结构”，推进中国五级政府体系向国际通行的三级政府体系转变的改革已迫在眉睫。接受《21世纪经济报道》采访的国家行政学院教授、中国行政体制改革研究会副会长汪玉凯认为，应该通过新增直辖市将中国的省级行政单位增加至40个，为行政上推进省直管县创造条件；并虚化乡镇这级政府，将其变为县级政府的派出机构，从而形成三级政府体系。

市管县体制背离改革初衷

《21世纪经济报道》：自改革开放以来，中国共进行了7轮政府改革，但无一例外都是横向的政府机构改革，而没有在纵向上进行精简政府层级的改革，原因是什么？

汪玉凯：这30多年来，中国进行了7次大的政府机构改革，成绩值得肯定。伴随着中国市场化的改革进程，经过7次政府改革，从整体结构到运行模式，政府已基本由计划经济转向市场经济。

但总体上看，这30年政府改革都是从横向的部门设置的科学性、上级对下级放权上来考虑，而没有从纵向上来考虑问题。并且，纵向的行政设计不仅没有扁平化，相反还复杂化了——改革开放前，中国是四级政府管理架构，改革开放后却变成了五级政府体系。

因为改革开放前，中国城市化率非常低，虽然也存在一些地级市，但地级市不管县；绝大多数县是由地委行署管理——而行署是省委、省政府的派出机构，没有人大、政协和相应的公检法机构，不是一级政府。1982年后，在探索发挥中心城市辐射作用、带动区域经济发展的过程中，开始地市合并、市管县改革——这等于在县之上增加了一个行政层级。市管县最初在“长三角”进行，很快风靡全国，除了海南和少数地方保留民族自治州、地委行署外，大部分地方都改成市管县体制，中国也就由四级政府变成五级架构了。

《21世纪经济报道》：地市合并、市管县改革是否达到了当初以中心城市带动周边县市这一改革目标？

汪玉凯：市管县当初的设想很好，在一些地方也不是一点作用没起，尤其是对中心城市的快速发展起了很大作用——地级市毕竟掌握了县的资源、管人，就把县域资源调度上来加快地级市的发展。可以说，现在300多个地级市的快速发展，很大程度上与市直管县体制有关。但市管县也阻碍了县域发展：市管县之前，省是通过地委行署管县，行署只是一个过渡性机构，不会截留资源；市管县之后，市就可能把一些资源——政策、资金、指标等截留，并且，地市合并表面上减少了地委行署，但财政供养人员并没有减少，反而增加了很多。所以，市管县的初衷不但没有实现，反而还背离了。

此外，在纵向上的行政改革探索过程中，为了协调解决大城市和省会城市的利益，成立了一些副省级城市和计划单列市。这就直接在城市类型上又增加了两种模式，使情况更复杂。因为计划单列市的行政级别要比地级市高半格，也使得整个行政层次上升。

不精简层级难以根治“跑部钱进”

《21世纪经济报道》：未来横向的政府机构改革还有空间吗？从时机上看，现在是否到了应该将政府改革重点转向纵向精简政府层级？

汪玉凯：虽然横向机构整合越来越接近于合理，但并没到尽头。经过今年这一轮中央政府机构调整后，国务院还有25个组成部委——而发达国家一般不超过17个。未来，可以考虑进一步整合组建大农业、大文化、大社保部门。此外，市场监管机构如工商、质检、食药监管总局、地税、国税，也可以考虑合并。

政府改革往纵向行政层级调整方面推进，已经非常紧迫。原因是：

第一，如果纵向五级政府不进行整合，很难建立起规范的财政转移支付制度。目前，中国是五级政府、五级财政，各个部委掌握了290多项专项转移支付，从县到市再到省，都“跑部钱进”，只有变成三级政府、三级财政——中央财政、省财政、市县财政（乡镇不设财政），才有可能建立相对规范的财政转移支付制度。随着地方政府土地财政依赖度大大下降，将来要培植地方税源，在这个过程中，规范的财政转移支付也非常紧迫、非常重要。

第二，五级政府，特别是纵向不扁平化，上级政府对下级约束性很强。所以，市管县体制必须改掉。

第三，从客观条件看，也具备了加快精简政府层级的可能。现在交通非常发达，很多地方的县委书记当天到省政府开会没问题。并且信息化程度加深，电子政务使信息传递手段发生历史性变化。

此外，城镇化正在高速前进，如果纵向政府结构不调整，管理会走到死胡同。比如，现在除了直辖市、省会城市、副省级城市、计划单列市、地级市、县级市，一些地方还在探索镇级市、村级市！一些镇有几十万人口，如果治理结构上不突破，镇级市怎么管理？所以，必须突破公共治理结构、打破完全按照行政级别设市。

增设直辖市以推进行政省直管县

《21 世纪经济报道》：对于精简政府层级的改革，有两种不同的观点：一种是“虚省实府”，另一种是“实省虚市”，你倾向哪一种？

汪玉凯：但现在经济、交通、通信高度发达，不需要那么多地方机构。而且，不管在国外还是国内，省这一级都很必要。中国历史上就是行省制，现在不应回到过去那种“州府管县”的结构，而应继续推进省直管县。

考虑到中国地区差异性大，省直管县第一步是财政上省直管县，待将来条件成熟后，要实现行政上省直管县。现在看，财政上省直管县推进较快，但行政上推进得非常慢。因为这个过程中有很多问题，比如县的财政省级管，行政上还是地级市管，地级市缺乏积极性。但最主要的难点是：第一，全国省级单位相对较少，如果一个省的管辖范围不作调整，要管上百个县和县级市，数量太多，对省的压力很大。第二，现在省级政府管的事情太多，中央很多政策、权力下放到地方以后，省是最主要的处理单位，省直管县难度大。

解决第一个难点，如何调整行政区划就成为一个大问题。相对容易操作的办法是，首先增加直辖市。一个省有两个行政中心、两个大城市的，拿出其中一个做直辖市。比如大连、青岛、宁波、厦门、深圳，都可以改为直辖市。这样像辽宁、山东、广东这样的人口大省压力就大大减小了。只要把现在 31 个省级行政区划单位增加到将近 40 个，省直管县的条件就越来越具备。

解决第二个难点，就要削减省级政府管理过多的权力，将整个管理重心下移到地级市、县，甚至镇。比如，海南没有进行市管县，管得也挺好。省级权力下放，与改革有很大关系，要有改革的魄力。

只有在行政区划调整、省级权力精简下放方面作一些探索，调整五级政府架构才能推进。

推行书记县长一人兼任制

《21 世纪经济报道》：财政上的省直管县改革，2009 年就开始大面积推开，有些地方探索就更早，如何评价其效果？如果省直管县由财政向行政上推进，会有哪些阻力？

汪玉凯：县和县级市是否实行行政上的省直管县，由其利益决定。多数县和县级市，愿意省直管县——可以减少市这一级对资源的截留。省直管县的阻力主要来自：一是地级市——从 1982 年到现在，县一直由地级市管，剥离过程中地级市肯定是个阻力；二是省级政府的顾虑——省级政府管得太多、县太多，不改变管理模式、权力不下移，省级政府的管理压力非常大；三是有些地方客观上确实不具备省直管县的条件——如新疆、西藏这些地域面积很大、人口很稀的地方。所以，加快省直管县的步伐，主要还是指东部经济比较发达的地方。

《21世纪经济报道》：《21世纪经济报道》曾经对湖北天门、潜江这几个较早进行省直管县改革的地方作过调查，发现县里的官员对这项改革很矛盾：他们欢迎财政上省直管县，但担心行政上省直管县会使他们的晋升渠道变窄、机会变少。

汪玉凯：确实是这样。解决这个问题，可以在省直管县后，将一些人口、规模比较大的重点县提成副地级。这样，官员有上升空间，就愿意在一个地方长期工作，可能对这个地方作出贡献。

《21世纪经济报道》：在中国目前的情况下，由于“天高皇帝远”，对县委书记的监督本就已很成问题，如果权力继续下沉到县，并且有的县还提升为副地级的话，县委书记的权力是否会膨胀得更厉害、腐败风险更大？

汪玉凯：在提高县的级别、权力重心下沉到县的情况下，县的治理结构就非常关键，必须跟政治治理的民主进程、官员选拔制度相配套，以解决一把手的监督问题。首先，要改变县长、书记两个人的管理格局，要让老百姓有更大的选择权。省直管县以后，应该实行县委书记、县长兼任制：党内选书记，行政选县长，两条线选出1人。即上级党委推荐4个党委书记候选人，让党员选3个，这3人再到人代会上竞选县长，谁竞选上县长谁就是党委书记。这样，县委书记受到党内纪委和人大两条线监督。

乡镇应变成县级政府派出机构

《21 世纪经济报道》：在精简政府层级的改革中，关于乡镇一级，你怎么看？

汪玉凯：应该虚化乡镇这一级政府。有条件、经济比较发达的地方，应尽量废除乡镇，把乡镇变成县级政府的派出机构，将权力重心下移。这样县域经济才能真正发展起来。要探索合并乡镇，现在还有 19 000 多个镇、15 000 个乡，随着城镇化的快速推进，乡镇还有进一步合并的可能。没条件的地方，暂时没办法取消乡镇，也不能“一刀切”。

（原载《21 世纪经济报道》2013 年 12 月 30 日）

附　录

（一）作者简介

汪玉凯，男，1945 年十二月二十五日出生（农历），陕西横山人。陕西师范大学法学硕士。现为中共中央党校（国家行政学院）教授、博士生导师。1993 年起享受国务院政府特殊津贴，同年被陕西省委、省政府命名为“有突出贡献的专家”。

历任陕西省委党校政治学教研室副主任、副教授、校学术委员会委员，陕西省政治学会秘书长，中国政治学会副秘书长；陕西省行政学院科研处处长、教授、院学术委员会委员，陕西省政协第七届委员会委员；国家行政学院公共管理教研部教授、院高级职务评审委员会委员、国家行政学院电子政务专家委员会副主任。2010 年出任由国家行政学院主管的中国行政体制改革研究会首任秘书长，后任中国行政体制改革研究会副会长。2006 年起担任第三、第四届国家信息化专家咨询委员会委员。

现任中国行政体制改革研究会学术委员会副主任，中国信息化百人会学术委员，北京大学政府管理学院兼职教授、博士生导师，清华大学公共安全研究中心特聘专家，北京邮电大学经济管理学院特聘专家，深圳创新发展研究院资深研究员，中国（海南）改革发展研究院学术委员会委员。在北京大学政府管理学院、大连理工大学管理学院、东北大学工商学院招收行政管理、电子政务、转轨经济学三个方向的博士研究生。

先后兼任国务院办公厅、中组部、教育部、交通运输部、国家市场监管总局、中国科学院等中央部委多家单位的信息化专家、培训中心教授，北京、福建、内蒙古、河北、宁波、上海浦东等地方政府的决策咨询专家或顾问。

1996年进入中共中央党校（国家行政学院）以来，长期为学院的各类班次讲授多门课程与多个专题，包括省部级专题研究班，司局级任职班、进修班，香港、澳门高级官员培训班以及日本、韩国、印度等国家来中国培训的多个班次。同时，还多次为地方党政机关的省委中心学习组、市委中心学习组进行专题讲授。2018年10月30日，为国务院机关党组中心学习组做专题讲座，国务委员、国务院秘书长肖捷主持。

主要从事公共管理、行政改革、电子政务以及非营利组织等领域的研究。出版各类著作31部，其中个人学术专著8部，合著9部，主编14部。发表论文460余篇，曾多次获奖。曾在中央电视台《新闻联播》、《新闻1+1》、《央视论坛》、《焦点访谈》、《经济半小时》、《百家讲坛》、《法治在线》、《今日关注》、《东方时空》和中央人民广播电台等重要媒体平台，或参与制作有关节目，或进行专题讲演。曾在《光明日报》“国是版”担任《国是漫议》栏目主持人和撰稿人。

主持完成多项重点科研项目：参与由国务院办公厅、科技部组织实施的国家“十五”重大科技攻关项目“电子政务示范工程”总体组，为8位总体组成员之一，参与该项目总体方案的制订。主持国家“十五”重大科技攻关项目“中国电子政务法律法规环境研究”；主持国家“十五”重大科技攻关项目“中国电子政务发展战略研究”；担任国家社科重点项目“互联网领导和管理体制研究”首席专家；主持“中国特色官邸制研究”“关于在领导干部个人申报事项中增加公开环节研究”“机构改革与降低行政成本研究”等。

多次赴欧美等国进行学术交流与考察，主持过多项国外研究课题或咨询课题。主持中德国际学术合作项目“中德公共政策对话”项目；主持“中韩行政体制改革比较研究项目”等。

主要代表性观点：

2012 年，提出“让信息多跑路，让群众少跑腿”，后流行全国。

2005 年，提出中国电子政务要坚持“低成本、集约化、见实效”的建设思路，受到广泛认同。

2007 年，提出未来中国公共治理应坚持“严治官、善待民、创新政体、稳定银根”的十四字方针。

2011 年，提出中国已经形成三大既得利益群体（即以贪腐官员为代表的权贵既得利益群体、以垄断行业为代表的垄断既得利益群体、以房地产和资源行业为代表的地产和资源既得利益群体）。

2012 年，在国内首次提出“三灰理论”：即灰色权力、灰色资本、灰色暴利。

2013 年，在《中共中央党校学报》发表的《政治体制改革若干思考》中，提出未来中国政治体制改革要坚持“三清四权”的主张，即“干部清正、政府清廉、政治清明；废除特权、弘扬民权、约束公权、保护私权”，产生了广泛影响。

2013 年，提出“加快省直管县改革的五条建议”，受到各方关注。

2013 年，提出建立“中国特色官邸制”建议，被写入党的十八届三中全会决定：“探索实行官邸制”。

2014年，提出“公平正义，是政府公共治理的基石；廉洁有为，是政府有效治理的两翼”，“公平正义，廉洁有为”已经成为中国老百姓心目中好政府的代名词。

早年学术经历被收入《中国新一代思想家自白》等多部丛书。

（二）作者已出版的著作和代表性论文目录

1. 个人学术专著

（1）《界定政府边界——汪玉凯谈政府改革》，中国友谊出版公司2010年版。

（2）《公共治理与公共权力研究》，中共中央党校出版社2010年版。

（3）《如何建设一个公平正义廉洁有为的政府》，人民出版社2014年版。

（4）《改革没有回头箭》，安徽人民出版社2013年版。

（5）《公共管理与非政府公共组织》，中共中央党校出版社2003年版。

（6）《公共治理与非营利组织管理》，国家行政学院出版社2011年版。

（7）《社会变革与科学进步——近代中国科学与政治发展的历史考察》，陕西人民出版社1989年版。

（8）《电子政务在中国：理念、战略与过程》，国家行政学院出版社2006年版。

2. 合著

（9）《中国行政体制改革30年的回顾与展望》，人民出版社2008年版。

（10）《中国与韩国行政体制改革比较研究》，国家行政学院出版社2002年版。

（11）《韩国与中国行政体制改革比较研究》，1999年韩国行政研究院出版韩文版。

（12）《中国现代行政管理体系研究》，国家行政学院出版社2012年版。

（13）《中德行政体制改革比较研究》，人民出版社2014年版。

（14）《中德行政体制改革比较研究》，2016年德国出版英文版。

（15）《政治主体论》，浙江人民出版社1995年版。

（16）《中国近代政治思想史》，陕西人民出版社1988年版。

（17）《现代行政与管理》，陕西人民出版社1989年版。

3. 主编

（18）《中国行政体制改革20年》，中州古籍出版社1998年版。

（19）《公共管理》，中共中央党校出版社2003年版。

（20）《基层领导者公共管理教程》，中共中央党校出版社2010年版。

（21）《互联网发展战略》，学习出版社、海南出版社2012年版。

（22）《中国电子政府模式与选择——基于U型政府门户网站的探索》，国家行政学院出版社2010年版。

（23）《电子政务基础》，北京中软电子出版社2002年版。

（24）《电子政务基础知识读本》，电子工业出版社2002年版。

（25）《社会主义初级阶段与改革》，西安交通大学出版社1988年版。

（26）《现代政治学》，陕西人民出版社1989年版。

（27）《公务员公共管理核心内容读本》，中国人事出版社 2006 年版。

（28）《公共经济》，中国人事出版社 2008 年版。

（29）《公共危机与管理》，中国人事出版社 2006 年版。

（30）《公共政策》，中国人事出版社 2006 年版。

（31）《公共行政》，中国人事出版社 2006 年版。

另，《中国行政体制改革报告》，社会科学文献出版社 2011 年至 2017 年共出版 6 本，主编魏礼群，副主编汪玉凯。

4. 公开发表的代表性论文

（1）《反对陈独秀错误路线斗争中的历史教训》，《党史研究》1981 年第 1 期。

（2）《陕甘宁边区实行减租减息政策的历史考察》，《党史研究》1983 年第 3 期。

（3）《中国共产党对国家政权及其形式的探索》，《中共党史研究》1991 年第 4 期。

（4）《市场导向：中国与西方行政改革的比较》，《政治学研究》1995 年第 1 期。

（5）《论简政放权与加强中央政府权威》，《政治学研究》1996 年第 2 期。

（6）《美国行政改革的最新发展及其启示》，《政治学研究》1998 年第 1 期

（7）《公共管理基础问题研究》，《中国行政管理》2001 年第 11 期。

（8）《中国电子政务发展研究报告》，《中国行政管理》2002 年第 3 期。

（9）《电子政务对中美两国政府治理模式影响的比较》，《中国行政管理》2004年第3期。

（10）《本轮行政体制改革的主要特征与发展趋势》，《人民日报》理论版头条文章，2013年3月26日。

（11）《网络强国战略助推转型发展》，《人民日报》理论版头条文章，2016年2月17日。

（12）《分类推进事业单位改革，促进服务型政府建设》，《光明日报》2012年7月5日。

（13）《电子政务应强调服务导向》，《人民论坛》2006年第6期。

（14）《严治官、善待民：中国政改新趋势》，《人民论坛》2007年第8期。

（15）《政府“购买”服务绝非卸包袱》，《人民论坛》2008年第2期。

（16）《可控性政治改革是最佳选择——对话国家行政学院教授汪玉凯》，《人民论坛》2009年第24期。

（17）《行政体制改革趋势前瞻》，《人民论坛》2010年第22期。

（18）《改革强势政府的关键：注重顶层设计》，《人民论坛》2011年第31期。

（19）《行政体制内涵式改革开启》，《人民论坛》2013年第S2期。

（20）《中国官邸制待解问题探究》，《人民论坛》2013年第36期。

（21）《网络安全战略意义及新趋势》，《人民论坛》2014年第16期。

（22）《减少行政事业性收费，建设人民满意政府》，《人民论坛》2015年第7期。

（23）《改革要“落地”，不能“空转”》，《人民论坛》2016年第S1期。

（24）《十八大以来反腐败斗争的时代紧迫性与历史必然性》，《人民论坛》2017 年第 13 期。

（25）《思想解放为改革开放开辟道路》，《人民论坛》2018 年第 36 期。

（26）《数字政府的到来与智慧政务发展新趋势——5G 时代政务信息化前瞻》，《人民论坛》2019 年第 11 期。

（27）《“互联网 + 政务”：政府治理的历史性变革》，《国家治理》2015 年第 27 期。

（28）《社会主要矛盾转化对国家治理提出的新任务》，《国家治理》2017 年第 41 期。

（29）《中国改革开放 40 年：经验、挑战与未来》，《国家治理》2018 年第 32 期。

（30）《数字化是政府治理现代化重要支撑》，《国家治理》2020 年第 14 期。

（31）《提高数字治理能力是城市治理现代化的关键》，《国家治理》2020 年第 43 期。

（32）《新发展格局下如何优化政府组织结构降低行政成本》，《国家治理》2021 年第 Z1 期。

（33）《强化市场经济的制度框架和基本准则——灰色权力地带破解之策》，《人民论坛·学术前沿》2012 年第 7 期。

（34）《城市数字化转型与国际大都市治理》，《人民论坛·学术前沿》2021 年第 Z1 期。

（35）《邓小平的决策理念与中国现代化道路的战略选择》，《中共中央党校学报》1998 年第 1 期。

（36）《深化改革要敢于触动既得利益——建立官员财产申报制度的几点思考》，《中共中央党校学报》2009年第2期。

（37）《新中国行政管理体系变革的主题与主线》，《中共中央党校学报》2012年第1期。

（38）《网络社会中的公民参与》，《中共中央党校学报》2015年第4期。

（39）《我国现阶段政治体制改革的若干思考》，《中共中央党校学报》2013年第2期。

（40）《论五四科学思潮——兼论近代科学在中国落后的原因》，《中共中央党校学报》2011年第3期。

（41）《当前我国领导干部住房现状分析与改革趋势》，《国家行政学院学报》2014年第1期。

（42）《中国现代行政管理体系的属性与结构研究》，《国家行政学院学报》2012年第2期。

（43）《中国行政改革：历程、战略与突破》，《国家行政学院学报》2009年第4期。

（44）《时代呼唤中国民主政治的发展》，《国家行政学院学报》2009年第1期。

（45）《中国公共行政权力结构调整及其特征》，《国家行政学院学报》2000年第2期。

（46）《中国经济转型与治理变革》，《经济体制改革》2015年第1期。

（47）《第二次改革与公共治理变革》，《探索与争鸣》2014年第3期。

（48）《用政务信息化促进国家治理体系和治理能力现代化》，《党政研究》2018 年第 1 期。

（49）《中央网络安全和信息化领导小组的由来及其影响》，《中国信息安全》2014 年第 3 期。

（50）《中国现代行政管理体系的主题、结构与变革》，《北京航空航天大学学报（社会科学版）》2012 年第 2 期。

（51）《“十四五”时期数字中国发展趋势分析》，《党政研究》2021 年第 4 期。

（52）《智慧社会建设背景下的社会治理转型》，《中国党政干部论坛》2019 年第 2 期。

（53）《数字服务与营商环境治理研究》，《社会治理》2022 年第 5 期。

（54）《省直管县改革关键要解决好四大问题》，《中国党政干部论坛》2014 年 7 期。

（55）《排除改革阻力需要更大勇气和智慧》，《中国党政干部论坛》2014 年第 5 期

（56）《新型城镇化需要新的治理模式——关于中国城镇化的教训与风险》，《中国党政干部论坛》2013 年第 7 期。

（57）《深化行政体制改革，为转变发展方式提供体制保障》，《中国党政干部论坛》2010 年第 11 期。

（58）《政府改革的成效取决于思想解放的程度》，《中国党政干部论坛》2008 年 7 期。

（59）《信息化与建设创新型国家发展战略》，《中国党政干部论坛》2007 年第 12 期。

（60）《党内和谐、公共治理和谐与社会和谐》，《中国党政干部论坛》2006 年第 12 期。

（61）《关于完善国家核心发展战略的政策思考》，《中国党政干部论坛》2005 年第 8 期。

（62）《重要的在于推动信访服务模式的创新》，《中国党政干部论坛》2005 年第 5 期。

（63）《抑制腐败如何从体制上入手？》，《中国党政干部论坛》2004 年第 2 期。

（64）《抓住规范政府行为的关键》，《中国党政干部论坛》2004 年第 9 期。

（65）《程维高、刘方仁腐败案的警示：谁来监督省委书记？》，《中国党政干部论坛》2003 年第 10 期。

（66）《走出政府机构改革误区的理性思维》，《新视野》1999 年第 4 期。

（67）《关于我国公共行政管理社会化的思考》，《新视野》2001 年第 1 期。

（68）《世纪之交与中国的政治发展》，《理论前沿》1999 年第 24 期。

（69）《中国电子政务建设的经济效益分析》，《新视野》2002 年第 5 期。

（70）《中国政府信息化与电子政务》，《新视野》2002 年第 2 期。

（71）《深化全面改革 政府改革是关键：本届政府推进行政改革的回顾与展望》，《理论前沿》2008 年第 9 期。

（72）《“大部制”改革及难点分析》，《学习月刊》2008 年第 7 期。

（73）《加快行政管理体制改革与建设服务型政府》，《国家教育行政学院学报》2008 年第 4 期。

（74）《中国政府改革的过去与未来》，《新视野》2008 年第 3 期。

（75）《行政改革要树立三大理念》，《理论学习》2011 年第 11 期。

（76）《深化纵向行政管理层级改革研究》，《中央机构改革与管理》2011 年第 2 期。

（77）《党和国家机构改革与国家治理现代化》，《中共天津市委党校学报》2018 年第 3 期。

（78）《中国行政体制改革 30 年：思考与展望》，《中共天津市委党校学报》2009 年第 2 期。

（79）《后危机时代中国经济增长转型与政府改革》，《中共天津市委党校学报》2010 年第 3 期。

（80）《抑制腐败要注重从体制入手》，《中共天津市委党校学报》2012 年第 2 期。

（81）《中国需要建立有特色的官邸制》，《中共天津市委党校学报》2014 年第 2 期。

（82）《完善国家生态文明建设管理体制的若干政策建议》，《中共天津市委党校学报》2016 年第 3 期。

（83）《社会呼唤公平正义廉洁有为的政府》，《中共天津市委党校学报》2017 年第 2 期。

（84）《对中国电子政务目标与实施策略的再认识》，《中国信息界》2003 年第 15 期。

（85）《“十二金”需要顶层设计》，《中国信息界》2005 年第 14 期。

（86）《当前我国电子政务的5大特征与10大趋势》，《中国信息界》2007年第Z1期。

（87）《信息化对新形势下的对外开放将产生深刻的影响》，《中国信息界》2007年第Z2期。

（88）《中国电子政务十年回顾和发展展望》，《建设信息化》2009年第11期。

（89）《智慧社会倒逼国家治理智慧化》，《中国信息界》2018年第1期。

（90）《汪玉凯：平台经济的发展与治理》，《中国信息界》2018年第4期。

（91）《智能化治理与智慧化服务，打造政务服务新模式》，《信息化建设》2017年第1期。

（92）《中国政府门户网站建设及其评价》，《新视野》2003年第3期。

（93）《大部制改革后信息化推进的体制机制问题及建议》，《行政管理改革》2010年第10期。

（94）《汪玉凯：事业单位改革要避免各自为政》，《中国改革》2009年第9期。

（95）《在应对国际金融危机中推动电子政务建设》，《行政管理改革》2009年第2期。

（96）《中国经济转型与城市信息化》，《行政管理改革》2013年4期。

（97）《应对金融危机，需要加大政府改革力度》，《中国改革报》2008年12月31日。

（98）《以转职能为核心的行政体制改革：难度与趋势》，《党政干部参考》2013 年第 12 期。

（99）《灰色权力的扩散及其治理》，《共产党员》2012 年第 20 期。

（100）《行政体制改革任重而道远》，《学习时报》2012 年 10 月 1 日。

（101）《汪玉凯：面对群体性事件，政府应该如何反思和应急》，《学习时报》2009 年 12 月 21 日。